高等院校"十四五"精品规划教材

市场营销学概论

主　编　谢振勇

副主编　杨修莉　邱文华

吉林大学出版社

·长春·

图书在版编目（CIP）数据

市场营销学概论／谢振勇主编.—长春：吉林大学出版社，2021.7
　ISBN 978-7-5692-8636-6

Ⅰ.①市… Ⅱ.①谢… Ⅲ.①市场营销学 Ⅳ.①F713.50

中国版本图书馆 CIP 数据核字（2021）第 156278 号

书　　　名：市场营销学概论
　　　　　　SHICHANG YINGXIAOXUE GAILUN

作　　　者　谢振勇　主编
策划编辑　黄忠杰
责任编辑　宋睿文
责任校对　赵　莹
装帧设计　王　宁
出版发行　吉林大学出版社
社　　　址　长春市人民大街 4059 号
邮政编码　130021
发行电话　0431-89580028/29/21
网　　　址　http：//www.jlup.com.cn
电子邮箱　jdcbs@jlu.edu.cn
印　　　刷　三美印刷科技（济南）有限公司
开　　　本　787mm×1092mm　　1/16
印　　　张　13
字　　　数　270 千字
印　　　数：100
版　　　次　2022 年 1 月　第 1 版
印　　　次　2022 年 1 月　第 1 次
书　　　号　ISBN 978-7-5692-8636-6
定　　　价　56.00 元

前　言

近年来，市场营销学理论在我国得到了广泛的推广和应用，极大地增强了我国企业的市场竞争力。目前，变幻莫测的政治、经济等营销环境，日趋激烈的竞争态势以及消费者（需求）的"难以捉摸"，都对我国企业营销提出了新的要求。同时，科学技术与互联网的发展促使企业的营销实践必须加以改变。消费者心里、顾客购买方式、企业营销模式更加复杂多变，出现了许多不同以往的营销新方式、新技术、新方法和新动向。只有更好地掌握这些新动向，我们的营销活动才能服务于整个企业营销战略，为顾客、社会创造新价值。

目前，市场营销学已经成为高等院校经济管理类专业的核心课程，是当今社会最受欢迎和重视的学科之一。为了适应社会主义市场经济的发展，满足学校和社会对市场营销学教学的需要，作者精心编写了这本《市场营销学概论》。

在本书的编著过程中，作者依据市场营销的基本理论以及新理念、新实践，结合买方市场和互联网环境下的中国情境，通过对国内外中文版本的市场营销学书籍比较系统的研究，在内容方面做出了不小的突破，为读者提供了许多更加贴近营销理论前沿与实务前沿的新内容。

本书由黑龙江商业职业学院谢振勇担任主编；贵州城市职业学院杨修莉、江西财经大学工商管理学院邱文华担任副主编。具体编写分工如下：谢振勇负责编写第一章、第二章、第三章和第四章的内容；杨修莉负责编写第五章和第六章的内容；邱文华负责编写第七章、第八章、第九章和第十章的内容；谢振勇负责全书的统稿及审查工作。

本书在编写过程中，学习和借鉴了前辈们的大量资料，不少学者给予了我们相当多的启示，书后虽然列出了一些参考书目，但也难免有所疏漏，在此向他们表示深深的谢意！

由于编者水平所限，兼之市场营销学是一门发展较快的学科，许多理论和实践问题尚处于发展之中，书中不足之处在所难免，恳请有关专家和广大读者批评指正。

编者

目　录

第一章 绪论

学习目标

1. 掌握市场的含义及市场构成的三大要素。
2. 理解市场营销学的指导思想。
3. 了解市场营销观念的发展趋势。
4. 了解市场营销学的学科地位和应用领域。

一家企业取得成功的因素很多，但成功企业大多强调以顾客为中心并大力进行市场营销。市场营销是商品经济和市场竞争的产物，市场营销观念是随着商品经济的发展和市场营销环境的变化而不断演变和发展的，企业必须树立正确的、符合市场环境的市场营销观念。研究市场营销必须以满足消费者需求为出发点，一切生产经营、销售活动都应围绕"满足消费者需求"这个中心，并以此为导向。

第一节 认识市场营销

市场营销学作为一门专门学科，诞生于 20 世纪初的美国，有组织的研究市场营销学也是从美国开始的。根据其研究对象和内容的变化情况，可将市场营销学的发展分为以下几个阶段。

一、创立阶段

1. 时间

19 世纪末至 20 世纪 30 年代。

2. 社会经济背景

19 世纪末至 20 世纪 30 年代是市场营销学的初创时期。在这期间，经过工业革命洗礼的资本主义国家的劳动生产率大幅度提高，生产迅速发展，经济增长很快。随着管理理论的发展，特别是美国工程师泰勒的著作《科学管理原理》出版后，很多企业接受书中提出的生产管理的科学理论和方法，极大地提高了生产率，增加了市场商品供应。这使原来以求大于供为特征的"卖方市场"发生了变化，市场商品的供给增长速度超过了市场商品的需求增长速度的状况，"买方市场"已经出现。敏锐的、具有远见卓识的企业家开始察觉到营销活动中出现的问题，并进行市场分析、市场研究及采用经销方式为顾客服务等营销措施。如美国国际收割机公司的创办人赛勒斯·麦考密克创造了有关市场研究、市场定位的观念和一些先进的营销手段。与此同时，在大学的讲台上和教授的书房里，也有人开始理论方面的研究和探讨。

3. 市场营销学产生的标志

在 1902—1905 年，美国密执安大学、威斯康星大学和宾夕法尼亚大学的经济系先后开设了市场营销学课程。此外，美国哈佛大学的赫杰特齐教授在调查研究了许多企业的经营活动之后编写了第一本市场营销学的教科书，并于 1912 年出版；人们在研究市场学的历史时，通常以这本教科书的问世作为市场营销学诞生的标志。

4. 早期市场营销学的特征

早期市场营销理论研究是肤浅的，其内容仅限于推销与广告的方法；其理论基础为庸俗的资产阶级传统经济学的基本原理，这时市场营销学还没有引起企业家的重视，并未产生广泛的社会影响。

二、形成阶段

1. 时间

从 1931 年至第二次世界大战爆发。

2. 社会经济背景

市场营销学之所以在这一时期获得长足的进步，是具有深厚的经济根源和社会历史背景的，那就是 1929 年爆发的世界性经济危机。这次危机持续的时间和波及的范围在当时都是空前的，给包括美国在内的资本主义国家的经济带来了极大的破坏。在危机中面临破产的企业主，为了给市场上自己的产品找到出路，开始客观研究具体的商业行为和市场经济形势，并从宏观与微观两个方面加强对市场及企业行为的研究，这无疑推动了市场营销研究的进程。此时的市场营销学开始走向世界。德国于 1935 年成立"消费者调查协会"的构成和活动方式基本上与后来的美国市场营销协会相同。一些其他西方国家也开始了市场营销学的研究。

3. 形成阶段市场营销学发展的标志

随着市场营销研究的深入，以及研究成果被一些企业家成功采用，市场营销的研究范围不断扩大，对社会的影响也在逐渐增强。1937年，"美国市场营销协会"成立。协会由美国的各种市场营销学研究中心组成，学术界许多著名的理论家和大批企业家也加入了协会。营销协会的成立，成为市场营销学发展史上的一个重要里程碑。它标志着市场营销学已经跨出大学讲台，引起了整个社会的关注，成为一门实用的独立科学。

4. 形成阶段市场营销学的特征

当时，市场营销学的研究对象和内容还只局限于企业产品的推销活动，没有超越商品流通范围，但理论体系初步创立，内容有一定扩展；研究组织逐步完善，市场营销学开始从大学讲台走向社会，并在全世界广泛传播。

三、发展阶段

1. 时间

第二次世界大战后到20世纪60年代末期。

2. 社会经济背景

市场营销学在这一阶段的发展与第二次世界大战后美国社会经济和政治形势的变化密切相关。战争结束后，军工生产纷纷转向民用，工业生产潜力很快在市场上显现出来；同时，战时备受抑制的购买力被释放出来，市场需求剧增，又刺激了市场的发展，再加上科学技术进步，资本主义生产有了较大的增长，市场一时出现了繁荣景象。迅速增长的生产使产品的销路又成为更尖锐的问题，企业间的市场竞争也更加激烈。竞争越激烈，企业家就越乐于研究怎样在市场上获取有利位置。这种趋势必然会推进市场营销学的研究进程。在这一阶段，市场营销学的一个突出特点是人们将营销理论和企业管理的实践密切地结合起来。

3. 发展阶段市场营销学发展的标志

第二次世界大战以后，市场营销学的研究，特别是美国对市场营销理论的研究进入了一个蓬勃发展的新阶段。这时期，不仅市场营销方面的专著、论文大量出版，市场营销的理论内容也有了新的发展，提出了许多有价值的新概念，特别是出现了以消费者为中心的新的市场营销概念。菲利普·科特勒教授将这一时期形容为市场营销理论发展的"金色的20世纪50年代"和"高能的20世纪60年代"。美国市场营销学家奥尔德逊和科克斯在对过去市场营销学批判的基础上，赋予了市场一个新概念："广义的市场概念，包括生产者和消费者之间实现商品和劳务的潜在交换的任何一种活动。"其中的"潜在交换"，就是指生产者的产品和劳务要符合消费者的潜在需求和欲望，从而把市场从流通领域扩展到生产领域和消费领域，使市场营销学走进了企业生产管理的大门。

4. 发展阶段市场营销学的特征

市场营销学的研究对象和内容从流通领域的范围扩展到生产和消费领域，从而完善了市场营销学的体系；市场营销学研究的重点从推销以满足生产者要求，转变到研究满足消费者的需求。

四、成熟阶段

1. 时间

20 世纪 70 年代至现在。

2. 社会经济背景

各门学科如行为科学、心理学、社会学、经济计量学等在市场活动中被广泛的认识和应用；整个社会经济中社会化程度达到一个更高的层次，社会联系日趋紧密，已使全球经济成为一个不可分割的整体；影响市场活动的因素更加复杂，消费者需求更加多样化，并且社会公益和发展的要求对消费的影响越来越大。

3. 成熟阶段市场营销学发展的标志

市场营销学的应用超出了物质产品的范围，服务业、金融保险、信息咨询、文娱等行业，甚至军队、宗教团体、慈善事业也广泛应用了市场营销学原理；市场营销学与其他各门学科紧密结合，各种技术性问题都得到了研究和解决。

自 20 世纪 70 年代开始，随着研究内容的深入，市场营销理论更加完善，提出了许多新的观点和思想，如"战略营销""关系营销"和"服务营销"等概念，以及近年来关于营销的"大规模定制""体验营销"等思想。这些新概念引起了争论，刺激了研究，指导了实践。通过验证的有价值的新概念，将增进人们对现象的理解，提高预测、决策、控制能力。就普遍性而言，目前，市场营销学不仅在欧美、日本等发达国家继续保持旺盛的发展势头，在我国也得到迅速地普及。

4. 成熟阶段市场营销学的特征

市场营销学的理论体系最终成熟，并成为一门综合性的接近务实的应用学科；市场营销学的研究和应用日趋广泛，并受到世界各国和社会各界的普遍重视。

典例链接

大宝：面向工薪阶层的营销

大宝是北京三露厂生产的护肤品，在国内化妆品市场竞争激烈的情况下，大宝不仅没有被击垮，反而逐渐发展成国产名牌。在日益增长的国内化妆品市场上，大宝选择了普通工薪阶层作为销售对象。既然是面向工薪阶层，销售的产品就一定要与他们的消费习惯相吻合。一般来说，工薪阶层的收入不高，很少选择价格较高的化妆品，而他们对产品的质量也很看重，并喜欢固定使用一种品牌的产品。因此，大宝护肤品在注重质量的同时，坚持按普通工薪阶层能接受的价格定价。其主要产品"大宝SOD蜜"市场零售价不超过10元，日霜和晚霜也不过是20元。价格同市场上的同类化妆品相比占据了很大的优势，本身的质量也不错，再加上人们对国内品牌的信任，大宝护肤品很快得到了顾客的青睐。许多顾客不但自己使用，也带动家庭其他成员使用大宝产品。大宝公司还了解到，使用大宝护肤品的消费者年龄在35岁以上者居多，这一类消费者群体性格成熟，接受一种产品后一般很少更换。这种群体向别人推荐产品时，又具有可信度，而化妆品的口碑好坏对销售起着重要作用。大宝正是靠着群众路线获得了市场。

在销售渠道上，大宝公司认为如果继续依赖商业部门的订货会和各省市的百货批发，必然会造成渠道越来越窄。于是，三露厂采取主动出击，采取开辟新的销售网点的办法，在全国大中城市的有影响的百货商场设置专柜，直接销售自己的产品。到目前为止，大宝在全国共有102个产品销售专柜，并培训了众多的信息员、导购员和计算机测试员在专柜前从事销售工作。专柜的建立不仅扩大了销售，也为大宝做了广告宣传。此外，许多省市的零售商直接到厂里提货，再批发到县乡一级。零售与批发同步进行，使大宝的销售覆盖面更加广泛，在许多偏僻的地区也能见到大宝的产品。

在广告宣传上，大宝公司强调广告媒体的选择一定要经济而且恰到好处，因而选择了中央电视台二套节目播出，理由是央视二套的广告价格较中央一套便宜许多，还可以套播。大宝赞助了"大宝国际影院"和"大宝剧场"两个栏目。这样加起来，每日在电视上能见到七八次大宝的广告，如此高密度、轰炸式的广告，为大宝带来了较高的知名度。

广告的成功还在于广告定位与目标市场吻合。大宝曾经选用体育明星、影视明星做广告，但效果不是很好。后来大宝一改化妆品广告的美女与明星形象，选用了戏剧演员、教师、工人、摄影师等实实在在的普通工薪阶层在日常生活的场景，向人们讲述了生活和工作中所遇到的烦恼以及用了大宝护肤品后的感受。广告的诉求点是工薪阶层所期望解决的问题，于是，"大宝挺好的""想要皮肤好，早晚用大宝""大宝明天见，大宝天天见"等广告词深深植入了老百姓的心中。

（资料来源：杨明刚. 市场营销100个案与点析［M］. 上海：华东理工大学出版社，2004）

第二节 市场营销学的相关领域与研究理论

一、市场营销学的研究对象

每一门学科都有自己特定的研究对象，以确定本学科的研究范围和基本内容，并将本学科与其他学科区别开来。市场营销学所研究的对象并不包容所有的市场问题（如市场体制、市场机制、市场调控等），它只是从微观的角度来研究市场营销活动过程及其运行规律。这里所说的营销活动，是指卖方为满足消费者需求，把产品和劳务从生产领域转移到消费领域这一全过程的全部经营活动，如定价、实体分配、渠道选择、促销等。市场营销活动运行规律是指上述活动之间存在的固有的、本质的必然联系，只有揭示其规律性，才能更好地指导市场营销活动。所以，概括起来说，市场营销学的研究对象，就是站在卖方的角度，研究在"买方市场"条件下，企业如何提供适销对路的产品，以满足消费者需求的营销活动过程、营销策略及营销运行规律。

二、市场营销学研究内容

从结构体系上讲，市场营销学主要包括三大块，即营销原理、营销实务和营销管理，其具体的研究内容主要包括以下几方面。

1. 市场营销的基础理论、基本概念

这是市场营销的基础知识，主要包括市场营销及其相关概念、市场营销观念及其演变等。

2. 环境与市场分析

这是市场营销活动的基础性工作，主要包括影响市场营销的微观环境和宏观环境，各分类市场分析、市场调研与预测、市场细分、选择目标市场和市场定位等。

3. 市场营销策略

这是市场营销学的核心内容，主要包括产品策略（product）、价格策略（price）、分销策略（place）、促销策略（promotion），即"4P's"组合策略。这是市场营销学的四大支柱。另外，还研究市场营销组合策略以及市场竞争策略。

4. 营销管理与控制

市场营销管理与控制属于高层市场营销活动，主要包括如何制订正确的营销计划，建

立合理的营销组织、控制体系，采取有效的计划、组织、控制的措施和方法等。

总之，市场营销学研究的内容非常广泛，它以了解消费者需求为起点，以满足消费者需求、实现企业营销目标为终点。本教材将围绕以上内容做介绍。

三、市场营销学的应用领域

市场营销学的原理和方法广泛运用在经济领域的各项活动中，也因此形成了各种专业的市场营销学，如工业品市场营销学、酒店市场营销学、服务市场营销学、金融市场营销学、旅游市场营销学、国际市场营销学等。

市场营销学的原理和方法不但在经济领域被广泛应用，而且自 20 世纪 60 年代以来某些西方国家甚至将市场营销学的研究和应用扩展到政治、文化乃至宗教领域，使这一学科的地位作用日增。

第三节　市场与市场营销

一、市场

（一）市场的含义

市场是商品经济的范畴，是以商品交换为基本内容的经济联系形式。在商品经济条件下，交换产生和存在的前提是社会分工和商品生产。由于社会分工，不同的生产者分别从事不同产品的生产，并为满足自身及他人的需要而相互交换产品，从而使他们各自的产品互相变成商品，出现了商品的供与求，产生了以相互交换作为商品的劳动产品的市场。可见，市场是一个经济范畴，哪里有社会分工和商品生产，哪里就有市场。那么，究竟什么是市场呢？市场是一个有着多重含义的概念。

1. 市场是商品交换的场所

这是一种狭义的市场概念的解释。这种认识把市场理解为特定的空间，在这特定的空间中，人们进行着商品的交换活动。"日中为市，致天下之民，聚天下之货，交易而退，各得其所。"在这里，买卖双方一手交钱，一手交货，钱货两清，各得其所。如农贸市场、小商品市场中的"市场"，就是指商品交换的场所。

2. 市场是买主、卖主力量的结合，是商品供求双方的力量相互作用的总和

这一含义是从商品供求关系的角度提出的，例如"买方市场""卖方市场"。这些名词反映了供求力量的相对强度，反映了交易力量的不同状况。在买方市场中，商品供给量大于需求量，商品价格趋于下降，顾客居于主动地位。在卖方市场，商品的需求量大于供给量，卖方居于主动地位，整个市场对卖方有利。显然，判断市场供求力的相对强度和变化趋势，对于企业进行营销决策是十分重要的。

3. 市场是商品交换关系的总和

这是对市场的广义理解，是经济学意义上的市场。按照这一概念的理解，任何一个商品生产经营者的买卖活动必然会与其他商品生产经营者的买卖活动发生联系。市场是商品生产者、中间商、消费者交换关系的总和。任何一个企业都只能在整体市场上开展营销活动，企业的运转时时刻刻都与市场保持着输入输出的交换关系。所以，整体市场体现着整个社会的商品交换关系，即市场是商品交换关系的总和。

4. 现代市场营销学中的市场概念

现代市场营销学专家菲利普·科特勒把市场表述为："市场是由那些具有特定的需要或欲望，而且愿意并能够通过交换来满足这种需要或欲望的全部潜在顾客所构成的。"因此，在市场营销学中，市场是由一切具有特定的欲望和需求并且愿意和能够以交换来满足此欲望和需求的潜在顾客构成的。据此，从市场营销学的角度，对于一个企业来说，市场是由人口、购买力和购买欲望三个方面组成的：

$$市场 = 人口 + 购买力 + 购买欲望$$

分析某种商品或劳务市场是否形成及其容量大小，要从三个方面加以考虑：一是人口，人口与市场容量的大小一般成正比；二是购买力，要有货币，即取得这种产品的能力；三是购买欲望，必须想要这种产品或劳务。这就是通常所说的构成市场的三个要素，三者相互制约、互为条件，缺一不可。例如，一个国家或地区人口众多，但收入很低，购买力有限，则不能形成容量很大的市场。又如，购买力虽然很大，但人口很少，也不能成为很大的市场。只有人口多，购买力又强，才能成为一个有潜力的大市场。但是，如果产品不适应市场需要，就不能引起人们的购买欲望，对销售来说，就不能成为现实的市场。所以，市场是上述三个因素的统一。其中，人口是组成市场的基本条件，购买力是形成现实市场的物质基础，购买欲望是购买力得以实现的必不可少的条件。

（二）市场的类型

按照不同的划分方法，市场可以分为许多类型的市场。

1. 以商品流通时序为标准来划分市场

按照商品流通时序，可以把市场分为现货市场和期货市场，以及批发市场和零售市场。其中，现货市场和期货市场是按照商品流通的时间来划分的，批发市场和零售市场是按照商品流通顺序来划分的。

2. 以商品流通地域为标准来划分市场

市场不仅涉及时间，也涉及空间。按照商品流通的地域，可以把市场分为城市市场、农村市场、地方市场、全国市场和国际市场。

3. 以商品属性为标准来划分市场

按照市场上流通的商品的属性，可以把市场划分为一般商品市场和特殊商品市场。一般商品市场包括消费品和生产资料市场。特殊商品市场是由具有特殊性的商品以及不是商品但却采取了商品形式的产品所形成的市场，包括劳动力市场、金融市场、技术与信息市场和房地产市场等。按照商品属性而划分的市场，充分反映了市场体系中的各种商品交换关系，同时又包括了按照流通时序和地域来划分的市场。各要素市场的完善协调发展是一个良好市场体系的特征。

4. 以购买者的购买行为的特点为标准来划分市场

按这一标准可以把市场划分为两大类：消费者市场和组织市场。

消费者市场是指为满足生活需要而购买商品或服务的个人和家庭。由于消费者市场是通向最终消费的市场，是一切社会生产的终极目标，因此，无论是生产企业、商业企业、还是服务企业都必须研究个人消费者市场。它是一切市场的基础，也是起决定性作用的市场。

组织市场是指由各种组织机构构成的对产品和劳务需求的总和。组织市场购买商品是为了维持经营活动，对产品进行再加工或转售，或者向其他组织或社会提供服务。根据购买目的的不同，组织市场又可以分为产业市场、中间商市场和非营利组织市场。

产业市场又称生产者市场或企业市场，是指一切购买产品和服务并将之用于生产其他产品和劳务，以供销售、出租或供应给他人的组织。

中间商市场是指那些通过购买商品和劳务以转售或出租给他人获取利润的组织。它由各种批发商和零售商组成。其中，批发商购买商品和劳务并不是为了卖给最终消费者，而是为了转卖给零售商和其他商人以及产业用户；而零售商的业务则是把商品和劳务直接卖给消费者。

非营利组织市场包括政府、社会团体等。其中，政府市场是指那些为执行政府的主要职能购买或租用商品的各级政府、所属机构和事业团体。各国政府通过税收集中了相当多的一部分国民收入用于社会再分配，所以形成了一个很大的政府市场。

二、市场营销

(一) 市场营销的概念

"市场营销"是从英文"marketing"一词意译而来的。"marketing"在英语里有双重含义,作为一门学科,被译为市场营销学或市场学;作为一种经济行为、一种实践活动,被译为市场营销。许多人把市场营销理解为推销和广告。其实,推销和广告只是市场营销的冰山一角而已。市场营销不等同于推销和广告,推销和广告很重要,但它们只是市场营销中的两项功能。

什么是市场营销呢?随着现代市场营销学研究的发展,人们对市场营销的概念也有了进一步的认识。

美国学者和研究机构给市场提出了多个市场营销定义。本书只给出两个有代表性的,且是被广为引用、学习的定义。美国西北大学教授、营销学大师菲利普·科特勒在他的著作中给市场营销下的定义是:"个人和群体通过创造产品和价值,并同他人进行交换以获得所需所欲的一种社会及管理过程。"美国市场营销协会认为:"市场营销是关于构思、货物和服务的设计、定价、促销和分销的规划与实施过程,目的是实现个人和组织目标的交换。"这是对市场营销广义的认识。具体来说,市场营销的完整含义包括如下几个阶段和内容。

1. 产前活动

任何一个企业从创办之日起,就已经开始了营销活动。办企业无非有两个目的:满足社会需要,获取利润。这就要求企业经营者明确社会需要什么产品,怎样的产品才卖得出去、才赚得了钱?通常说:"产品有市场吗?"这个"市场"就是社会需要,就是人们的产品需求。因此,企业市场营销的第一步就是对市场进行调查研究,调研人们对产品的品种、质量和数量等的需求,并且要在调研的基础上对需求进行预测。第二步是根据市场的需求和企业自身的实力、条件制订生产计划,进行产品的设计和开发。产前活动是企业营销活动的最初阶段。

2. 生产活动

生产活动是企业营销活动的第二阶段。企业经营者必须以销售为目的,以销售为依据来管理、组织生产,也就是通常所谈的"以销定产"。当然,生产本身是一系列复杂因素和活动的严密组合,包括掌握一定技术的熟练生产者,富有经验的管理者,一定的原料、能源、机器、工具、场地、厂房、设备,科学的设计、工艺、工序,产品的检验、包装、储存、运输等。

3. 销售活动

企业营销活动的第三阶段是销售。生产型企业一般不直接把产品出售给消费者，而是通过中间商（批发商、零售商、经纪人）来完成销售活动。其中包括有计划、有策略地定价、广告、分销、促销和商品实体分配等一系列营销活动。

4. 售后活动

企业把产品销售出去绝不是营销活动的终结。因为企业营销不应该是短期目标，也不可能是一次性行为，而应该是长期的、多次的、不断有所改进和扩大的反复行动。企业为了建立和提高社会信誉，为了占领和扩大市场，为了增加产量和销售，必须极其重视产品的售后服务活动，必须极其重视收集消费者的意见和反映，必须认真研究和确切把握市场反馈信息，才能在激烈的市场竞争中立于不败之地。

因此，市场营销可以概括为是一个从市场开始，到市场结束，源自市场，终自市场，满足消费者需求的企业的一切生产经营活动。

（二）市场营销相关的核心概念

为了进一步解释市场营销的含义，有必要讨论与市场营销相关的一些概念。它们是互相联系的，而且每一个概念都是基于上一个概念提出的，如图 1-1 所示。

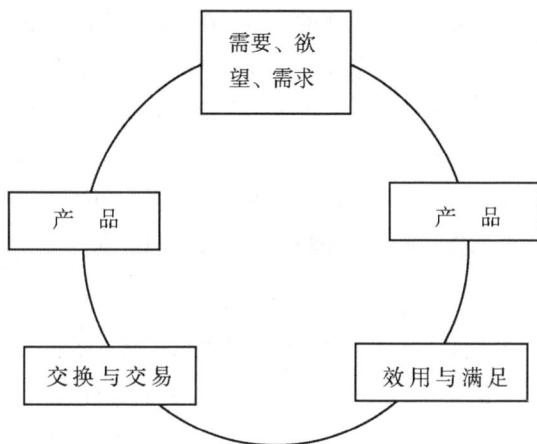

图 1-1　与市场营销相关的核心概念

1. 需要、欲望与需求

需要是人类与生俱来的本性，是指个人没有得到某些满足的感受状态。当人们有了某种需要后，内心会产生紧张的情绪，并试图通过某种方式来消除这种紧张感。比如，饥饿时会产生对食物的需要。营销者的任务是发现需要，并通过提供产品或服务满足人们的需要。

欲望是指为满足基本需要而希望得到某种具体物品的愿望，它往往受个人、社会及文化背景的影响。比如，同样为了充饥，南方人可能会要一碗米饭，但北方人也许会要馒头或面条，这说明欲望是可以用满足需要的具体食物来描述的。因此，营销者所提供的产品，不但要能满足人们的需要，更要能与他们的欲望相一致。

需求则是指具有购买力的欲望。人类的欲望无穷无尽，但可支配的资源却有限。因此，人们会在购买力水平约束下，选择能够最大限度满足他们欲望的产品或服务。比如，30 多年前的中国人与现在的中国人，都对交通工具有购买的欲望。但是，现在的许多中国人有能力选择购买一辆汽车，而不再仅仅局限在自行车（或电动自行车）上。由于时代不同，购买力水平发生变化，导致需求也发生改变。营销者一方面提供的产品或服务要与消费者的购买力水平相适应；另一方面要提高产品或服务水平，满足消费者日益增长的需求。

2. 产品

人类靠产品来满足自己的各种需要和欲望。市场营销学中所讲的产品是广义的，任何能满足人们某种欲望和需求的东西都可称为产品，除了通常所理解的实体物品外，还包括无形的服务和人物、地点、组织、事件、活动及观念等。

3. 效用和价值

消费者通常面临一大批能满足其需要的产品，在对这些产品进行选择时，人们依据的标准是各种产品的效用和价值。所谓效用，是指产品满足人们欲望的能力，效用实际上是一个人的自我心理感受，它来自人的主观评价。所谓价值，就是消费者的付出与所得之间的比率。一般来说，消费者在获得利益的同时也要承担成本。所获利益包括感官利益和情感利益，所承担的成本包括金钱成本、时间成本、精力成本和精神成本。所以，营销者应通过增加利益、降低成本来提高产品带给消费者的效用和价值。

4. 交换与交易

交换是指提供某种东西作为回报，从交换对象处取得所需之物的行为。交换是市场营销的核心概念，营销者向消费者提供产品或服务，目的是从消费者处获取营销额（获得价值）、消费者满意以及品牌的认可等。交易是交换活动的度量单位，也是市场营销的度量单位，是指买卖双方的价值交换过程。比如，支付 3000 元人民币到国美电器购买一台电视机，这就是一次交易过程。一项交易要包括这样几个方面：至少有两个有价值的事物；双方同意的条件、时间和地点；共同遵守通行的交易规则。

5. 市场

市场的含义如前所述。产品的营销是在市场中进行的，是围绕市场而做的。产品需要营销，营销离不开市场。

第四节 营销观念及其演变

一、市场营销观念及其演变

企业的营销管理活动是在一定的经营思想指导下进行的。市场营销观念，是指企业从事市场营销活动的基本指导思想，是一种经营观、市场观。它指导着企业一系列的市场营销活动。它的核心问题是"以什么为中心"来开展企业生产经营活动。从指导企业经营的营销观念的发展过程看，各个阶层都有其不同的重点和内容。从人们对市场活动的认识来看，这种不同都是由人们对市场营销的认识所决定的，也就是由不同的市场营销观念所决定的。

一定的市场营销观念是一定社会经济发展的产物，是随着商品经济的发展和市场营销环境的变化而不断演变和发展的，先后出现过生产观念、产品观念、推销观念、市场营销观念和社会营销观念五种市场营销观念。

（一）生产观念

生产观念产生于20世纪20年代前。当时，资本主义社会生产力相对落后，市场趋势是求大于供的卖方市场，产品的价值实现不成问题。企业的经营思想不是从消费者需求出发，而是从企业生产出发。生产观念是以产品生产为中心，以提高效率、降低成本、增加销售量为目的。生产观念认为，消费者喜欢那些价格低廉的产品，企业应致力于提高生产效率、扩大生产、降低成本以扩展市场。例如，美国汽车大王亨利·福特曾傲慢地宣称："不管顾客需要什么颜色的汽车，我只有一种黑色的。"显然，生产观念是一种重生产、轻市场营销的商业哲学。

生产观念是在卖方市场条件下产生的。在资本主义工业化初期以及第二次世界大战末期和战后一段时期内，由于物资短缺，市场产品供不应求，生产观念在企业经营管理中颇为流行。我国在计划经济旧体制下，由于市场产品短缺，企业不担心其产品没有销路，工商企业在其经营管理中也奉行生产观念。

生产观念在以下两种情况下是合理的、可行的：一是在物资短缺的条件下，市场商品供不应求时；二是在由于产品成本过高而导致产品的市场价格居高不下时。生产观念的主要特点是：第一，企业将主要精力放在产品的生产上，追求高效率、大批量、低成本，产品品种单一，生命周期长；第二，企业对市场的关心，主要表现在关心市场上产品的有无以及产品的多少，而不是市场上消费者的需求；第三，企业管理中以生产部门作为主要部门。

（二）产品观念

产品观念是以产品的改进为中心，以提高现有产品的质量和功能为重点的营销观念。这种观念认为，消费者会倾向质量最优、性能最好、功能最多和具有某种特色的产品，企业应致力于生产高值产品，并不断加以改进。它产生于市场产品供不应求的"卖方市场"形势下。当企业发明一项新产品时，在产品观念指导下，企业双眼向内看，一手抓管理，一手抓质量。此时企业不适当地把注意力放在产品上，而不是放在市场需要上，在市场营销管理中缺乏远见，只重视自己的产品质量，看不到市场需求在变化，致使企业经营陷入困境。

美国哈佛大学的西奥多·莱维特教授指出，产品观念导致"市场营销近视症"。"市场营销近视症"是指企业管理者在市场营销中缺乏远见，只注重其产品，认为只要生产出优质产品，顾客就必然会找上门，而不注重市场需求的变化趋势。"市场营销近视症"的主要表现是：企业经营目标的"狭隘性"；企业经营观念上的目光短浅。

产品观念也是一种"以产定销"的观念，其主要特点为：①企业把主要精力放在产品的改进和生产上，追求高质量、多功能；②轻视推销，单纯强调以产品本身来吸引顾客，一味排斥其他的促销手段；③企业管理中仍以生产部门为主要部门，但加强了生产过程中的质量控制。

（三）推销观念

推销观念产生于 20 世纪 20 年代末至 50 年代前期。其表现为"我卖什么，顾客就买什么"。推销观念认为，消费者通常表现出一种购买惰性或抗衡心理，如果听其自然的话，消费者一般不会足量购买某一企业的产品，因此，企业必须积极推销和大力促销，以刺激消费者大量购买本企业的产品。推销观念在现代市场经济条件下被大量用于推销那些非渴求物品，即购买者一般不会想到要去购买的产品或服务。在 1920—1945 年，由于科学管理和大规模生产的推广，产品产量迅速增加，逐渐出现了市场产品供过于求，市场趋势由卖方市场向买方市场过渡，尤其在 1929—1933 年的经济危机期间，大量产品销售不出去，迫使企业重视采用广告术与推销术来推销产品。卖主之间激烈的竞争使许多企业家感到：即使有物美价廉的产品，也未必能卖得出去；企业要在日益激烈的竞争中求得生存与发展，就必须重视推销。例如，美国皮尔斯堡面粉公司在此经营观念导向下，当时提出"本公司旨在推销面粉"。

推销观念在以下两种情况下是可行的：一是当产品供大于求，产品大量积压时；二是对于一些"非渴求商品"。

其主要特点为：①产品不变；②加强了推销；③开始关注顾客，研究吸引顾客的方法与手段；④开始设立销售部门，但销售部门仍处于从属地位。

（四）市场营销观念

这种观念产生于 20 世纪 50 年代以后，当时社会生产力迅速发展，市场趋势表现为供过于求的买方市场，同时，居民收入迅速提高，有可能对产品进行选择，企业之间产品竞争加剧，许多企业开始认识到，必须转变经营理念，才能求得生存与发展。这时市场营销观念应运而生。市场营销观念认为，要达到企业目标，关键在于确定目标市场的需求与欲求，并比竞争者更有效地满足消费者的需求。可见，市场营销观念是以满足消费者需求为出发点的，即"消费者需要什么，就生产什么"。简言之，市场营销观念是"发现需要并设法满足它们"，而不是"制造产品并设法推销出去"；是"制造能够销售出去的产品"，而不是"推销已经生产出来的产品"。

市场营销观念是以消费者的市场需求为中心，以研究如何满足市场需求为重点的营销观念。它的指导思想是首先发现和了解消费者的需要，消费者需要什么就生产什么，销售什么，消费者需求在市场营销中始终处于中心地位。市场营销观念的出现，使企业经营哲学发生了根本性的变化，也使市场营销学发生了一次革命。

（五）社会营销观念

社会营销观念是以社会利益为中心的营销观念。它产生于 20 世纪 70 年代西方资本主义国家能源短缺、通货膨胀、失业增加、环境污染严重、消费者保护运动盛行的形势下，由于市场营销观念强调满足消费者需求和实现企业的目标，却忽视了社会公众的利益，而消费者、企业的利益与社会公众的利益可能是相悖的。社会市场营销观念认为，企业的任务是确立各个目标市场的需要、欲望和利益，并以保护和提高消费者和社会长远福利的方式，比竞争者更有效、更有利地向目标市场提供能够满足其需要、欲望和利益的物品或服务。社会市场营销观念要求市场营销者在制订市场营销政策时，要统筹兼顾三方面的利益，即企业利润、消费者需要的满足和社会利益。

上述五种营销观念归纳起来可分为两大类型：一类是传统市场营销观念，包括生产观念、产品观念和推销观念；一类是现代市场营销观念，包括市场营销观念和社会营销观念。这两类市场营销观念存在质的区别。这种区别如表 1-1 所示。

表 1-1　两种营销观念对照表

观念类型	起点	中心	手段	目标（终点）
传统市场营销观念	工厂	现有产品	增加生产或加强推销宣传	通过扩大销售获利
现代市场营销观念	市场	消费者需求	整体营销活动	通过满足消费者需求获利

二、市场营销观念的新发展

（一）顾客满意营销观念

"顾客满意"是指顾客通过一个产品的可感知的效果（或结果）与他们的期望值相比较后所形成的感觉状态。菲利普·科特勒在 1994 年出版的《营销管理——分析、规划、执行和控制》一书中，提出了"顾客让渡价值"（customer delivered value）的新概念。

"顾客让渡价值"是指顾客总价值（total customer value）与顾客总成本（total customer cost）之间的差额。顾客总价值是指顾客购买某一产品与服务所期望获得的一组利益，它包括产品价值、服务价值、人员价值和形象价值等。顾客总成本是指顾客为购买某一产品所耗费的时间、精神、体力以及所支付的货币资金等，因此，顾客总成本包括货币成本、时间成本、精神成本和体力成本等。

由于顾客在购买产品时，总希望把有关成本包括货币、时间、精神和体力等降到最低，而同时又希望从中获得更多的实际利益，以使自己的需要得到最大限度的满足，因此，顾客在选购产品时，往往从价值与成本两个方面进行比较与分析，从中选择出价值最高、成本最低，即"顾客让渡价值"最大的产品作为优先选购的对象。

企业为在竞争中战胜对手，吸引更多的潜在顾客，就必须向顾客提供比竞争对手具有更多"顾客让渡价值"的产品，使自己的产品为消费者所注意，进而购买本企业的产品。为此，企业可从两个方面改进自己的工作：一是通过改进产品、服务、人员与形象，提高产品的总价值；二是通过降低生产与销售成本，减少顾客购买产品的时间、精神与体力的耗费，从而降低货币与非货币成本。

（二）绿色营销观念

绿色营销观念，要求企业在对产品开发、生产、定价、分销进行策划和实施的整个过程中，在满足顾客需求和维护生态环境的前提下取得利润，实现经济与社会的可持续发展。绿色营销的中心思想是实现企业利益、消费者利益、社会利益、生态环境效益的统一与协调发展。

绿色营销是 1992 年联合国召开的环境与发展大会明确提出的。绿色营销的提出并不是偶然的，在现代物质文明的创造与发展过程中，生态环境恶化、资源危机，环境污染、人口膨胀等问题困扰着人类生存现状，阻碍着经济发展与社会进步。许多企业只顾以新产品刺激消费需求，却导致了产品寿命周期过短，造成资源的浪费。比如，为了方便消费者购买而使用的各种包装袋、软饮料瓶等，用完后任意丢弃，一方面造成了包装材料的大量浪费；另一方面也造成了生活环境的脏乱。现实促使人们认识到，必须将经济活动与生态环境、社会环境统一起来，实现经济活动、生态环境、资源、人口之间的同步、协调、健康发展，建立一种绿色文明。绿色营销观念可以说是社会市场营销观念的具体化。

各种企业营销观念的比较如表 1-2 所示。

表 1-2　各种企业营销观念的比较

经营观念	满足目标
生产观念	企业需求
产品观念	企业需求
推销观念	企业需求
市场营销观念	顾客需求
社会营销观念	顾客需求、社会利益
顾客满意营销观念	顾客需求、顾客满意
绿色营销观念	顾客需求、生态需求、社会利益

链接

营销 3.0：社会价值观驱动的营销

正如过去几十年世界因为技术革新而变化，营销也同样发生了变化。在工业化时代，工业机器设备成为核心竞争力，生产可以直接驱动消费，营销的职能过多地落在了"销售"上，这就是以产品为中心的营销 1.0 时代。亨利·福特一句非常著名的话概括了那个时代的营销特征："任何顾客都可以将车涂成他想要的颜色，只要它是黑色。"在那个时代，营销被认为是一种纯粹的销售，一种关于说服的艺术。

当今进入信息时代，营销的工作就没那么简单了。消费者获得的信息充分，可以方便地对几种相似产品的产品价值进行比较。因此，产品的价值是由消费者来定义的。营销人士必须确认那些还没有被满足的需求，并转化为公司盈利的机遇。

这就是以顾客为中心的营销 2.0 时代，它追求与顾客建立一对一的紧密联系，不但继续提供产品使用功能，更要为消费者提供情感价值，因此，公司与产品都追求独特的市场定位，以期望为消费者带来独一无二的价值组合。在营销 2.0 时代，成功营销的特征在于运用各种技术与策略在消费者的心中建立一种情感共鸣，以获得消费者的情感认可。

我们很快就会见证到以人为本的营销3.0时代的到来，这也是菲利普·科特勒先生在2010年提出的最新观点——市场趋势正在呼唤"价值观驱动的营销"。

在营销3.0时代，消费者将会变得更加积极、主动，更加渴望拥有创造性，他们将会要求更多参与到营销价值的创造中来。消费者将会更多要求公司识别与满足他们最深层次的渴望与担忧，这种渴望可以被理解为消费者对人类最基本的共同价值观的重视与实现，如果企业要体现对消费者的尊重，就必须与消费者在价值观层面达成一致，并与消费者合作，基于共同的价值观指引，为改进世界与人类的生活而努力。营销3.0时代，公司为消费者传递的是人类根本价值观的实践与参与感，在精神层面与消费者结为联盟，在人类所面临的共同重大问题上和衷共济。

营销3.0时代最大的特征在于企业营销要从公司愿景与价值观入手，关注到社会可持续发展中所面临的问题，并通过新的经营手段和营销方式来推动社会的和谐增长。科特勒先生之所以提出营销3.0时代，是更多地关注到在产品与公司层面，进行功能与情感诉求已经走入了同质化，而在战术层面差异不大的情况下，企业应该回归到自己是"社会公民"的本质，以获取利益相关者的整体支持，这是全球倡导低碳经济，倡导企业社会责任，倡导可持续发展对营销活动要求的必然性呼应。

基于对全球社会发展趋势的洞察，科特勒先生给出了营销3.0时代的价值观驱动模型。对于企业来讲，以前在产品与服务上能够有效地把握住客户需求，传递出客户满意，能建立起客户利益的比较优势，就可以赢得市场。而在新的时代里，企业必须更多地关注：不论是自己，还是企业面对社会的可持续发展能力，在营销中加入更多的社会人文关怀，强调出在组织价值观层面的差异化，并主动承担更多的社会责任。

（资料来源：《销售与市场（评论版）》2010.09）

❦❦ —— 本章小结 —— ❦❦

本章对市场、市场营销、市场营销观念以及市场营销的研究内容做了概要介绍。市场营销是个人和组织通过创造产品和价值并同他人和组织进行交换，以满足需求和欲望的社会和管理过程。市场营销的研究内容主要有5个方面：市场营销的基础理论、基本概念、环境与市场分析、市场营销策略、营销管理与控制。

━━━━━ 本章习题 ━━━━━

一、名词解释

市场　市场营销　市场营销观念　绿色营销

二、简答题

1. 市场营销学基础上市场的含义是什么？

2. 市场营销观念的具体阶段及内容有哪些？

3. 传统营销观念与现代市场营销观念的区别是什么？

4. 推销观念与市场营销观念的区别是什么？

三、案例分析题

通用公司仓促推出洗碗机结果是门前冷落车马稀

推出洗碗机，意在减轻人们的家务劳动负担，适应现代人的生活快节奏。然而，当美国通用电气公司率先将自动洗碗机投向市场时，等待他们的并不是蜂拥而至的消费者，而是出人意料的"门前冷落车马稀"的局面。

后来，公司的营销策划专家寄希望于广告促销上。按照过去的经验，只要让广告媒体实施心理上的轮番"轰炸"，消费者总会认识到自动洗碗机的价值。于是，该公司在各种报纸、杂志、广播和电视上反复广而告之，"洗碗机比用手洗更卫生，可以用高温水来杀死细菌"。该公司还创造性地通过电视画面放大细菌的丑恶形象，使消费者产生恐惧。为了向消费者展示产品强大的去污渍的能力，在广告里播放了清洗盘子的过程。结果如何呢？"高招"用尽，市场依旧。自动洗碗机的设计构思和生产质量都是无可挑剔的，但为什么一上市就遭此冷遇呢？消费者究竟是怎样想的呢？

第一，传统价值观念的作祟。消费者对新东西的偏见、技术上的无知、消费中的风险和消费能力的差距，使自动洗碗机难以成为畅销产品。

第二，有些追赶潮流的消费者倒是愿意买洗碗机以换取生活方便，但洗碗机事先要做许多准备工作，费事费时又增添了不少麻烦，到最后还不如手工洗来得快。家庭厨房窄小，安装困难也使消费者望"机"兴叹。一些消费者虽然接受洗碗机，但认为其价格难以接受。

第三，自动洗碗机单一的功能、复杂的结构、较多的耗电量和较高的价格也是它难以市场化、大众化的原因之一。

（资料来源：《销售与市场》1996年第9期）

思考题

1. 通用公司推出自动洗碗机为何没有受到消费者的欢迎？

2. 在这次决策上，通用公司秉承的营销理念是什么？

四、实训题

实训项目：走访当地一家小有名气的日用消费品生产企业，了解其产品销售是处于推销阶段还是营销阶段，或者两种阶段同时存在。

项目要求：

1. 如果处于推销阶段，分析处于推销阶段的原因是什么？

2. 如果两个阶段都存在，试分析产生这种情况的原因是什么？

3. 如何让这家企业的产品销售从推销阶段向营销阶段过渡？

第二章　市场营销环境分析

1. 理解市场营销环境的概念和构成。
2. 理解微观营销环境和宏观营销环境所包含的因素。
3. 掌握企业对市场营销环境分析的内容及对市场营销环境的评价方法。

企业应当具备一种能力和与之相配合的系统，来持续监视和预测其所处营销环境的发展变化，并善于对环境做出分析与评价，及时采取适当的对策，从而把握机会，实现营销目标。

第一节　市场营销环境的含义及其特征

任何事物都不是孤立存在的，企业作为社会经济组织，在从事市场营销活动过程中，必然与其周围的环境有直接或者间接的联系。而各种营销环境因素是不断变化的，其变化既能给企业带来有利的条件和时机，也会给企业造成危害，企业要想生存和发展，就必须对自己赖以生存和发展的营销环境进行分析研究，根据环境的变化来制定与调整市场营销的战略与策略，保持与外部环境的动态平衡。

一、市场营销环境的含义及其构成

（一）市场营销环境的含义

市场营销环境是指影响企业营销活动而企业又难以控制的各种因素和力量的综合，或者说市场营销环境是影响企业生存和发展的各种内外部因素和条件的总称。市场营销环境包括微观环境和宏观环境。

(二) 市场营销环境的构成

1. 微观环境

微观环境又称为直接营销环境，它是指直接影响与制约企业的营销活动，同时也受企业营销活动影响的各种因素，包括企业内部环境、供应商、营销中介商、消费者、竞争者和社会公众，它们都受微观环境的影响与制约。

2. 宏观环境

宏观环境是指给企业营销活动带来机会与威胁的各种社会力量，主要包括人口、经济、政治与法律、科学技术、社会文化和自然生态等因素。宏观环境又称为间接营销环境，它往往通过微观环境间接地影响与制约企业的营销活动，但在某些特定场合也可以对企业的营销活动产生直接的影响。例如，我国的水资源紧张（宏观环境因素），水价上涨，使消费者（微观环境因素）的节水意识增强，在购买洗衣机、马桶时愿意选择节水型的产品。企业在设计产品时要突出节水性能，以满足消费需求。

可见，市场营销环境是由宏观环境因素与微观环境因素共同构成的，是一个复杂的、多变的系统。

市场营销环境的构成如图 2-1 所示。

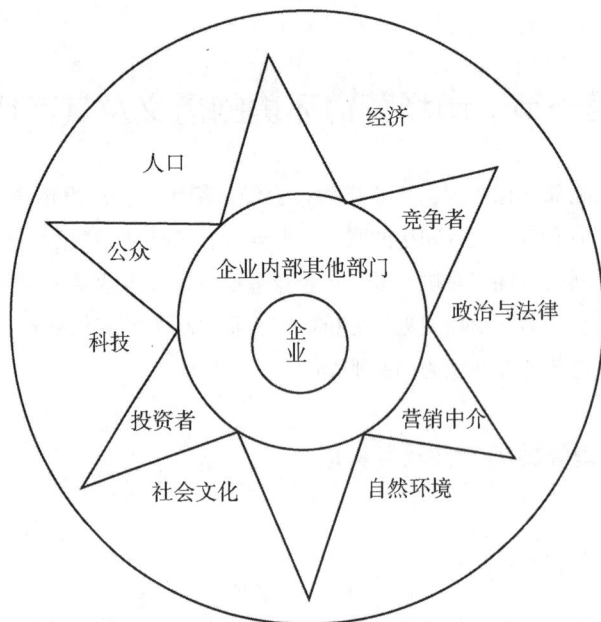

图 2-1 市场营销环境系统构成

二、市场营销环境的特征

1. 客观性

市场营销环境是与企业市场营销活动相联系的企业外部因素的总和，是客观存在的。企业无法控制营销环境尤其是宏观环境的发展变化。如 2020 年上半年新型冠状肺炎流行期间，餐馆的客人大量减少，而卫生管理成本大幅度增加，致使大批餐馆因无力经营而关门。物竞天择，适者生存，面对客观环境，企业必须不断地进行自我调整，主动地适应环境的变化。

2. 差异性

不同国家或地区的市场营销环境不同，如美国和中国的国家政策、风俗习惯、价值观念、经济发展水平和消费结构等都不相同。在同一国家或地区的不同时期，市场环境也不一样，如我国改革开放前后的营销环境发生了巨大的变化。另外，同一市场营销环境对不同的企业可能会有不同的影响。如疫情期间，给餐饮业带来了严重的影响，但同时给消毒水、口罩、相关药品的生产和销售企业带来了机会。

3. 多变性

一切事物都处于变化之中，构成企业市场营销环境的因素也是不断变化的，只是变化的速度不同。如人口、社会文化和自然的变化比较缓慢，是企业相对稳定的环境因素，而科技因素的变化却是日新月异的，企业必须有行之有效的应变措施。

4. 相关性

营销环境的各种因素是相互影响、相互制约的，某一因素的变化，会引起其他因素的相应变化，由此形成新的营销环境。如我国改革开放政策促进了经济的高速发展，也使人们的思想观念发生了深刻的变化。又如随着经济的发展和人民生活水平的提高，消费者对微波炉、空调等家电的需求不断增加，促进了家电行业的发展，但同时又造成了电力供应的紧张。我国已立法将节约资源作为一项基本国策，"高端"与"节能"是家电未来的发展方向。企业要权衡利弊，在可利用资源的前提下开发新产品。

5. 不可控性

影响市场营销环境的因素是多方面的，也是复杂的，并表现出企业对它的不可控性。例如，一个国家的政治法律制度、人口增长以及一些社会文化习俗等，企业不可能随意改变。

6. 可影响性

虽然营销环境的变化是不以企业的意志为转移的，但企业可以利用环境，甚至可以通过众多的联合力量去冲破环境的制约，使之向有利于企业的方向发展。

第二节　微观市场营销环境

企业微观营销环境是指对企业服务其目标市场的营销能力构成直接影响的各种因素的集合。包括企业内部环境、顾客、供应商、营销中介、竞争者和社会公众等与企业具体营销业务密切相关的各种组织与个人，如图2-2所示。

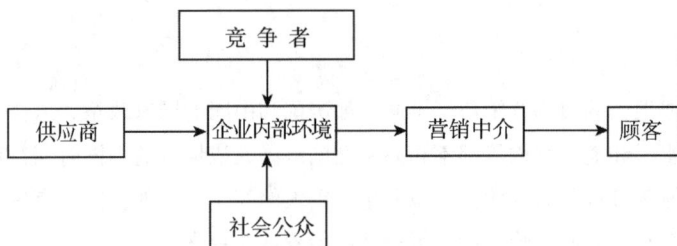

图2-2　企业微观环境的主要因素示意图

一、企业内部环境

企业开展营销活动要充分考虑到企业内部的环境力量和因素，主要包括企业自身所拥有的人力、物力、财力、信息资源及企业文化、组织结构、规章制度、管理水平及技术能力等物质、非物质因素。企业是组织生产和经营的经济单位，是一个系统组织。企业内部一般设立管理、技术、采购、生产、营销、质检、财务、后勤等部门。企业内部各职能部门工作及其相互之间的协调关系，直接影响企业的整个营销活动。

营销部门与企业其他部门之间既有多方面的合作，也经常与生产、技术、财务等部门发生矛盾。由于各部门的工作重点不同，有些矛盾往往难以协调。如生产部门关注的是长期生产的定型产品，要求品种规格少、批量大、标准订单、较稳定的质量管理，而营销部门注重的是能适应市场变化、满足目标消费者需求的"短、平、快"产品，则要求多品种规格、少批量、个性化订单、特殊的质量管理。所以，企业在制订营销计划和开展营销活动时，必须协调和处理好各部门之间的矛盾和关系，营造良好的企业环境，更好地实现营销目标。

二、供应商

供应商是影响企业微观营销环境的重要因素之一。供应商是指向企业提供产品和服务所需资源的企业或个人，供应商所提供的资源主要包括原材料、设备、能源、劳务、资金等。

供应商对企业营销活动的影响主要表现在以下几个方面。

（1）供货的稳定性与及时性。原材料、零部件、能源及机器设备等货源的保证，是企业营销活动顺利进行的前提。如粮食加工厂需要谷物来进行粮食加工，还需要具备人力、设备、能源等其他生产要素，才能使企业的生产活动正常开展。供货量不足、供应短缺，都会影响企业按期完成交货任务。

（2）供货的价格变动。供货的价格直接影响企业的成本。如果供应商提高原材料价格，生产企业也将被迫提高其产品价格，由此可能影响到企业的销售量和利润。

（3）供货的质量水平。供应货物的质量直接影响到企业产品的质量。

针对上述影响，企业在寻找和选择供应商时，应特别注意两点。第一，企业必须充分考虑供应商的资信状况。要选择那些能够提供品质优良、价格合理的资源，交货及时、有良好信用、在质量和效率方面都信得过的供应商，并且要与主要供应商建立长期稳定的合作关系，保证企业生产资源供应的稳定性。第二，企业必须使自己的供应商多样化。企业过分依赖一家或少数几家供应商，受到供应变化的影响和打击的可能性就大。为了减少对企业的影响和制约，企业就要尽可能多地联系供货人，向多个供应商采购，尽量注意避免过于依靠单一的供应商，以免当与供应商的关系发生变化时，使企业陷入困境。

三、营销中介

营销中介是协助企业推广、销售和分配产品给最终买主的那些企业或个人。它们包括中间商、实体分配公司、营销服务机构及金融机构等。

1. 中间商

中间商是协助公司寻找顾客或直接与顾客进行交易的商业企业。中间商分两类：代理中间商和经销中间商。代理中间商——代理人、经纪人、制造商代表——专门介绍客户或与客户磋商交易合同，但并不拥有商品持有权。经销中间商——如批发商、零售商和其他再售商——购买产品，拥有商品持有权，再售商品。中间商对企业产品从生产领域流向消费领域具有极其重要的影响。在与中间商建立合作关系后，要随时了解和掌握其经营活动，并可采取一些激励性合作措施，推动其业务活动的开展，而一旦中间商不能履行其职责或市场环境变化时，企业应及时解除与中间商的关系。

2. 实体分配公司

实体分配公司协助公司储存产品和把产品从原产地运往销售目的地，包括仓储公司和运输公司。仓储公司是在货物运往下一个目的地前专门储存和保管商品的机构。运输公司包括从事铁路运输、汽车运输、航空运输、驳船运输以及其他搬运货物的公司，它们负责把货物从一地运往另一地。每个公司都需从成本、运送速度、安全性和交货方便性等因素进行综合考虑，确定选用那种成本最低而效益更高的运输方式。

3. 市场营销服务机构

市场营销服务机构指市场调研公司、广告公司、各种广告媒介及市场营销咨询公司，它们协助企业选择最恰当的市场，并帮助企业向选定的市场推销产品。

4. 金融机构

金融机构包括银行、信贷公司、保险公司以及其他对货物购销提供融资或保险的各种公司。公司的营销活动会因贷款成本的上升或信贷来源的限制而受到严重的影响。

四、竞争者

在市场经济条件下，市场竞争是必然存在的。同类产品的市场竞争对手是企业无法控制的因素，它对企业的生存发展起着十分重要的作用。公平合理的竞争能促进企业努力提高产品质量和经济效益。从行业竞争因素划分，企业竞争可分为以下几种。

1. 同行业企业

同行业企业的规模、资金实力、生产水平、技术力量、员工素质和销售潜力以及这些企业所选择的市场开发、发展策略和营销策略，直至它们的产品要素都影响市场需求。企业在市场竞争中要想取得成功，就必须创造一定的优势，加强对其他竞争对手的研究，才可能有针对性地采取自己的经营对策。

2. 潜在加入者

可能成为同行业竞争者。

当某一行业前景乐观、有利可图时，会吸引新的竞争者加入，使该行业增加新的生产能力，并要求重新瓜分市场份额和主要资源。另外，某些多元化经营的大型企业还会利用其资源优势从一个行业进入另一个行业。这些新企业的加入，将会导致产品价格下降，利润减少。

3. 替代品生产者

这是不可忽视的竞争力量。

从消费需求的角度划分，竞争者主要有以下几种。

（1）愿望竞争者。愿望竞争者是指提供不同产品以满足消费者各种目前愿望的竞争者，比如对于计算机制造商来说，生产彩电、空调、音响等不同产品的厂家就是愿望竞争者。如何促使消费者愿意首先选购计算机，而不是首先选购彩电、空调、音响，就是一种竞争关系。它们各自构成相互的愿望竞争者。

（2）平行竞争者。平行竞争者是指提供能够满足同一种需求的不同产品的竞争者，比如，自行车、摩托车、小轿车都可用作家庭的交通工具，这三种产品的生产经营者之间必定存在一种竞争关系，他们也就互相成为各自的平行竞争者。

（3）产品形式竞争者。产品形式竞争者是指生产同一种产品，但提供不同规格、型号、款式的竞争者。

（4）品牌竞争者。品牌竞争者是指产品相同，规格、型号等也相同，但品牌不同的竞争者。

五、消费者

企业与供应商和中间商保持密切关系的目的，是为了有效地向目标市场提供商品与劳务。企业的目标市场可以是下列 5 种顾客市场中的一种或几种。

（1）消费者市场。个人和家庭购买商品及劳务以供个人消费。

（2）工业市场。组织机构购买产品与劳务，供生产其他产品及劳务所用，以达到盈利或其他目的。

（3）转售商市场。组织机构购买产品及劳务用以转售，从中赢利。

（4）政府市场。政府机构购买产品及劳务以提供公共服务或把这些产品及劳务转让给其他需要它们的人。

（5）国际市场。买主在国外，这些买主主要为外国消费者。

六、社会公众

社会公众是指对企业实现营销目标的能力具有实际或潜在利害关系和影响力的团体或个人。公众对企业的感觉和与企业的关系对企业的市场营销活动有着很大的影响。所有企业都必须采取积极措施，保持和社会公众之间的良好关系。

通常，企业周围大致有 7 类公众。

（1）金融界。金融界对企业的融资能力有重要的影响。主要包括银行、投资公司、证券经纪行、股东。

（2）媒介公众。媒介公众指那些刊载、传播新闻的机构，特别是报纸、杂志、电视台、网站等。他们主要通过社会舆论来影响其他公众对企业的态度。特别是主流媒体的报道，对企业影响极大，甚至可以达到"一条好的报道可以救活一个企业，一条负面的报道可以使一个企业破产"的程度。企业对待媒体要慎之又慎。

（3）政府机构。企业管理部门在制订营销计划时，必须认真研究与考虑政府政策与措施的发展变化。

（4）群众团体。一个企业营销活动可能会受到消费者组织、环境保护组织、少数民族团体等机构团体的质询。

（5）地方公众。每个企业都同当地的公众团体，如邻里居民和社区组织保持联系。

（6）一般公众。企业需要关注一般公众对企业产品及经营活动的态度。虽然一般公众并不是有组织地对企业采取行动，然而一般公众对企业的印象却影响着消费者对该企业及其产品的看法。

（7）内部公众。企业内部公众包括生产一线的职工、职能部门员工以及中高层管理人员、董事会成员等。当企业内部公众对自己的企业感到满意的时候，他们的态度也就会感染企业以外的公众。

第三节　市场营销的宏观环境

企业营销活动除了受到微观环境的直接制约和影响外，往往还要受到宏观营销环境的影响和制约，宏观营销环境是指为企业营销活动带来市场机会和环境威胁的主要社会力量，企业营销活动必须分析这些条件。由于这些条件或因素从宏观角度间接作用（以微观营销环境为媒介）于企业的营销活动，因此，也可以把这些因素称为间接营销环境。

一、人口环境

人口是构成市场营销的基本要素。人口决定市场规模，如果仅从人口角度，而不同时从其他角度进行分析，就很难找到人口环境因素对企业营销制约点的真正所在。因为任何企业都不可能面向所有的消费人口，也不可能面向人的一切消费需要。所以分析人口因素，除了分析一个国家或地区的总人口以外，还要研究人口的地理分布、年龄结构、教育程度和职业、家庭单位和规模等因素，以便根据企业的行业优势，选择自己的目标市场。

1. 人口地理分布

人口地理分布指人口在不同地区的集中程度。任何一个国家、一个地区，乃至一个省市，人口的分布都是很不均匀的。例如，我国人口最密集的地区是东南沿海地区，美国人口最密集的地区是大西洋沿岸、五大湖边缘及加利福尼亚州沿海地区。

人口的地理分布不仅不均匀，而且在不断发展变化，是一个动态的概念。目前，世界上普遍存在着人口从农村流向城市的趋势。人口的地理分布不同，带来了消费习惯和市场需要的不同。比如，在我国的不同地区，人们在食物消费结构方面就有很大的不同：南方人以大米为主食，北方人以面粉为主食；江浙沿海一带的人喜食甜食，川湘鄂一带的人则喜辣，故我国有"南甜北咸、西辣东酸"之说。城市人口与农村人口的消费结构与消费水平也存在差异。人口的地理分布不同及由此带来的消费习惯和市场需求的不同，必然会影响商业网点的发展和服务方式的变化。企业掌握了人口的地理分布特点，就可以准确地寻找自己的目标市场，确定企业产品的流向与流量。

2. 人口的年龄结构

人口的年龄结构指一定时期的不同年龄层次。由于消费者年龄的差别，对于商品和服务也就产生不同的需要。例如，儿童对玩具及糖果感兴趣；青少年对书籍、流行音乐、唱片感兴趣；成年人对生活用品及耐用品感兴趣；老年人对保健品、药品感兴趣等。这样就形成了具有年龄特色的市场，如婴儿市场、儿童市场、青少年市场、成人市场、老年人市场等。

3. 人口的教育程度和职业

人口的受教育程度和职业不同，对市场需求表现为不同的倾向。例如，大学生、研究生喜欢跑书店，文盲则对此毫无欲望；农民需要化肥、农药等生产资料，而工人则根本不需要。

人口的受教育程度和职业与消费者的收入、社交、居住环境及消费习惯有密切的相关性。

4. 家庭单位和规模

现代家庭，既是社会的细胞，也是商品采购的基本单位。一个国家或地区家庭单位的多少以及家庭平均人员的多少，可以直接影响某些消费品的需要。由于家庭小型化，家庭户数增加，房屋市场就有扩大的趋势。同时，由于家庭户数增加，市场对家用小汽车、家用计算机、电视机、空调机、家具等家庭用品的需求便极大地增加，并更加要求小型精巧以适应中档家庭的需要。

二、经济环境

经济因素是影响企业营销活动的主要因素，包括收入因素、消费结构、产业结构、经济增长率、货币供应量、银行利率、政府支出等因素，其中收入因素、消费结构对营销活动影响较直接。

1. 收入因素

收入因素也是构成市场的一项重要因素。因为市场容量的大小，归根到底取决于消费者的购买力，一个消费者的需要能否得到满足，以及怎样得到，主要取决于他收入的多少。

2. 消费者支出模式与消费结构

随着社会经济的发展，人们的收入会增加，消费支出模式也会发生相应变化，继而使一个国家或地区的消费结构也随之变化。

1875 年，德国统计学家恩斯特·恩格尔根据他对英国、法国、德国、比利时工人家庭收入预算的调查研究，发现了关于工人家庭收入变化与各方面支出变化之间比例关系的规律性，即著名的恩格尔定律。恩格尔定律具体包括以下三层含义。

第一，随着家庭收入的增加，用于购买食品的支出占家庭收入的比重下降，称恩格尔系数下降。

第二，随着家庭收入的增加，用于住宅建筑和家务经营的开支占家庭收入的比重大体不变。

第三，随着家庭收入的增加，用于其他方面的开支（如服装、交通、娱乐、卫生保健、教育等支出）和储蓄占家庭收入的比重会上升。

在家庭消费支出中，用于食物方面的支出与家庭消费总支出的比率称为恩格尔系数。公式如下

$$恩格尔系数 = \frac{食品支出额}{生活消费总支出} \times 100\%$$

恩格尔系数常常被用作衡量家庭、社会、阶层乃至国家富裕程度的一个重要指标。恩格尔系数越小，说明越富有；反之则越贫困。根据联合国公布的数字，如果恩格尔系数在60%以上是绝对贫困；50%~59% 为温饱；40%~49% 为小康；20%~39% 为富裕；20%以下为最富裕。

与恩格尔系数相联系的是消费结构。消费结构是指消费过程中人们所消耗的各种消费资料（包括劳务）的构成，即各种消费支出与总支出的比例关系。优化的消费结构是优化产业结构和产品结构的客观依据，也是企业开展市场营销的基本立足点。

我国现阶段消费支出模式和消费结构总体呈现以下特点：支出模式仍然以吃、穿等生活必需品为主；随着住房制度、医疗制度、教育制度和休假制度的进一步改革，用于住房、卫生保健、教育方面的支出将大幅度增加，在旅游、娱乐、金融投资等方面的开支也不断上升。因此，企业在进行市场营销调查分析中应注意消费支出模式和消费结构变化的新情况，适时地为消费者生产和输送适销对路的产品及服务。

3. 消费储蓄信贷

消费者的消费支出，不仅与其收入相联系，而且同储蓄与信贷紧密联系。在一定时期内，个人收入用于储蓄的部分增多，实际支出部分就会减少，从而影响企业销售量。信贷与居民的支出也有密切的联系。实行消费信贷，可以使消费者提前支出个人收入，创造更多的需求，从而刺激企业生产的发展。要实施消费信贷，预支消费者的收入，必然以社会生产力高度发展，商品充裕为前提。

4. 产业结构

产业结构指各产业部门在国民经济中所处的地位和所占的比例及相互之间的关系。一个国家的产业结构可以反映该国的经济发展水平。从我国的实际情况看，第一产业国民生产总值和就业人口比例将逐渐下降，第二产业国民生产总值略有上升，但就业人口可能不变，而第三产业无论是就业人口，还是国民生产总值都将逐步上升。这种变化趋势给发展第三产业提供了机会。所以企业只有针对其变化趋势，制定相应的策略，才能处于主动地位。

三、政治法律环境

政治与法律具有一定的权威性和强制性。不论处于何种社会制度，企业的营销活动必定要受到政治与法律环境的规范、强制和约束，企业总是在一定的政治与法律环境下运行。

1. 政治环境

政治环境是指企业市场营销活动的外部政治形势和状况。对国内政治环境的分析主要是了解党和政府的各项路线、方针、政策的制定及调整给企业市场营销活动可能带来的影响，特别是我国加入WTO以后，我国政府推出了一系列新的改革措施和方针政策，对企业的营销活动影响很大。所以，企业应密切关注政府颁布的一系列新政策，相应地调整其市场营销组合策略和生产经营方向，使企业更好地占领、转移和开拓新的市场，在竞争中占据主动地位。对国际政治环境的分析要着重了解"政治权力"与"政治冲突"对企业市场营销活动的影响。"政治权力"是指一国政府通过正式手段对外来企业权利予以约束，以保护本国利益，它包括进口限制、外汇管制、劳工限制以及国有化等方面。进口限制是指各国政府实行的进口数量限制和其他各种直接或间接限制进口的措施，如许可证制度和配额制度。外汇管制是指一个国家对买卖外汇以及一切外汇经营业务所实行的管制。劳工限制是指所在国对劳工来源及使用方面的特殊规定。国有化是指国家将所有外国人投资的企业收归国有，有的给予补偿，有的不给予任何补偿。"政治冲突"是指国际上重大事件和突发性事件对企业市场营销活动的影响，如战争、暴力及绑架事件、恐怖活动、罢工、动乱等直接冲突，以及不同政治观点在国际事务中产生的摩擦等带来的经济制裁或经济政策的改变等间接冲突。

2. 法律环境

法律是体现统治阶级意志，由国家制定或认可，并以国家强制力保证实施的行为规范的总和。世界各国都颁布相关法律、法规来规范和制约企业的活动。企业一方面可以凭借这些法律维护自己的正当权益；另一方面，企业也要依法进行生产经营活动。与企业市场营销活动有关的经济立法很多，既有保护竞争、保护消费者利益、维护市场正常秩序的，也有保护社会利益、保护生态平衡、防止环境污染的。我国颁布了与企业有关的许多法律法规如《中华人民共和国产品质量法》《中华人民共和国反不正当竞争法》《中华人民共和国经济合同法》《中华人民共和国专利法》《中华人民共和国商标法》《中华人民共和国广告法》《中华人民共和国环境保护法》《中华人民共和国消费者权益保护法》等。2001 年 12 月 12 日中国成为 WTO 的正式成员以后，废止了许多与国际法和国际惯例有冲突的法律法规，其目的就是要按照国际法则和惯例办事，使中国企业与外国企业公平竞争，促进中国市场经济的发展。

四、自然环境

企业营销的自然环境因素是指影响企业生产和经营的物质因素，如企业生产需要物质资料、企业生产产品过程中对自然环境的影响等，由于这些因素是从物质方面影响企业营销，因此，可称之为自然环境因素。自然环境的发展变化会给企业造成一些"环境威胁"和"市场营销机会"，如化工行业、造纸业、印染业等行业，必须在满足环境允许的范围内才能生产，所以企业营销不可忽视自然物质环境方面的动向。自然环境变化的趋势主要表现在以下几个方面。

1. 自然资源短缺

一般来说，自然资源可分为三类：一是"无限"的资源，如空气、阳光、水等；二是有限但可以再生的资源，如森林、粮食等；三是有限又不能再生的资源，如石油、天然气、煤炭、锡、铀等矿物质，这类资源早已供不应求，许多产业面临严重的原材料短缺，生产和经营成本越来越高。面对资源日益紧缺的自然环境，无疑给那些致力于开发和寻求新资源、研究新型材料或替代品的企业提供了无限商机。

2. 环境污染严重

自然环境的污染已成为举世瞩目的大问题。在空气污染、水源污染以及白色垃圾污染日趋严重的形势下，那些制造了污染的行业、企业成为众矢之的，它们在社会舆论的压力和政府的干预下，不得不采取措施控制污染，从而给那些致力于控制污染设备生产、研究无污染包装新型产品的行业和企业创造了市场营销的机会。

3. 政府干预加强

面对生态资源日益匮乏以及沙尘暴、海洋赤潮、噪声污染、全球气温升高、水土流失等自然环境不断恶化的状况，人类提高了对环境保护重要性的认识，各国政府也把环境保护视为可持续发展的重要战略，制定了一系列保持环境的法律法规，并加大了对环境保护的投资力度，鼓励和扶持绿色产业的发展，使绿色消费、绿色营销迅速崛起。

五、社会文化环境

社会文化是指在一定社会形态下已经形成的价值观念、宗教信仰、道德标准、审美观念以及世代相传的风俗习惯等。

社会文化环境是影响人们欲望和行为（包括消费者的购买行为）的重要因素。例如，我国人民每逢农历新年，都要大量购买过年用的各种礼品等。西方人每逢12月25日圣诞节，就大量购买节日用的各种食品、日用品、圣诞树、礼品，互送圣诞贺卡，欢度节日。人们的这些欲望和行为就是受其特定的社会环境、传统文化的影响，造成了在特定的时期内对某些商品的大量需求。

社会文化环境影响消费者行为，还表现在风俗禁忌上，它涉及交谈用语、产品的颜色、图案、造型等各个方面。例如，不同国家的商人，由于有着不同的风俗习惯，营销时就要注意禁忌。例如，与墨西哥人洽谈生意，问候对方的夫人是必需的礼貌。日本人有其独特的礼节，与他们谈生意时绝不能拿这种礼节开玩笑。所以，企业要开拓国际市场，不仅要有优质的产品和娴熟的谈判技巧，而且必须了解异国的风俗习惯、商业习惯与禁忌。否则，就会造成双方误会，影响成交效果。

总之，企业的市场营销人员在国内和国际市场营销工作中都必须分析、研究和了解社会文化环境，在产品设计造型、颜色、包装及商标、推销方式等方面都要事先考虑到社会文化环境因素的重要影响。

六、科学技术环境

科学技术是影响人们物质生活水平最为关键的因素。科学技术在推动生产力发展的同时，也不断地促进社会分工的深化和新的社会需要的产生。科学技术的这种发展趋势，既给企业的生存与发展带来了挑战，也给企业带来了新的市场营销机会。

1. 科学技术的发展带来了经济结构的调整

第二次世界大战以来，新科技革命蓬勃兴起，形成了"科学—技术—生产"的体系，产生了以新科技为特征的新兴部门，这就对某些行业的企业造成环境威胁，有些行业出现了被淘汰的倾向。例如，由于发明了晶体管，出现了晶体管行业，而真空管行业就被淘汰了。由于科技的进步，计算机教育、信息处理、自动化控制等行业应运而生。企业的市场营销人员注意到了这些变化，相应地采取对策为企业创造更大的经济效益。例如，日本钢铁企业在纯氧顶吹炉这一新技术刚发明的时候，就注意到它的新价值，各个厂家立即做出战略转变的决策，积极采用这一新技术。由于日本的厂家紧紧地把握了这一新技术的发展趋势，最终使日本钢铁生产企业跨上了一个新台阶，钢铁生产技术达到了世界最先进水平。

2. 科学技术的发展，改善了企业经营管理

进入 21 世纪，企业的战略重点已经从传统的物质产品转向信息化、无形化和连续化的创新能力。网络的出现，极大地改善了联络和沟通能力，使企业的内部运转和相互之间的联系发生了革命性变化。在创造价值的过程中，互联网不仅能够提高劳动生产率，而且能够帮助企业不断开发应用复杂的新技术。企业信息化则可以极大地提高企业的创新能力，据统计，新产品开发周期可缩短 70%。目前，世界 500 强企业都十分重视借助信息网络技术增强企业的技术创新能力，增强核心竞争力。

3. 科学技术的发展，对企业的营销活动产生着日益深刻的影响

当前，随着互联网技术及多媒体技术的进一步发展，人们的消费行为发生了很大的变化，网上购物、电视购物吸引了越来越多的消费者群体，人们可以坐在计算机旁享受购物的乐趣，免受劳顿之苦。同时，科技的飞速发展使得产品生命周期缩短，从而给人们带来越来越多的新产品。这样的现状一方面促使企业要注重研究新形势下消费者的需求变化，不断开发、创新营销组合；另一方面也促使营销人员运用必要的科技装备来提高营销效率与水平，更新营销观念，以适应市场营销的新变化。

上述制约和影响市场营销活动的宏观环境因素，经济的和非经济的，组成了一个有机的整体。各种因素不仅单独对营销本身有制约作用，而且各种因素之间也是相互制约、相互影响的，构成了营销活动的系统环境。从我国的实际情况看，社会经济的飞速发展使得企业的宏观营销环境发生了较大的变化，这些变化都会引起整个营销环境的变化。这种变化对企业来说，无疑是一种压力和挑战，当然，同时也是一种机遇，为企业营销提供了新的机会。

在营销过程中，任何企业都不可能从根本上改变市场营销的宏观环境，但可以认识这种环境，可以通过经营方向的改变和内部管理的调整，去适应环境变化，达到营销目标。

第四节　企业应对营销环境影响的对策

一、企业对市场营销环境的分析

市场营销环境作为对企业的市场营销活动产生影响的外部因素，虽然不可控制，但并不意味着企业在营销环境方面就无能为力。企业可以根据对环境信息的分析、评价，通过

调整内部的各种可以控制的营销手段，适应环境的发展变化。

市场环境总是以机会或威胁的形式对企业的营销活动产生影响。企业要抓住市场营销机会，避免环境威胁，首先必须对企业所处的市场环境进行分析。

市场营销环境的分析是指对市场环境信息的收集、整理和加工过程。

1. 市场营销环境信息的收集方法

市场营销环境信息的收集方法一般有两种方法：一种是日常的调查积累资料；另一种是在需要专门的信息时进行专题调查。前者能感知环境变化的问题，后者能使前者发现的问题明朗化，这两种方法相辅相成，是有效收集环境信息的可靠保证。

2. 市场营销环境信息的整理和加工

对信息的整理和加工没有固定的模式，一般来说应包括分类、审核、比较、计算、研究、编写等基本内容。

市场营销环境的分析应将纵向分析与横向分析相结合。所谓纵向分析，即按企业营销活动过程的时间序列进行分析，分析在过去的时间里对企业市场营销成果产生影响的因素是什么。在按时间序列进行分析的过程中主要会出现三种情况：一种是环境平稳地发展；另一种是出现上升趋势；再一种是出现下降趋势。反映在时间序列上的高峰和低谷最具有代表性，是分析的重点。所谓横向分析，就是对高相关点和低相关点进行横向比较，找到产生现象的各种原因，经过对各种原因的排列，抓住造成最大影响的因素。这些因素成为进一步搜集信息，深入开展环境分析的重点。

二、企业对市场营销环境的评价

企业通常采用矩阵图的方法对市场机会和环境威胁做出评价或判断。

1. 企业市场机会评价

可用市场机会矩阵图加以评析，如图 2-3 所示。

方格 1 中的成功概率和潜在盈利能力都大，这是最佳市场营销机会环境；方格 2 中成功的概率低，而潜在盈利能力强；方格 3 成功率低，获利能力低，是企业应当回避的环境；方格 4 成功概率高，而获利能力小。

成功的可能性

	大	小
潜在盈利能力	1	2
	4	3

图 2-3 市场机会矩阵图

2. 企业环境威胁评价

可用环境威胁矩阵图进行评析，如图 2-4 所示。

方格 1 是威胁的概率高，利润损失程度大；方格 2 是威胁的概率低，但一经出现会给企业造成严重的损失；方格 3 是出现威胁的概率低，即使出现了威胁，利润损失也小，所以是最佳的企业市场营销环境；方格 4 是出现威胁的概率高，但威胁带来的损失少的市场营销环境，可以称为较佳环境。

如果将市场机会与环境威胁两个矩阵图结合企业具体情况来分析，便会出现以下 4 种情况，如图 2-5 所示。

（1）面临理想环境企业，即高机会和低威胁的企业；

（2）面临冒险环境企业，即高机会与高威胁的企业；

（3）面临成熟环境企业，即低机会和低威胁的企业；

（4）面临困难环境的企业，即低机会和高威胁的企业。

出现威胁的可能性

	大	小
利润损失程度	1	2
	4	3

图 2-4　环境威胁矩阵图

威胁水平

	低	高
机会水平 高	1 理想企业	2 冒险企业
低	4 成熟企业	3 困难企业

图 2-5　市场机会与环境威胁因素矩阵图

三、企业对市场营销环境机会与威胁的对策

企业市场营销环境的变化是不以人们的意志为转移的，企业应在对市场营销环境的分析与评价的基础上采取相应的对策，把握市场机会，避免环境威胁。

具体说来企业对机会和威胁的反应主要体现在以下几方面。

1. 对机会的反应

最高管理层对企业所面临的市场机会，必须慎重地评价其质量。美国著名市场营销学者西奥多·莱维特曾警告企业家们，要小心地评价市场机会。他说："这里可能是一种需要，但是没市场；或者这里可能是一个市场，但是没有顾客；或者这里可能有顾客，但目前实在不是一个市场。又如，这里对新技术培训是一个市场，但是没有那么多的顾客购买这种产品。那些不懂得这种道理的市场预测者对于某些领域（如闲暇产品、住房建筑等）表面上的机会曾作出惊人的错误估计。"

2. 对威胁的反应

企业对所面临的主要威胁有 3 种可能选择的对策。

（1）反抗。即试图限制或扭转不利因素的发展。例如，长期以来，日本的汽车、家用电器等工业品源源不断地流入美国市场，而美国的农产品却遭到日本贸易保护政策的威胁。美国政府为了对付这一严重的环境威胁，一方面，在舆论上提出美国的消费者愿意购买日本优质的汽车、电视、电子产品，为何不让日本的消费者购买便宜的美国产品？另一方面，美国向有关国际组织提出了起诉，要求仲裁。同时提出，如果日本政府不改变农产品贸易保护政策，美国对日本工业品的进口也要采取相应的措施。结果，扭转了不利的环境因素。

（2）减轻。即通过调整市场营销组合等来改善环境适应，以减轻环境威胁的严重性。例如，当可口可乐的年销售量达300亿瓶时，在美国的饮料市场上突然杀出了百事可乐。它不仅在广告费用的增长速度上紧跟可口可乐，而且在广告方式上也针锋相对："百事可乐是年轻人的选择，青年人无不喝百事可乐。"可口可乐面对这种环境威胁，及时调整市场营销组合，来减轻环境威胁的严重性：一方面，聘请社会上的名人（如心理学家、精神分析家、应用社会学家、社会人类学家等）对市场购买行为新趋势进行分析，采用更加灵活的宣传方式，向百事可乐展开了宣传攻势；另一方面，花费比百事可乐多50%的广告费用，与之展开了一场广告战，力求将广大消费者吸引过来。经过上述努力，收到了一定的效果。

（3）转移。即决定转移到其他赢利更多的行业或市场。例如，烟草公司可以适当减少香烟业务，增加食品和饮料等业务，实行多元化经营。

链接

2011年住房市场的宏观环境分析

观点1：通货膨胀压力继续增大，经济进入新一轮紧缩期。

2010年下半年以来，有四种因素助推着通胀压力的加大。其一是货币超发的滞后效应；其二是全球热钱对新兴市场经济体的冲击；其三是部分大宗商品价格进入自身上涨周期；其四是中国正在上升的劳动力成本带来的物价上涨压力。目前，以上四种因素的影响还在持续，2011年，通货膨胀压力整体偏大，在稳健的货币政策基调下，货币总量控制将会更加严格，提高存款准备金率也将成为常用工具，同时，央行势必再次推出加息利器，2011年中国经济将进入新一轮紧缩周期。

由于银行信贷（包括开发贷款和购房按揭贷款）占企业资金来源的近40%，若信贷紧缩力度加大，新增贷款额度限制更加严厉，将给房地产企业的资金状况带来显著影响。由此看来，对房地产行业而言，央行的数量化工具（信贷总额）将比价格型工具（利率）作用力更大。

观点2： 经济旧引擎已日渐衰退，保障房建设投资将接力。

随着时间的推移，"四万亿"带动作用逐步衰减，中国经济亟须新的经济驱动力。从最近国务院及各级政府的表态中看出，投资保障房建设即将成为经济增长的新引擎之一。

2008年以来，"四万亿"投资是经济逐步回落的一大关键因素，而随着时间推移，实际作用逐步衰减，亟须新的经济增长驱动力。

2010年12月3日，住建部发出《关于报送城镇保障性安居工程任务的通知》，明确提出2011年保障房建设的套数将达1 000万套，粗略估计需要1.35万亿的投资，这一数值高达今年房地产开发投资额（4.82万亿）的28%。而另据估算，若2011年保障房之外的房地产投资增长下滑至15%左右，房地产投资则仍能保持在20%以上的增长，进而保证2011年全部固定资产投资保持20%以上增长。换言之，即使2011年房地产市场低迷，仅靠保障房投资也能维持经济正常运行。由此看来，保障房建设投资即将成为经济增长的新引擎之一。

（资料来源：《销售与市场》2014.03）

本章小结

企业的全部营销活动是在社会"生态环境"中进行的。企业的"生态环境"，即市场营销环境，是指一切营销和制约企业营销活动的因素和力量，其中，与企业市场营销活动直接发生关系的组织与行为者的力量和因素称为微观环境，影响企业营销活动的社会性力量和因素称为宏观环境。所有环境因素或直接、或间接、或单独、或交叉对企业构成机会或威胁。企业与市场营销环境之间的关系最应重视的是市场营销环境的多变性、不可控性、可影响性与企业适应环境的必要性、能动性。企业只有重视和加强对营销环境变化的监测，加强自身战略的可调整性，才有可能把环境变化潜在的机会变为企业发展的机会，趋利避害。

本章习题

一、名词解释

市场营销环境　微观营销环境　宏观营销环境

二、简答题

1. 市场营销环境的一般特征是什么？

2. 微观环境与宏观环境各包括哪些内容？

3. 宏观环境包括哪些内容？

三、案例分析题

禁烟运动

美国的法律规定，禁止向青少年出售香烟，同时以 1997 年 4 月为起点，到 12 年后即 2009 年 4 月，禁止在香烟中使用尼古丁。因为据世界卫生组织研究发现，吸烟是一种流行病，它与肺癌、喉癌、心脏病、乳腺癌、弱视症等 25 种疾病有关，吸烟行为每年可导致世界 300 万人死亡。现在全世界 15 岁以上的人群中有 1/3 的人在吸烟，因此，我们必须开展禁烟运动。

由于吸烟有害身体健康，禁烟运动在我国开展也将是一种必然趋势。

思考题

用对营销环境分析的基本观点对案例进行分析。

四、实训题

实训项目：分析当前一些科学技术的发展对营销方式的影响。

项目要求：分析互联网络、计算机、移动通信等科学技术的发展对日用工业品营销方式的影响。

第三章 市场调查与预测

1. 了解市场营销信息系统的组成。
2. 理解市场营销调查的概念、内容、步骤与方法。
3. 理解并掌握市场预测的内容与方法。

良好的营销策划需要以对顾客、竞争者、经销商和各种市场因素的充分了解为前提，企业需要建立营销信息系统来获取决策时所需要的各种信息。在市场调查的基础上，运用科学的方法和手段，根据过去和现在的情况，预测未来一定时期内市场供求趋势和影响市场变化的因素，从而为企业的营销决策提供科学的依据。

第一节 市场调查

一、市场调查的概念和作用

（一）市场调查的概念

市场调查是指运用科学的方法，有目的、有计划、有步骤、系统而客观地收集、记录、整理、分析有关市场营销方面的各种信息资料，从而了解市场的现状及其发展趋势，为市场预测和决策提供客观依据的经济活动。我们所研究的市场调查是企业市场调查，是以科学的方法和手段收集分析产品从生产领域到消费领域之间一切与产品销售有关的资料及环境因素。

科学的市场调查活动在 20 世纪初起源于美国。据美国管理协会报道，自 1911 年美国柯帝股份公司设立第一个市场调查组织以来，目前已有 93% 以上的美国制造业亲自从事或委托市场调查机构进行市场调查活动。市场调查在我国也成为企业一项不可缺少的重要工作，各地相应成立了专门从事调查的咨询公司，各企业内部也纷纷建立了调查机构，为企业的经营决策助一臂之力。

（二）市场调查的作用

在现代市场形势下，市场是企业的主宰，企业的一切经营活动都必须紧紧地围绕着市场这个中心，即企业的经营必须以消费者为中心。否则，谁偏离了这个中心，谁就会被市场无情地抛弃。因此，市场调查是企业一切营销活动的出发点和基础，是企业现代营销不可缺少的重要内容和手段，是企业获取营销活动成功的关键。随着我国市场经济的深入发展，随着国际、国内政治经济形势的变化，市场调查在企业市场活动中的作用越来越重要。具体说来有以下几点。

1. 有利于企业了解市场环境的发展、变化，并据此及时调整、确定企业的发展战略及策略

企业的营销活动是在一定的营销环境下进行的。企业生产什么产品、生产多少、如何销售，企业如何发展等，都必须根据市场的状况来决定及调整，必须以深入细致的市场调查作为决策的依据。

2. 有利于企业进行准确的市场定位，并按照消费者的需求组织生产和经营

任何一个企业都无法满足整个市场的所有需求。因此，准确地选择目标市场，有针对性满足某一消费层次的特定需求，就成为企业成功进入市场的关键。而市场调查又是这关键中的关键。因为，只有通过市场调查，企业才能对市场有深刻的了解，对自己的能力有正确的评估，才能在掌握全面系统的资料基础上，最后做出正确的抉择，确定进军的目标市场，确定市场定位，并按照消费者的需求组织生产和经营。

3. 有利于企业发现市场机会，并促使企业开发新产品

通过对市场进行调研，企业可以发现消费者需求的新变化，从而找到新的市场机会，并据此开发新产品来满足消费者的需求，以保证企业利润的持续增长。

典例链接

海尔"小小神童"洗衣机

洗衣机市场在夏季就是淡季，这似乎成了企业生产者头脑中的一条常识。海尔人却突破了这个常识，大胆地换角度考虑问题。他们通过市场调研分析发现：夏天人们并不是不需要洗衣机，相反，夏天恰恰正是最需要的。因为，夏季人们衣服洗得勤，只是现有产品不适合需要罢了。市场上洗衣机的容量太大，既浪费水又浪费电。这对于经常洗小件衣物来说就不太适应了。由此，海尔人得出结论：夏季洗衣机的淡季是没有适宜的产品造成的。他们立即根据顾客的需求，设计、生产了一种小型洗衣机投放市场，大受顾客欢迎。

4. 有利于企业开发国际市场

当今国际经济已发生巨大变化。随着国际分工的日益深入和细密化，随着国与国之间经济联系的不断强化，越来越多的资本、商品、服务、技术及信息等跨越国界在世界范围内流动。在经济全球化的大潮中，各国都不满足于把经济活动局限于本国国内，进入世界市场，参与国际市场竞争，便成为大势所趋。俗话说：出门问路、入乡随俗。因此，国际市场调查，了解摸清国际市场的需求状况，就会为开发国际市场提供强有力的信息支持，就会成为企业进占国际市场的敲门砖。

5. 有利于企业改善经营管理水平，提高经济效益

世界上无数成功企业的经验证明，只有充分掌握各种市场信息，企业才能因地制宜地制定相关经营策略和管理制度，才能改善和提高经营管理水平，才能有效地提高企业的经济效益。

二、市场调查的内容

市场调查的内容十分广泛，凡是对企业生产经营活动有影响的因素都是市场调查的对象。一般市场调查的内容主要包括以下几个方面。

1. 市场环境调查

企业身处的错综复杂的市场环境，既给企业提供机会，也对企业带来挑战。企业只有主动充分地使其经营活动与市场环境相适应，才能获得最佳效果。适者生存，要成功就必须适应市场环境，企业只有在掌握各种环境因素对企业影响的程度及大小的基础上，采取相应的策略来趋利避害，才能在市场中立于不败之地。

2. 市场需求调查

市场需求调查，是市场调查的核心，因为满足消费者的需求是企业经营活动的中心和出发点。市场需求调查主要是销售潜量的需求调查。除此之外，市场需求调查还包括需求量的因素，如市场容量、需求结构、同类产品的供给量及变化趋势等调查。

3. 消费者行为调查

运用心理学、社会学等方法从质的方面分析消费者的需求。即了解消费者购买本企业产品的人数、消费者的类型，以及消费者的购买习惯及其变化、消费者对企业营销策略的反映、消费者对企业竞争者的产品及提供的服务所持的态度等。

4. 企业四大营销因素调查

（1）产品调查。主要了解消费者对企业产品的质量、性能、款式、交货期及售后服务的评价和要求；对研制新产品的要求以及对拟推出的新产品的评估等。另外，还要了解本企业产品的产量、原材料动力消耗、单位产品成本、资金利税率等情况及其与国际、国内同类产品的比较。

（2）产品价格调查。了解消费者对现在产品价格的反映，消费者可接受的价格点是什么，采取的定价策略是否妥当，竞争对手的定价策略和定价方法是什么等。

（3）销售渠道调查。主要调查销售渠道的选择，是直接销售还是通过中间商销售好。如果采用中间商，选择哪一类中间商为佳；了解消费者对中间商及分销网点的意见和要求；中间商有无仓储设备、中间商的仓储费及运输费的支出情况；竞争对手用何种销售渠道和中间商，销售效果如何等。

（4）促进销售调查。了解促销组合中，人员推销还是非人员推销效果更好；如果采用广告策略为主，应当采用哪种广告媒体效果更好。消费者喜爱哪种广告设计，他们对广告效果的评价怎样，并调查分析竞争对手的广告策略和效果。

三、市场调查的程序

一般来说，市场调查的程序可分为调查准备、调查计划制订、调查正式实施和调查结果处理4个阶段。具体程序如图3-1所示。

（一）调查开始阶段

一般从情况分析入手，进而提出问题，确定调查目标。例如，企业某产品的销售量呈下降趋势，原因何在？是产品质量、功能、外观设计等不符合消费者需要；是售前售后服务质量差；是竞争者已有新产品投放市场。为了解决这些问题，就需要进行调查。着手之前，通常要完成以下准备工作。

1. 情况分析及提出问题

调查人员应根据企业已经拥有的各项资料（如企业历史、产品、竞争者、消费者、经营策略等情况），对企业面临的现状进行分析，为发现其因果关系提供线索和条件，提出确实需要解决的问题，并写成文章，以便深入研究。如果问题确定得不准确，那就会使工作滑向岔道，浪费人力、物力。

2. 确定调查目标

知道了大致调查的问题之后，就应该进一步确定调查目标，即应该明确调查的目的、内容，调查的深度和广度，所取得的调查材料交给谁等，做到有的放矢。调查目标包括总目标和具体目标，这些必须抓住。

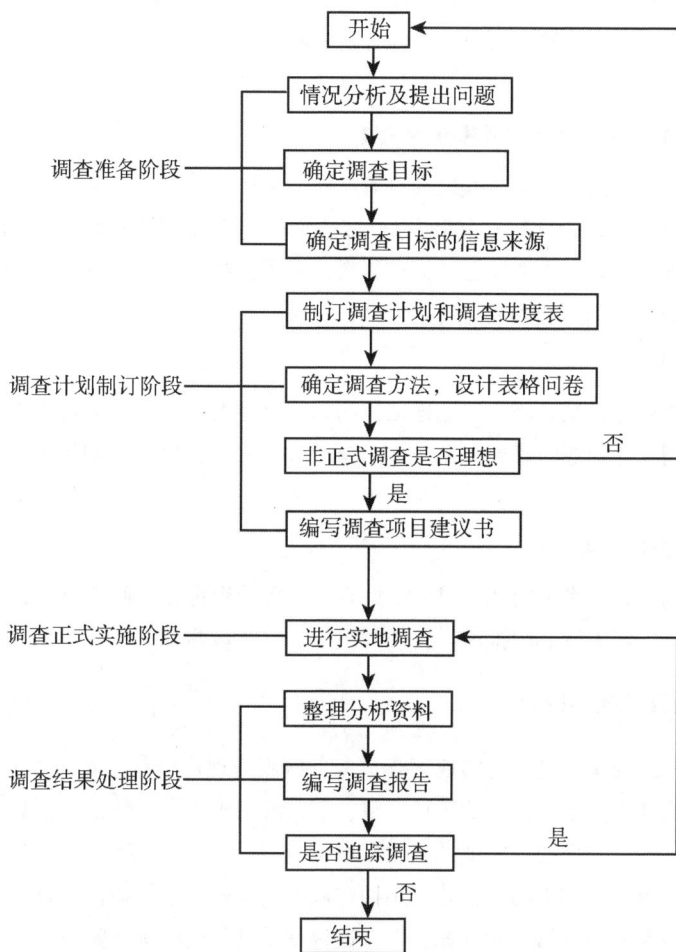

图 3-1 市场调查的一般程序

3. 确定调查项目的信息来源

围绕所要调查的问题，应该明确哪些是需要取得的资料，是第一手资料还是第二手资料，从什么地方可以获得这些资料，调查的对象是哪些，在什么时候调查，调查次数是多少等。

（二）调查计划制订阶段

1. 制订调查计划及调查进度表

周密的调查计划是市场调查得以顺利进行并取得成功的保证。调查计划包括对调查人员的选拔、培训、管理计划，调查工作安排和调查经费开支计划（根据进度计划匡算开支）。其中调查工作进度计划是调查工作按时完成的依据。调查进度可分如下阶段：策划确定调查目标；查询文字资料；进行实地调查；对资料进行整理分析；写出市场调查报告初稿并征求意见；报告的修改与定稿；调查报告提交给有关部门。根据进度计划编制调查进度表。

2. 确定调查方法，设计调查表格和问卷

市场调查过程是获取信息、收集资料的过程。信息资料的来源有原始资料（第一手资料）和现存资料（第二手资料），如何取得这些资料，那就要取决于调查方法。在采用适当方法进行调查时，为了详细地记录信息资料，必须使用设计好的调查表格（如统计表、实验表、观察表等）和调查问卷进行记录。

3. 非正式调查

非正式调查即进行试验调查，也称试控调查。主要以收集第二手资料为主，目的是验证调查目标、调查计划等的确定是否正确，若不正确，则加以重新修改。这样可以少走弯路。

4. 编写调查项目建议书

当非正式调查的结果说明调查目标、调查计划等的确定是正确的时候，就应着手编写调查项目建议书。经主管部门批准后，便可组织进行实地调查。

（三）调查正式实施阶段

这一阶段的主要工作是进行实地调查。一方面收集现成资料（第二手资料），如企业内部资料，国家及有关单位公布的统计资料，情报咨询机构提供的情报信息，报刊上发表的新闻报道等。另一方面通过实地调查收集原始资料（第一手资料）。在收集资料过程中需要使用各类调查表及调查问卷，若采用抽样调查法，还要进行抽样设计。若调查中发现计划不周，则应及时加以修正和补充，以保证调查质量，获取所需要的资料。

（四）调查结果处理阶段

1. 整理分析资料

调查得到的信息资料往往杂乱无章，必须经过整理分析，才能加以利用。一般是这样进行的：首先，审核资料的正确性、完整性与真实性，发现不正确、不完整、不真实的加以剔除；其次，对审核过的资料按一定标准加以分类，采用卡片式、表格式、数字统计及文字说明等方法，结合计算机加以整理，做出调查；最后对整理好的资料运用时间序列、相关、回归等方法进行分析，判断误差，加以修正。

2. 编写调查报告

调查分析的最终目的是对调查需要解决的问题做出判断性结论，提出建设性调查报告。调查报告一般有专题报告和基本报告两种。其内容包括调查的目的和范围、调查方法、调查结果、提出建议、必要附件等。在编写调查报告时，要紧扣调查主题，用调查得到的数据来说明问题，统计数据力求准确；文字要扼要，要突出重点；分析问题力求客观，避免武断，克服片面性；应该不用或少用技术性专业术语，必要时可用图表说明问题。

3. 追踪调查

调查人员绝不应把调查报告看成是市场调查的终结。例如，为了巩固市场的成果和验证调查材料的真实性，在写出调查报告之后，还要做追踪调查，即了解调查报告中提出的方案是否已被采纳，实际效果如何，采取了哪些具体措施。再如对关键问题的调查（如对消费者的调查），是不可能一劳永逸的，还应进行经常的追踪调查，以便了解被调查对象的变化情况。

四、市场调查的基本方法

不同的调查方法适用于不同的调查对象，对信息的回收率、真实性及调查费用等都有不同的影响，对调查人员的素质也有不同的要求。市场调查的基本方法可分为实地调查法和资料调查法。其中，实地调查法又分为询问调查法、市场观察法和市场实验法。

（1）询问调查法。询问法也称为采访法。这是由营销调查人员向被调查者提问，根据被调查者的答复取得信息资料的一种调查方法。它又可以分为个别询问、开调查会等方法。

询问法最适宜收集描述性信息。如果企业需要了解人们的知识水平、信仰、偏好、满足程度以及购买者行为，可采用询问法。询问法按提问的直接性还是迂回、间接性的可分为直接询问法和间接询问法；按调查的具体形式不同又可分为面谈、电话询问、邮寄问卷和日记调查。

询问法是收集原始资料最主要的方法，营销调查人员根据需要可灵活采用不同的形式。另外，需要指出的是，营销调查人员经常采用的专家调查法和学校调查法也都是询问法的特例。前者是指采用专家会议或向专家函信调查的形式，听取专家的意见和判断的调查方法；后者是指利用学校学生的代表性和集中性进行调查的方法。

（2）市场观察法。市场观察法是由营销调查人员亲自到现场对调查对象进行观察和计量以取得资料的一种调查方法。由于调查者未意识到自己被调查，心理状况比较自然，表现出来的行为、反应比较真实。市场观察可分为直接观察和测量观察两种。

直接观察，就是派人到商店、家庭、街道等处对调查对象进行实地观察。这种方法一般用来观察顾客选购时的表现、消费者的家庭消费需要和他们的购买动机及爱好等。但缺点是观察不到消费者的内在心理因素，有时调查时间较长。

测量观察就是运用电子仪器和机械工具进行观察记录和测量，以了解消费者的购买行为和对商品广告的注意力所在。

（3）市场实验法。市场实验法是指在一定范围的市场内，对于市场营销的某个因素，如产品的质量、设计、包装、价格、广告、陈列等以实验的方法测定顾客的反映，以取得市场信息的方法。等实验成功后，就可以大规模采用。通常的市场实验有包装实验、新产品销售实验、价格实验等。经过实验法可取得可靠的市场信息，对企业营销决策有重大参考价值。此外，实验法还是收集因果关系方面信息最适当的方法。

（4）资料调查法。指调查人员在充分了解市场调查目的后，通过搜集各种有关的文献资料进行整理、分析，进而提出市场调查报告的一种调查方法。这是一种常用的调查法，具有省时、省力、费用低的特点。通过资料调查法查阅的文献资料主要包括图书、报纸、科研报告、统计年鉴、期刊、专利文献、学术报告、档案等。应用资料调查法时要注意搜采资料的针对性及时效性。

典例链接

市场调查帮助他们走上了致富之路

约翰·史密斯和吉姆·布朗是高级中学的教师，他们对该工作有些厌倦了。一场小型高尔夫球赛实况转播，唤起了他们的联想："我们为何不能在温泽建个小型高尔夫球场呢？"二人一拍即合。

温泽是加拿大第十大城市，要在超过20万人的重工业城市中进行调查不是一件容易的事。于是他们进行了周密的策划，于1974年1月开始了市场调查。调查和分析情况如下。

第一，分析竞争者情况。温泽现有两个小型高尔夫球场，但球场的质量很差。根据普通规格比赛的要求，新的高尔夫球场以优质材料建成，就会把所有的顾客都吸引过来。分析表明，新高尔夫球场有较有利的竞争环境。

第二，确定被选场所。丹德文希尔购物中心是温泽地区最大的商业中心，它拥有的顾客量为80万~90万人次/月，且有巨大的停车场，是非常理想的购物场所。约翰和吉姆拜见了该购物中心的总经理罗伯特，罗伯特对此事很感兴趣，建议他们把高尔夫球场建在停车场的入口处。罗伯特不打算亲自介入，但要收取全部球场收入的15%作为土地租用费。罗伯特希望约翰和吉姆先回去，完成了详细的财务估算后再进行磋商。

第三，进行顾客分析。约翰和吉姆调查了顾客可能光顾小型高尔夫球场的动机，初步调查分析表明，顾客光顾的动机主要是：家庭娱乐、社交和地点方便。

在此基础上，他们进行了两项更深层次的顾客调查。首先，他们对自己学校的学生进行了调查。调查表明，大部分学生愿意打高尔夫球：300人中有253人愿意去，其中约有50%的学生借此来约会；约76%的学生认为每盘所定的价格比较合理，仅有17%的学生认为价格太贵。

第二项调查则访问了 200 名社会上的成年人。结果是：顾客愿意在购物中心顺便打高尔夫球的有 42 人，占 21%。

第四，对环境调查分析。温泽市人均月工资为 784 加元，高于全国工资数人均 638 加元的水平；每天来丹德文希尔购物中心的顾客为 2.7 万～3 万人，愿意玩高尔夫球的每天有六七千人，假期学生的参加人数会剧增；丹德文希尔购物中心对温泽市大部分居民来说，不超过 15 分钟的汽车路程。另一个重要的信息是，从 5 月至 9 月的 5 个月中，温泽平均有 104 天无雨。

第五，规模与成本预算。这包括如下几部分：①收入；②建设成本；③运营开支；④广告宣传费用。

最后，他们做出了经营决策。当约翰和吉姆向购物中心的罗伯特先生出示了费用估算清单和存款单的时候，罗伯特同意了他们的计划。1974 年 5 月，他们的小型高尔夫球场开业了。

（资料来源：马连福，现代市场调查与预测，北京：首都经济贸易大学出版社，2005）

第二节　市场预测

企业只有在市场调查和预测的基础上，才能做出科学的决策。日本三菱集团有一个信条是："企业的成败在于经营，而经营的关键在于预测。"市场预测也是企业营销管理的重要工具。

一、市场预测的概念和原则

1. 市场预测的概念

市场预测，就是在市场调查的基础上，运用科学的方法或手段，根据过去和现在的情况，测算未来一定时期内市场供求趋势和影响市场变化的因素，从而为企业的营销决策提供科学的依据。市场预测的内容很广，主要包括市场需求预测、市场供给预测、市场物价和竞争形势预测等。

2. 市场预测的原则

（1）连续性原则。连续性原则是指一切客观事物的发展都具有符合规律的连续性。现在的市场需求状况是过去市场需求历史的演进；未来的市场需求状况是现在市场需求发展的继续。收集和掌握市场历史和现实的资料，分析其发展变化的规律，按照连续性原则进行逻辑推理，就可预测、分析未来市场的需求情况。

（2）类推性原则。类推性原则是根据经济结构及其变化的模式和规律推测未来经济发展变化情况。许多事物相互之间在发展变化上常有类似之处，人们根据已知事物的基本结构和发展模式，通过类推的方法既适用于同类事物之间，也适用于不同种类事物之间。这是因为客观事物之间存在着某些类似性，这种类似性表现在两个事物之间，在结构、模式、性质、发展趋势方面相互接近。

（3）关联性原则。关联性原则是指根据事物之间的直接或间接的联系或构成一种事物的各因素之间存在的或大或小的相互联系、相互制约的关系，当一种事物或一种因素发生变化时，去分析、预测与之相联系、相依存、相制约的另一种事物的发展变化趋势。

二、市场预测的内容

1. 市场需求预测

市场需求预测是指特定的时间、特定的地域和特定的顾客群体，对某一商品现实和潜在的需要量，市场需求预测的内容主要有以下几方面。

（1）需求总量的预测。即通过对人口的变化，居民收入的变化，人们的物质、文化生活水平程度的分析，来预测用于购买商品的总货币额。

（2）需求构成的预测。即通过对居民收入水平、消费习惯及消费心理的变化，价值观念、审美观念、卫生健康水平等变化的分析来预测需求的变化。

（3）对各种商品的需求潜力及消费趋势的预测。

2. 市场营销环境的预测

企业的生产经营活动总是在一定的环境中进行的，与环境的各方面有着千丝万缕的联系，环境的变化必然对企业的经营产生影响，构成企业营销环境的各种外部因素，比如经济条件、科技进步、政治环境、社会文化、心理状态、竞争活动等，对企业而言是可控的，但对企业的影响都是可认知可预测的。因此，企业对营销环境必须加以研究，结合自身的优势资源，做出正确的营销决策。

3. 市场资源预测

（1）原材料供应的保证程度。原材料供应的保证程度即是对当前和今后一段时间内生产产品所需原材料供应的保证程度有充分的估计，其中包括原材料的质量、数量、经济性能、工艺要求，以及运输渠道等，并且要做好代用材料的准备，以防停工待料，影响生产的进行。

（2）能源的保证程度。此问题与国家政策有关，但企业要做到心中有数，不至于建厂后因动力不足而迟迟不能投产。

（3）使用新材料的可能性。因为新技术的推广，新材料的研究成功，新发明的应用等，都可能引起原材料的变化，企业要对这方面及早进行预测，以争取主动，采取措施，提高产品竞争力。

（4）资源综合利用的可能性及其发展趋势。资源综合利用会给企业带来新的生产力，提供新的原材料，开拓新的生产领域或产品。

4. 市场占有率预测

预测市场占有率是因为生产同类产品的企业可能有很多家，其质量、价值、款式各有差异，预备水平、用户信誉也并非完全一样，为了使本企业的产品在市场上站稳脚跟，开拓销路，就要进行市场占有率预测，确定本企业产品在市场上是否确有销路。影响企业产品销售量和市场占有率的因素很多，应主要把握以下几个方面。

（1）要统计分析本企业产品历年的市场占有率，从数量比例、成本高低、质量优劣等方面排列名次，以分析本企业产品在市场上所处的地位，并推测未来发展趋势。

（2）要调查预测竞争者的情况，掌握竞争对手的经营策略，以及可能出现的新的潜在的竞争对象及其对本企业产品产生的威胁，全面把握竞争形势。

（3）要了解市场上出现的新产品，尤其要把新产品的质量、成本、价值等方面与本企业产品做比较，加以评价，进一步对其代替老产品的可能性和发展趋势做出预测，以便采取相应措施。

5. 盈亏预测

盈亏预测又称"成本—产量—利润"分析预测，或盈亏临界分析预测。它是用"成本—产量—利润"分析方法预测企业的产量、成本、利润、价格之间的关系，借以对企业经营好坏做出评价。盈亏预测是通过预测保本点，确定实现目标利润所需要的销售额，以及怎样才能获得最好的经济效益等。

此外，还可对商品价格变动情况、消费者购买力投向、国际市场变化等进行预测。

三、市场预测的方法

市场预测是企业管理的重要工具。科学的决策，不仅要以市场调研为出发点，而且要以市场预测为依据。市场预测所采用的方法很多，概括起来可分为两大类，即定性预测法（经验判断）和定量预测法。市场预测的方法如图3-2所示。

```
                                    ┌ 购买者意向调查法
                                    │
                                    │ 综合推销人员意见法
                                    │              ┌ 小组讨论法
                                    │              │
                         定性预测法 ┤ 专家意见法 ┤ 单独预测集中法
                                    │              │
                                    │              └ 德尔菲法
                                    │
                                    │ 领先指标法
                                    │
                                    └ 主观概率法
市场预测的方法 ┤
                                                   ┌ 水平发展趋势
                                                   │
                                                   │ 线性变化趋势
                                                   │
                                    ┌ 时间序列预测法┤ 二次曲线趋势
                                    │              │
                                    │              │ 指数曲线趋势
                                    │              │
                         定量预测法 ┤              │ 生长曲线趋势
                                    │              │
                                    │              └ 季节性变化趋势
                                    │              ┌ 一元回归预测法
                                    │              │
                                    └ 因果分析预测法┤ 多元回归预测法
                                                   │
                                                   └ 投入产出分析预测法
```

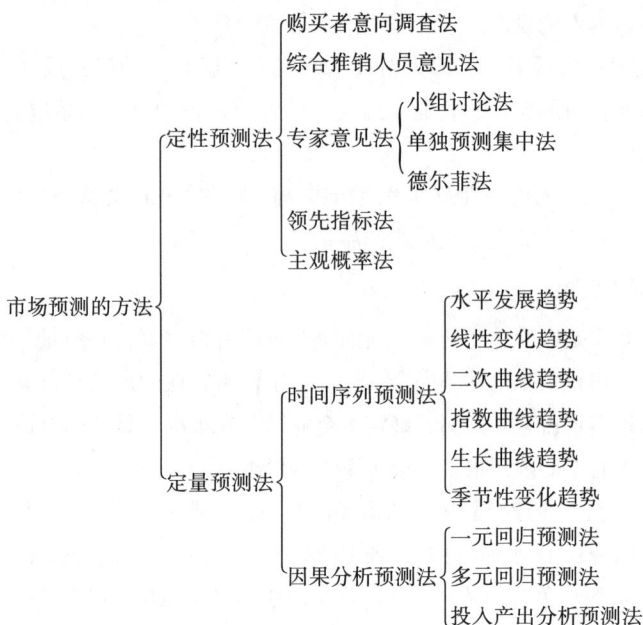

图 3-2　市场预测的方法

（一）定性预测法

定性预测法也称经验判断法，它是一种直观预测，多采用调查研究的方式进行。它是通过社会调查，根据少量的数据和直观材料，结合人的经验加以综合分析后的判断和预测。这种预测的主要目的，不在于准确地推算对象在未来的数量表现，而在于判断经济事件未来的性质及其发展的转折点。

定性预测法的依据是类推原则，它包括时间顺序上的类推和由局部类推总体两种情况。事物发展的规律性和稳定结构是它进行预测的必要条件。定性预测法简便易行，但其准确性受预测者经验、认识的局限，有一定的主观片面性。其代表性的方法主要有以下几种。

1. 购买者意向调查法

购买者意向调查就是在环境和条件既定的情况下，向不同购买者了解其对企业产品的预期购买量。该方法多用于销售对象比较固定，准确性比较高的产品，如生产资料及耐用消费品等。例如，向 100 个家庭提问："在未来 6 个月内打算买台彩电吗？"答案有 6 种不同的选择，调查结果如表 3-1 所示。

表 3-1　购买意向调查表

选择答案名称	肯定不买	不太可能	有点可能	很有可能	非常可能	肯定购买
概率（P_i）	0.00	0.20	0.40	0.60	0.80	1.00
家庭数（x_i）	40	5	15	20	10	10

若该地区有 500 个家庭，则彩电可能需要量的期望值为 1850 台。在此基础上，彩电制造商再派人补充调查消费者目前和将来的家庭财务状况，以及对宏观经济的前景进行预测，然后，根据这些调查结果来进行市场细分，按照企业的目标和资源条件选定目标市场，从而组织生产和销售。

2. 综合推销人员意见法

综合推销人员意见法是要求企业接近市场的推销人员对未来需求做出估计，然后进行综合的方法。它是由推销人员分别将自己分管地区的销售额估计出来，然后由销售经理汇总、审核、平衡，再做出最后的预测。这种方法的优点是推销人员对市场、顾客的情况熟悉，销售预测的结果较为可信。它的缺点是由于推销人员的性格、学识、经验及对宏观经济发展变化及其影响的敏感度不同，预测结果常常带有片面性，企业应根据每个推销人员的特点将预测结果进行修正。

此外，企业还可征求代理商、经销商和其他中间商的意见，请他们提供必要的市场信息，再经过综合分析做出销售预测。

3. 专家意见法

专家意见法就是征求专家意见进行预测的方法，包括三种具体形式。一是小组讨论法，它是通过召开专家会议进行集体讨论预测的方法。此方法能充分发挥每个人的智慧，讨论问题较为透彻，但有时易受权威人士意见及人际关系的影响。二是单独预测集中法，它是由各位专家单独提出预测结果，然后再由专家负责人进行综合分析得出预测结论。三是"德尔菲（Delphi）"法，就是企业以匿名方式通过几轮函询征求专家们的意见，专家将预测结果不断以函复的方式进行预测的方法。它首先由专项负责人将所要预测的问题及有关背景材料寄给专家，请他们提出个人预测意见，再寄给负责人，然后由负责人综合处理后将集中的意见匿名反馈给每个专家进行修正预测。如此循环往复多次，最后将比较趋于一致的意见作为预测结论。此方法准确性比较高，可以克服小组讨论法的不足，但缺点是征询意见没有开会讨论透彻。

（二）定量预测法

定量预测法是指根据充足的统计资料，借用数学方法特别是数理统计方法，建立数学模型，用以预测经济现象未来数量表现的方法总称。应用定量预测法进行预测，要求具有数量完整的统计资料和先进的计算手段。定量预测法的种类很多，概括起来可分为时间序列预测法和因果关系预测法。

1. 时间序列预测法

时间序列又称时间数列，是指将某种经济统计指标的数值按时间先后顺序排列所形成的数列。时间序列预测法，就是通过编制和分析时间序列，根据时间序列所反映的发展的过程、方向和趋势加以外推或延伸，来预测下一时期可能达到的水平。时间序列预测法主要有移动平均法、指数平滑法、最小平方法、三点法、灰色预测法、生长曲线法等。

2. 因果关系预测法

因果关系预测法是基于事物之间相关关系的一种数理统一预测方法。它是在对预测对象（因变量，又称被解释变量）进行定性分析的基础上，确定影响其变化的一个或多个主要因素（自变量，又称解释变量），然后通过预测对象和影响因素的多级观察值建立起适当的回归预测模型，并由自身的变化来推测因变量的变化。因果关系预测法的主要工具是回归分析技术，因此根据又可称之为回归预测方法。

因果关系预测法的内容非常广泛。根据预测对象影响因素的多少可分为一元回归和多元回归，根据回归方程的性质不同可分为线性和非线性回归。在市场预测中，应用量最广的是一元线性回归、多元线性回归和自回归预测。

链接

顾客为什么会在市场调研中"躲猫猫"

美国汽车行业传奇人物卢茨说："顾客不总是上帝。"这条原则似乎与原本大家公认的"顾客是上帝"的概念存在冲突。然而，事实上消费者想要表达的愿望往往都是错误的。当产品设计迎合了所谓的消费者意愿时，带来的结果通常是产品滞销。卢茨认为："克莱斯勒所制定的产品种类实际上都是我们自己想要驾驶的汽车。"

造成这种结果，问题出在前期的市场调研上。卢茨揭示了为什么顾客会在市场调查中说错：善意的撒点小谎（如为了表现得"正确"而回答会选择环保型车）和预见不到未来。另外，卢茨还指出了市场调查结果中的陷阱。他举的例子是：如果两款新车型让消费者打分，在满分是 10 分的情况下，一款车得 7.5 分，另一款车得 5 分，你是该投产得 7.5 分的那款吗？

卢茨指出要理解数据背后的含义。得 5 分的车型可能是一半人打了 9 分和 10 分，而另一半打了 0 分和 1 分，有人狂热喜欢，有人极端厌恶。得 7.5 分的车型可能是每个人都打了 7 分或 8 分，没有人讨厌，但没有人有激情——这是所有人的第二选择！卢茨的回答是："在拥挤的市场上，你所需要的正是那些打 9 分、10 分的人。"他推出过一款在调查中有80%的人很不喜欢而其余20%为之疯狂的车型，把市场占有率从4%提高到了20%。

就连可口可乐这家食品行业的"教父级"企业，也曾经在市场调研这个问题上栽过跟头。

可口可乐曾实施代号为"堪萨斯计划"的划时代营销行动。它动员超过2 000名调查员在十大城市调查顾客是否愿意接受一种全新的可乐并发动口味测试，结果超过50%的人答案是：OK！面对这一重大抉择，为了保证万无一失，可口可乐又掏出400万美元进行了一次由13个城市的19.1万名消费者参加的口味大测试，在众多未标明品牌的饮料中，品尝者仍对新配方"感冒"，新可乐以61%比39%的压倒性大多数战胜旧可乐。

一切看起来都万无一失了，可口可乐在行销了99年的纽约市林肯中心举行了盛大的新闻发布会，主题为"公司百年历史中最有意义的饮料营销新动向"。执掌人员郭思达当众宣布，"最好的饮料——可口可乐，将要变得更好"，新可乐取代传统可乐上市。

可惜，这只是一厢情愿的美梦。众所周知，这是可口可乐的一场"滑铁卢之战"。产品推出后，在"新可乐"上市4小时之内，接到抗议更改可乐口味的电话650个；4月末，抗议电话的数量是每天上千个；到5月中旬，批评电话多达每天5 000个；6月，这个数字上升为8 000多个——相伴电话而来的，是数万封抗议信，大多数的美国人表达了同样的意见：可口可乐背叛了他们！新的市场调查结果更让人大跌眼镜：在5月30日前还有53%的顾客声称喜欢"新可乐"，可到了6月，一半以上的人说他们不喜欢。到7月，只剩下30%的人说"新可乐"好话了。6月底，焦头烂额的可口可乐决定恢复传统配方的生产，定名为古典可口可乐（Coca-Cala Classic），一场历时3年耗资巨大的事件以失败画上了句号。

认真分析这一历史上的营销趣闻，我们会发现，可口可乐最初的市场调研是最终失败的核心。为什么这样说呢？可口可乐忽略了一个最基本的事实，就是顾客喜欢你的产品和买你的产品不是一回事，而且忽略了顾客为什么买你的产品，情感因素和文化渊源，很多人喜欢尝试新东西，却未必就会成为新产品的长期稳定顾客。

对于企业来讲，方向永远比方法重要，一旦方向错误，任何方法都拯救不了。虽然市场调研是重要的，但是也是不可迷信的，如果对数据和信息没有足够的判断力和深刻的洞察力，将决策的全部赌注都压在市场调研上，引发的后期连锁反应将是灾难性的。

（资料来源：《现代营销》2015.06）

❀❀ ——————— 本章小结 ——————— ❀❀

　　市场调查是取得和分析整体市场营销信息的过程。市场调查的主要方法有询问法、观察法、实验法、资料法。

　　市场预测就是在市场调研的基础上，利用一定的方法或技术，测算一定时期内市场供求趋势和影响市场营销因素的变化，从而为企业的营销提供科学的依据。市场预测是在一定的原则下，按照一定的程序，通过定性预测和定量预测的具体方法进行科学预测的。

❀❀ ——————— 本章习题 ——————— ❀❀

一、名词解释

市场调查　市场预测

二、简答题

1. 市场营销信息系统由哪些部分构成，各自的作用是什么？

2. 市场调查包括哪些内容？

3. 简述市场调查的一般步骤与具体方法。

4. 市场预测的内容和方法有哪些？

三、案例分析题

雪佛隆公司的法宝

　　雪佛隆公司是美国一家食品企业。该公司曾投入大量资金，聘请美国亚利桑那大学人类学系的威廉·雷兹教授对垃圾进行研究。教授和他的助手在每次收集的垃圾堆中，挑选出数袋，然后把垃圾的内容依照其原产品的名称、重量、数量、包装形式等予以分类。如此反复地进行了近一年的分析和考察，获得了有关当地食品消费情况的信息。

　　第一，劳动者阶层所喝的进口啤酒比收入高的阶层多，这一调查结果大大出乎一般人的想象。如果不进行调查，生产和销售后果不堪设想。得知这一信息后，调查专家又进一步分析研究，知道了所喝啤酒中各品牌的比率。第二，中等阶层人士比其他阶层所消费的食物更多，因为双职工都要上班而太匆忙了，以致没有时间处理剩余的食物。第三，了解到人们消费各种食物的情况，得知减肥清凉饮料与榨的果汁属高层收入人士的良好消费品。

　　公司了解到这些情况后，又根据这一信息进行决策，组织人力、物力投入生产和销售，最终获得成功。

（资料来源：《时代商家》2015.03）

思考题

　　雪佛隆公司的市场调查给你的启示是什么？

四、实训题

实训项目：消费需求调查。

项目要求：

1. 利用业余时间，选择一个自己熟悉的群体（班、系或公司），做一次该群体的消费需求调查。

2. 请为此次调研活动设计一些调查内容，并写出调查报告。

第四章　市场分析及目标市场

学 习 目 标

1. 掌握市场细分的概念及意义。
2. 了解影响目标市场决策的因素。
3. 掌握市场定位的概念和过程。

由于能力和资源的限制，一家企业不可能用现有产品去满足市场中所有消费者的需求，只能通过市场细分，选定其中具有相似特征的一部分消费者作为自己的目标市场，并通过恰当的定位，在目标消费者心目中留下清晰、特别、有利的印象，以获取自身的市场竞争优势。

第一节　目标市场营销战略

一、目标市场营销战略的发展历程

企业营销战略经历了 3 个主要阶段，即大量营销阶段、产品多样化营销阶段和目标市场营销阶段。

1. 大量营销阶段

企业通过大量生产、大量分销、大量促销品种和规格单一的产品，可以把产品的成本、分销成本、促销成本最小化，从而降低产品售价，并创造出最大的潜在市场，企业也因此获利丰厚。这种营销方式就是大量营销方式。

采用大量营销方式开展经营时，企业信奉生产观念是最好的佐证。保证大量营销方式成功的前提条件有以下几个。

（1）市场供应不能满足市场需求，处于卖方市场状态。

（2）通过降低生产、分销和促销成本以降低价格，从而能刺激市场，扩大市场规模。

（3）市场竞争不激烈，价格是主要竞争手段。

（4）消费者需求具有相似性。

在西方工业化发展初期，大量营销方式成功需要的前提条件都已具备，因此，奉行这一做法的福特汽车公司和可口可乐公司取得了成功。

2. 产品多样化营销阶段

企业采用不同于大量营销的方式，生产规格、式样、质量各不相同的产品，使消费者可以在不同产品之间进行选择，这就是产品多样化营销。

随着工业化的发展，西方国家生产力水平在第二次世界大战前得以不断提高，市场竞争日渐加剧，市场逐渐由卖方市场向买方市场过渡，导致大量营销方式和手段发生重大变化，由此企业营销战略迈入产品多样化营销阶段。这种做法由通用汽车公司在20世纪30年代首开先河，并取得成功。

3. 目标市场营销阶段

从20世纪50年代开始，西方国家社会、经济、政治和文化环境发生了深刻变化。在新的市场条件下，要取得市场成功，企业已不能再沿用原有的营销方式。正是在这种背景下，目标市场营销的提出不仅引起了人们的兴趣，而且也引发了一场营销理论和营销实践的变革。

目标市场营销战略倡导企业在市场分析的基础上，运用恰当的变量细分整体市场，将之细分为若干小的市场，同一细分市场中的消费者具有类似需求，而不同细分市场的需求者具有相异的需求。在此基础上，选取其中一个或若干个细分市场作为企业的目标市场，并根据细分市场的竞争情况，将提供的产品或服务进行有效的目标市场定位，围绕定位设计差异化营销组合方案。

目标市场营销战略体现了现代营销理论的精髓之处。企业要从需求和竞争两个角度来认识市场、适应市场和驾驭市场，才能提高市场营销精确性和成功概率。

随着市场细分化程度越来越高，企业针对更小规模的细分市场开展营销活动，即微观市场营销。当以每个消费者为目标市场，提供极富个性的产品时，就是定制营销，它是目标市场营销发展到极致的产物，也被推崇为21世纪互联网时代的营销方式。但并不是任何行业都适宜采用微观市场营销。随着市场细分程度的提高，企业对市场的认识也越来越清晰，但这并不意味着微观市场营销或者定制营销就一定能为企业带来预期的利益。因为过度细分将导致企业营销成本上升，市场规模也因过度细分而缩小，所以反而可能使企业总收益下降。因此有学者认为，应该在分析成本和收益的基础上，对市场进行适度细分，反对过度细分市场，这就是"反细分化"理论，不过这种理论同样体现了目标市场营销的思想。

二、目标市场营销战略决策过程

目标市场营销战略决策过程包含 3 个步骤：一是市场细分；二是目标市场选择；三是市场定位。人们也因此称之为"STP 营销"。

1. 市场细分

市场细分是指采用恰当细分变量将整体市场划分为若干能够互相区分的细分市场，从而帮助企业更好地认识市场，提高营销精确性。市场细分的理论依据是需求的异质性，随着需求的日趋差异化，市场细分的作用也越来越受到企业的重视。

市场细分的步骤：第一，找出能反映消费需求特征的变量，并根据选定的一个或者若干个变量，将整体市场划分为若干个细分市场，每个细分市场由具有相似需求特征的消费者构成，不同细分市场则由需求特征相异的消费者组成；第二，能根据评估标准，对细分市场的有效性进行评估，如果符合评估标准，则市场细分有效，否则需要重新选择变量，再次进行市场细分。

2. 目标市场选择

目标市场选择是指在市场细分的基础上，按照一定标准，选择一个或者几个细分市场作为企业目标市场，从而促使企业集中自身资源能力，在具有发展潜力并适合企业细分市场上开展经营活动。

3. 市场定位

市场定位是指企业为提供的产品在已定位的目标市场上确定竞争地位，或者是根据企业产品的特色和优势，为产品在消费者头脑中确立一个独特的位置。目标市场选对了，但由于竞争者众多，企业的产品仍然会淹没在众多的竞争产品中，不为目标顾客所注意。因此，企业需要对竞争者提供相似产品和服务有清晰的认识，也需要对自身能源能力的优劣势有清晰的认识。据此做出正确的市场定位决策，以便于企业围绕定位设计营销组合方案，并向目标顾客传递这种定位，进而在顾客心中形成自己独特个性的特征，以获得竞争优势。

第二节　认识市场细分

一、市场细分的概念及意义

（一）市场细分的概念

在对市场需求进行调查和预测的基础上，实行市场细分（market segmentation），然后选择目标市场（target market），最后进行市场定位（market positioning），这是企业营销战略的核心，是决定营销成败的关键。因为任何一种产品的市场，都有为数众多、分布广泛的购买者，并且由于各因素的影响，他们都有不同的需要和欲望。对此，任何一个企业即使是大企业，也不可能全面予以满足，不可能为所有的购买者提供有效的服务。因此，每个企业都应采取3个步骤：一是按照一定的标准对市场进行细分；二是评估选择对本企业最有吸引力的细分部分作为自己为之服务的目标市场，实行目标营销；三是确定自己在市场上的竞争地位，搞好产品的市场定位。一个企业切忌没有明确的目标顾客和市场定位，进行盲目开发和盲目竞争。

市场细分和目标市场营销，是第二次世界大战后市场营销理论和战略的新发展，是20世纪50年代中期由美国市场营销学家首先提出的一个新概念，此后受到广泛重视和普遍应用。

所谓市场细分，就是企业根据消费者需求的差异性，将总体市场细分为若干分市场或子市场的过程。其中，每一个分市场或子市场都是由需求大致相同的消费者组成的。市场细分实际上是辨别具有不同欲望和需求的消费者并加以分类的过程。在任何一个统一市场上，消费者之间的需求特点是不会完全相同的，通过市场细分，企业可以比较准确地选择自己的服务对象。

（二）市场细分的客观基础

1. 市场产品供应的多元性

随着市场经济的发展，市场上众多的、各具经营优势的企业，会依靠自己在资源、设备、技术、地理位置等方面的不同优势，源源不断地提供大量的各具特色的商品，从而使市场上的商品呈现出不同程度的差异性。同时，也使市场竞争更加激烈。这就客观上要求企业要进行有效的市场竞争，必须进行市场细分，并且集中企业的资源优势，从中选择最有潜力、最适宜企业发展的细分市场作为自己的目标市场。因此，市场产品供应的多元性是市场能够细分的前提条件。

2. 消费者需求差异性和相似性

消费者个人由于经济、地理、文化素养、民族习惯等方面的差异，形成了各种各样的偏好、兴趣，对商品的需求千差万别，于是就形成了差异性。譬如服装，有人喜欢穿正装、有人喜欢穿休闲装、有人喜欢穿运动装等。正是因为消费者需求的差异性，才使整体消费市场有可能细分。同时，市场上具有明显差异的消费需求，又包含着某种共性，即消费者需求和行为会存在相似的一面。如日常生活中的缝衣针、白糖、煤等，消费者对它们的要求基本相同，定期的购买量也大致相同。正是这个特点，使市场细分能够把对某类商品有相似需求的消费者聚集成一个消费者群，从而形成一个某类产品的消费者子市场，使市场细分化作为一种实用的科学方法成为可能。市场细分就是建立在消费者需求差异性和相似性的这种交叉特征基础上的。

（三）市场细分的意义

市场细分为企业目标市场的选择提供了科学依据，对于避免企业人力、财力、物力的浪费，以及更好地满足消费者的需求，全面实现企业的总体目标和提高企业的经济效益，都具有重要意义。

1. 市场细分有利于企业尤其是小企业发掘最佳市场机会

通过市场细分，可以找到现有产品未能满足的需求，从而找到自己最有利的营销机会。一个未被竞争者关注的较小的细分市场，可能比激烈争夺的大市场带来更多的效益。特别是对知名度不高或实力不强的小企业，更有重要意义，通过市场细分使它们有可能找到营销机会，在大企业的空隙中求得生存和发展。

2. 市场细分有利于企业根据细分市场特点制定适当的营销组合策略，用最少的经营费用取得最大的经济效益

有效的市场细分可以增强企业市场调研的针对性，信息反馈快，有利于企业及时调整决策，制定适当的营销组合策略，从而增强企业适应力和应变力。同时，市场细分避免了企业在整体市场上分散力量，使企业有针对性地进行经营，把有限资源集中起来，发展特色产品，提高企业知名度和市场占有率，用较少的经营成本取得较大的经济效益。

典例链接

华山旅游市场细分

近几年来，中国旅游业发展迅猛，旅游市场竞争日益激烈。没有科学的市场细分和有效的营销手段，就无法满足旅游者日益扩大的消费需求和瞬息万变的市场竞争。市场细分的依据主要有地理变量、人口变量、心理变量、行为变量，现结合华山旅游市场的实际情况，探讨市场细分的人口变量。

人口变量是一个复杂的变量系统，它包括年龄、性别、职业、收入、教育、家庭状况、民族、国籍等。

按年龄可将旅游市场细分为青年旅游市场（15~24岁）、成年旅游市场（25~34岁）、中年旅游市场（35~54岁）和老年旅游市场（55岁以上）。青年旅游市场以求知、猎奇为主要动机，如探险、骑自行车、武术、修学旅游等颇受青年人欢迎。在2006年的北京、上海两次促销活动中，一幅"千尺幢"景点照片，引起两个大都市许多青年旅游者前来攀登；一部《笑傲江湖》倾倒无数青年人"华山论剑"，思过崖畔、铁剑寒情、飞花雪月正好满足了青年人的猎奇心理。但华山旅游产品包装过于单一，深层次地反映华山文化内涵的旅游产品挖掘不够，旅游者来华山除了爬山就是看山，其他旅游项目寥寥无几、缺乏活力。老年旅游市场是一个长期稳定的市场，休疗、消遣、度假、寻根是旅游的主要目标。寻根旅游是老年旅游市场和海外华侨旅游市场的一个亮点。"天下杨氏出华阴"，前些年，华山曾尝试举办过一次杨氏寻根祭祖活动，在国内引起较大反响，杨振宁博士还专门发来信函。找准切入点，进一步挖掘杨氏先祖在华阴的踪迹，通过多种形式对外宣传，提高杨氏寻根旅游市场的效应，同时与道教文化相辅相成，也是对华山旅游产品的强有力补充。

(资料来源：《销售与市场》2012.06)

二、市场细分的依据

(一) 消费者市场细分的依据

市场是由消费者组成的，而每个消费者都有许多特点。市场细分的依据是客观存在的需求的差异性，但差异性很多，究竟按哪些因素细分，没有一个绝对的方法或固定不变的模式。各行业、各企业可采取用不同的方法细分，以求得最佳的营销机会。消费者市场的细分变数，可概括为4大类，即地理变数、人口变数、心理变数、行为变数。

1. 地理细分

所谓地理细分，就是企业按照消费者所在的地理位置以及其他地理变量（包括城市、农村、地形气候、交通运输等）来细分消费者市场。

地理细分的主要理论依据是：处在不同地理位置的消费者，他们对企业的产品各有不同的需要偏好，他们对企业所采取的市场战略和市场营销措施也各有不同反应。例如，美国东部人爱喝味道清淡的咖啡，西部人则喜欢苦味较浓的咖啡。美国通用食品公司针对上述不同地区消费者偏好的差异而推销不同口味的咖啡。

市场潜量和成本费用也会因市场位置不同而有所不同，企业应选择那些企业能最好地为之服务的效益较高的地理市场作为目标市场。

2. 人口细分

所谓人口细分，就是企业按照人口变量（包括年龄、性别、收入、职业、教育水平、家庭规模、宗教、种族、国籍等）来细分消费者市场。

某些行业的企业通常用一个人口数量来细分市场，例如，美国玩具公司设计了12种不同的玩具，以适应3个月至1岁婴儿的需要，玩具购买者只要知道孩子的年龄，就可以很容易地买到适龄玩具。美国通用食品公司经营的狗食罐头，也按狗的生命周期设计出不同的品种：适于小狗吃的助长发育的食品；适于成年狗吃的增强体力的食品。结果使该公司的狗食罐头销量倍增，市场占有率得到极大地提高。有些产品一向是男女通用的，现在创立了女性专用品牌，如美国 Eve 牌的香烟；我国的服装、化妆品、理发等行业的企业长期以来一直按照性别细分市场，汽车、旅游等行业的企业长期以来一直按照收入来细分市场。但是许多企业还把几个人口变数结合起来作为细分的依据，如同时将性别（男、女）、年龄（老年、成年、儿童）和收入（低、中、高）三个变数结合起来，细分市场，可分成 18 个子市场。如图 4-1 所示。

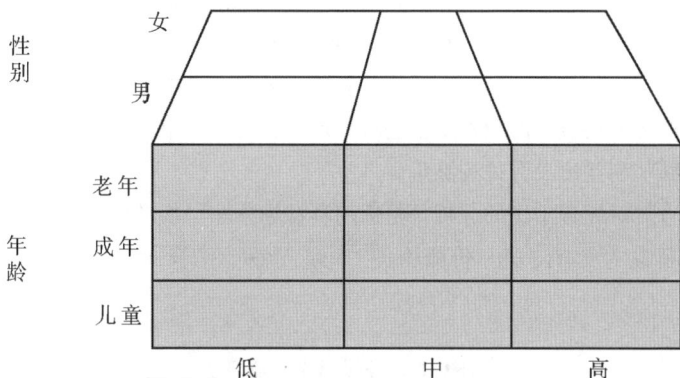

图 4-1 市场细分图示

假定某公司把低收入的男性成年人确定为自己的目标市场，那么，就要按这一目标市场的需求制定营销方案。

3. 心理细分

所谓心理细分，就是按照消费者的生活方式、个性等心理变量来细分消费者市场。消费者的欲望需要和购买行为，不仅受人品变量影响，还要受心理变量影响。例如，美国一位学者曾把药品购买者分成 4 种类型：务实者（35%），寻求权威者（31%），怀疑论者（23%），忧郁者（11%）。如果上述各种类型，确有其人口统计方面的特征和传播媒介的偏好，则药品公司应有针对性地拟定广告语言和选择广告媒介，设计出与上述心理特征吻合的促销方案。

还有些企业通过广告宣传，为自己的产品树立"品牌个性""品牌形象"，以迎合和吸引个性相投的消费者，如服装公司按消费者生活方式可分成"朴素型""豪华型""新潮型""保守型"等。

4. 行为细分

所谓行为细分，就是企业按照消费者购买或使用某种产品的行为变量来细分消费者市场，包括购买时机、寻求利益、使用状况、使用频率、忠诚程度、待购阶段和态度等行为变数。

（1）购买时机。按消费者购买、使用产品的时机细分。例如，某些产品或服务项目专门适用于某个特殊时机（春节、中秋节、元宵节等），营销者可以把特定时机的市场需求作为服务目标。

（2）寻求利益。消费者往往因为不同的购买种类久负盛名，追求不同的利益，所以购买不同的产品品牌。美国曾有人运用利益细分法研究钟表市场，发现钟表购买者分为3类，约23%侧重价格低廉，46%侧重耐用性及一般质量，31%侧重品牌声望。当时，美国各著名钟表公司大多数都把注意力集中于第三类细分市场，竞相制造豪华昂贵的手表，并通过珠宝商店分销，唯有Time公司慧眼独具，选定前两类细分市场作为营销目标，全力推出一种价廉物美的"天美时"牌手表，并利用一般商店大量推销，结果获得极大成功。

运用利益细分法，首先，必须了解消费者购买某种产品所寻求的主要利益是什么；其次，要调查寻求某种利益的消费者是哪些人；再次，要了解市场上的竞争品牌各自适合哪些利益，以及哪些利益还没有得到满足。

美国学者哈雷对牙膏市场的分析，是运用利益细分取得成功的一个典范，他发现牙膏使用者寻求的利益主要有4类：价廉物美、防治牙病、洁齿美容、口味清爽，如表4-1所示。

表4-1　牙膏市场的利益细分

利益细分	人口统计特征	行为特征	心理特征	符合该利益的品牌
价廉物美	男性	大量使用者	自主性强者	大减价的品牌
防治牙病	大家庭	大量使用者	忧虑保守者	品牌A、E
洁齿美容	青少年	吸烟者	社交活动多者	品牌
口味清爽	儿童	薄荷爱好者	喜好享乐者	品牌C、D

根据以上分析，牙膏公司可明确自己为之服务的目标市场及其特征是什么，主要竞争者为什么品牌，市场现有品牌缺少什么利益，从而决定改进自己现有产品或另外再推出某种新产品，以适应牙膏市场上未满足的需要。

（3）使用状况。许多商品市场都按照使用者情况（如非使用者、潜在使用者、次使用者、经常使用者等）来细分。西方国家大公司资源雄厚、市场占有率高，一般都对潜在使用者发生兴趣，小企业资源薄弱，往往着重吸引经常使用者。对使用状况不同的顾客，在广告宣传及推销方式等方面，都应有所不同。

（4）使用频率。使用频率可以用来细分某些产品市场。如可将服务地区居民划分为使用者、非使用者，再把使用者划分为小量使用者和大量使用者。市场营销研究表明，某种产品的大量使用者往往有某些共同的，心理的特征和广告媒体习惯。我国一家市场研究公司发现：喝啤酒者大多数是工人，他们年龄在25~50岁，每天看电视3.5小时以上，而且最喜欢看电视上的体育节目，企业掌握了这种市场信息，就可以根据这种市场信息来合理定价，撰写适当的广告稿和选择适当的广告媒体。

（5）忠诚程度。消费者忠诚度包括对企业的忠诚度和对产品品牌的忠诚度。假定某市共有 A、B、C、D、E 五个品牌，依消费者忠诚度不同，可分为以下四类。

第一，铁杆品牌忠诚者：始终购买同一品牌，如品牌 A。

第二，几种品牌忠诚者：这类消费者忠诚于两三种品牌，如品牌 A 和 B。

第三，转移品牌忠诚者：这类消费者从忠诚于某一种品牌转移到忠诚于另一种品牌，如 AAA、BBB。

第四，非忠诚者：这类消费者群购买各种品牌，并不忠诚于某一品牌，如 ACEBDB。

每一个市场都包含有不同程度的上述 4 种类型的消费者群，企业通过分析研究上述 4 种类型的消费者群，可以发现问题，以便采取适当措施，改进市场营销工作。例如，企业分析研究时发现有"转移的忠诚者"，他们从前忠诚于本企业品牌，现在转移到忠诚于其他品牌，这说明本企业市场营销工作有缺点，需要采取适当措施，改进市场营销工作。

（6）待购阶段。消费者对各种产品，特别是新产品，总是处于各种不同的待购阶段。譬如微波炉，有些人根本不知有此物，有些人已知有此物，有些人知之甚详，有些人已有较大兴趣，有些人已产生购买欲望，有些人即将购买。企业对处于不同待购阶段的顾客群，要有不同的营销策略，并且要随着待购阶段的进展而随时修改营销方案。

（7）态度。消费者对产品的态度可分为：热爱、肯定、冷淡、拒绝、敌意。针对不同态度，可采取不同的营销对策。如对有拒绝和敌意态度者，不必浪费太多的时间来扭转他们的态度，对态度冷淡者则应尽力争取，设法提高他们的兴趣。

总之，消费者市场细分的依据大致有以上这些，但究竟以哪个变量为主，还要根据具体情况灵活运用，以便获得最好的营销机会。

（二）生产者市场细分的依据

细分生产者市场的变量，有一些与消费者市场细分变量相同，如追求利益、使用情况、使用程度、对品牌的信赖程度。此外，细分生产者市场的常用变量还有最终用户、顾客规模等。

1. 最终用户

在生产者市场上，不同的最终用户对同一产业的市场营销组合往往有不同的要求。例如，计算机制造商采购产品时最重视的是产品质量、性能和服务，价格并不是要考虑的最主要因素；飞机制造商所需要的轮胎必须达到的安全标准要比拖拉机制造商所需轮胎高得多，豪华汽车制造商比一般汽车制造商需要更优质的轮胎。因此，企业对不同的最终用户要相应地运用不同的市场组合，采取不同的市场营销措施，以投其所好，促进销售。

2. 顾客规模

顾客规模也是细分生产者市场的一个重要变量。在现代市场营销中，许多公司都建立有适当的制度来分别与大顾客和小顾客打交道。例如，一家办公室用具制造商按照顾客规模将其顾客细分为两类顾客群：一类是大客户，由该公司的全国客户经理负责联系；另一类是小客户，由外勤推销人员负责联系。

3. 其他变量

许多公司实际上不是用一个变量，而是用几个变量，甚至用一系列变量来细分生产者市场。现以某家铝制品公司为例说明企业如何用多变量来细分生产者市场，如图 4-2 所示。

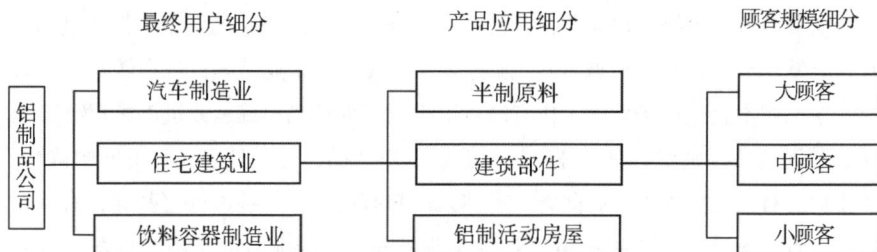

图 4-2　用多变量细分生产者市场

这家铝制品公司首先进行宏观细分，包括 3 个步骤。第一步是公司按照最终用户这个变量把铝制品市场细分为汽车制造业、住宅建筑业和饮料容器制造业这 3 个子市场，然后决定选择其中一个本公司能服务得最好的子市场为目标市场。假设这家公司选择住宅建筑业为目标市场。第二步是再按照产品应用这个变量进一步细分为半制原料、建筑部件和铝制活动房屋 3 个子市场，然后选择其中一个为目标市场。假设这家公司选择建筑部件市场为目标市场。第三步是再按顾客规模这个变量把建筑部件市场进一步细分为大顾客、中顾客和小顾客 3 个子市场。假设这家公司选择大顾客为目标市场。另外，这家铝制品公司还要在大顾客建筑部件市场的范围内进行微观细分。进一步按照大顾客的不同要求（如产品质量、价格、服务等）来细分市场。假设这家公司决定倾全力于重视产品质量的子市场。经过按照一系列变量来逐步细分铝制品市场，这家公司的目标市场就很具体了。

三、市场有效细分的条件

并不是所有市场细分都是有效的。市场有效细分的条件有以下几个。

1. 可测量性

可测量性，即各子市场的购买力能够被测量。例如，德国"宝马"汽车在美国市场上的成功就是得益于对美国市场的有效细分和对各子市场购买情况的准确测量。在20世纪70年代中期，德国"宝马"汽车在美国市场上将目标对准当时的高级轿车市场。经需求测量发现，该细分市场的消费者不但不喜欢，甚至还嘲笑"宝马"，说"宝马"就像是一个大箱子，既没有自动窗户，也没有皮座套，同其他品牌车无法媲美。显然，这个市场对"宝马"的高超性能并无兴趣。于是，生产厂家决定将目标转向收入较高、充满生气、注重驾驶感受的青年市场。因为该市场的消费者更关心汽车的性能，更喜欢能够体现其个性和价值的汽车。为吸引这个市场的消费者，厂家就突出宣传的高超性能，结果，到1978年，该车的销售量已达到3万多辆，到1986年，已接近10万辆。到20世纪80年代末90年代初，美国经济开始走向萧条，原来的目标消费者已经成熟，不再需要通过购买高价产品来表现自我，加上日本汽车以其"物美价廉"的优势打入美国市场，"宝马"面临新的挑战。需求测量发现，消费者之所以喜欢"宝马"，是因为它能给驾驶人一种与众不同的感觉，即"人"驾驶车而不是"车"驾驶人。驾驶"宝马"，消费者能感到安全、自信，他们不仅可以体验汽车、控制汽车，从"宝马"身上，他们还可以得到如何提高驾驶技术的反馈。于是，厂家又将目标市场对准下列3种人群，即相信高技术驾驶人应该驾驶好车的消费者、为了家庭和安全希望提高驾驶技术的消费者、希望以高超驾驶技术体现个人成就的消费者。到1992年，尽管美国汽车市场陷入萧条，"宝马"的销售量却比1991年提高了27%。

2. 可进入性

企业要有能力进入被选定的市场，企业的市场营销组合也要能够达到或影响被选定的细分市场。

日本丰田公司在向美国消费者推销其汽车时，就遵循这一原则，从而成功地进行了市场细分，选择了自己的目标市场。同"奔驰""奥迪""富豪"等高级轿车相比，丰田汽车不仅价格较低，技术也较高，足以从竞争对手口中争食。然而，丰田公司没有这样做。根据丰田的预测，20世纪80年代末90年代初，随着两人家庭的增多，年轻消费者可随意支配的收入越来越多，涉足高级轿车市场的年轻人也越来越多。与其同数家公司争夺一个已被瓜分的市场，即一部分早就富裕起来并拥有高级轿车的中老年消费者市场，不如开辟一个尚未被竞争对手重视的、可完全属于自己的市场，即刚刚和将要富裕起来的中青年消费者市场。

3. 可盈利性

企业选定的细分市场的规模要足以使企业有利可图，而且要有相当的发展潜力。

这是因为消费者的数量是企业利润的来源之一。美国的"李"（Lee）牌牛仔裤就始终把目标市场对准占人口比例较大的那部分"婴儿高峰期"的消费者群体，从而成功地扩大了该品牌的市场占有率。在20世纪60年代和70年代，"李"牌牛仔裤以15~24岁的小青年为目标市场。因为这个年龄段的人正是那些在"婴儿高峰期"出生的，在整个人口中占有相当大的比例。可是，到20世纪80年代初，昔日"婴儿高峰期"一代已成为中青年。为适应这一目标市场的变化，厂商只是将原有产品略加改进，使其正好适合中青年消费者的体形。结果，20世纪90年代初，该品牌牛仔裤在中青年市场上的份额上升了20%，销售量增长了17%。

第三节　选择目标市场

一、目标市场的概念

市场细分的目的在于有效地选择并进入目标市场。所谓目标市场，就是企业决定要进入的那个市场部分，也就是企业拟投其所好、为之服务的那个顾客群。

二、目标市场的决策

在市场细分的基础上，企业根据自己的资源和目标，选择一个或几个细分部分作为自己的目标市场。企业进入目标市场时的决策主要有以下几种。

1. 无差异市场营销

无差异市场营销是指企业在市场细分之后，不考虑各子市场的特性，而只注重子市场的共性，决定只推出单一产品，运用单一的市场营销组合，力求在一定程度上适合尽可能多的顾客的需要，如图4-3所示。例如，可口可乐公司早期在很长时间内，由于拥有世界性专利，因此，该公司只生产一种大小瓶装，一种口味的可口可乐，甚至连广告词也只有一种，试图用一种产品和一种市场营销组合，满足所有消费者的需要。这种战略的优点是产品的品种、规格、款式简单，有利于标准化与大规模生产，降低生产、存货、运输、促销等成本费用。采用这种策略的企业，必须具备以下条件：具有大规模的生产能力，能够进行大批量生产；有着广泛的销售渠道，能把产品送达到所有的消费者；产品质量好，在消费者中有广泛的影响。其主要缺点是单一产品要以同样的方式广泛销售并受到所有购买者的欢迎，这几乎是不可能的。特别是当同行业中如果有几家企业都实行无差异市场营销时，在较大的子市场中的竞争将会日益激烈，而在较小子市场中的需求将得不到满足。因此，不应忽视小的子市场的潜在机会。

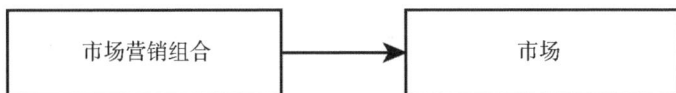

图 4-3 无差异市场营销

2. 差异市场营销

差异市场营销是指企业决定同时为几个子市场设计不同的产品，并在渠道、促销和定价方面都加以相应的改变，以适应各个子市场的需要，如图 4-4 所示，例如，可口可乐公司按照不同的口味，推出不同的饮料；通用公司针对有不同财务、目的和个性的消费者，分别设计和生产不同种类、型号的汽车。这种战略的优点是企业可以更好地满足各种消费者群的不同需要，争取到更多的品牌忠诚者，提高消费者对企业的信任感；而且通过多样化的产品设计和多条渠道的销售，会使销售额极大地增加。采用这种策略的企业，必须具备以下条件；企业的人力、物力、财力比较雄厚，能进行多品种生产；企业的技术水平、设计能力能够适应多生产的要求；企业的营销管理人员水平较高，能适应多种市场的要求。差异市场营销的主要缺点是会使企业的生产成本和市场营销费用增加，所以要权衡究竟差异到什么程度最有利。

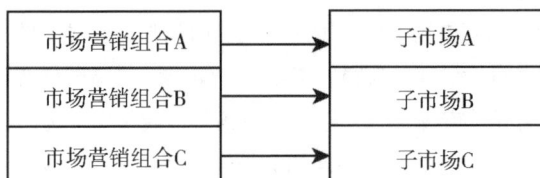

图 4-4 差异市场营销

3. 集中市场营销

集中市场营销是指企业集中所有力量，以一个或少数几个性质相似的子市场作为目标市场，试图在较少的子市场上占较大的市场占有率，如图 4-5 所示。例如，德国的福斯汽车公司专门生产和销售省油、经济、引擎优良的"小金龟"车，以小型车为目标市场；美国理查德·欧文公司以经济和商业教科书为目标市场。这种战略的优点是：由于企业集中全部力量为一个或少数几个市场部分服务，就能深入地了解市场部分状况，在这一个或少数几个市场部分居于强有力的地位，提高了在这些市场部分中的占有率，由于服务对象比较集中，在生产和营销方面实行专业化，可以节省营销经营费用，获得较高的投资收益。缺点是：实行集中市场营销有较大的风险性，因为目标市场范围比较获窄，一旦市场情况突然变坏，企业可能陷入困境。实行集中市场营销的企业，一般是资源有限的中小企业，或是初次进入新市场的大企业。

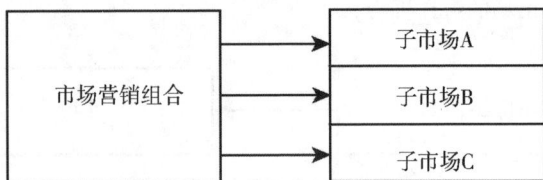

图4-5 集中市场营销

以上3种目标市场决策各有利弊，各自适用于不同的情况，一般来说，企业选择目标市场决策时还应考虑一些影响因素。

三、影响目标市场决策的因素

影响目标市场决策的主要因素有以下几个。

（1）企业资源。如果企业资源雄厚，可以考虑实行差异市场营销，否则，最好实行无差异市场营销或集中市场营销。

（2）产品同质性。产品同质性是指产品在性能、特点等方面差异性不大，对于同质产品或需求上共性较大的产品，一般宜实行无差异性市场营销，对于异质产品，则应实行差异性市场营销或集中市场营销。

（3）市场同质性。如果市场上所有顾客在同一时期偏好相同，购买的数量相同，并且对市场营销刺激反应相同，则可视为同质市场，宜实行无差异市场营销；反之，如果市场需求的差异较大，则为异质市场，宜采用差异市场营销或集中市场营销。

（4）产品生命周期阶段。处在介绍期和成长期的新产品，市场营销重点是启发和巩固消费者的偏好，最好实行无差异市场营销或针对某一特定子市场实行集中市场营销。当产品进入成熟期时，市场竞争剧烈，消费者需求日益多样化，可改用差异市场营销战略以开拓新市场，满足新需求，延长产品生命周期。

（5）竞争对手的战略。一般说来，企业的目标市场决策与竞争者有所区别。如果强大的竞争对手实行的是无差异市场营销，企业则应实行集中市场营销，或更深一层的差异市场营销，如果企业面临的是较弱的竞争者，必要时可采用与之相同的战略，凭借实力击败竞争对手。

总之，从以上5个方面综合考虑，选择适当的目标营销决策，是企业营销管理过程中一项重要的战略决策，对于企业经营的成败有着至关重要的作用。

四、最佳目标市场的选择

企业在市场细分的基础上，确定了目标营销决策，接下来就是要选择最有吸引力的细分部分作为自己的目标市场。这可运用"产品—市场方格图"来进行分析，如图4-6所示。

図4-6 产品—市场方格图

假设：某汽车公司想要开发新型汽车市场，利用方格图发现有9个细分市场可供选择，公司要先搜集这9个细分市场的有关资料，然后根据自己的条件选择一个作为自己的目标市场。军用汽车可能是最有吸引力的细分市场，但该公司通过分析认为，自己在军用汽车生产经营方面缺乏经验，而在工业用车方面较有优势，于是决定进入工业用车市场。最后，公司还要进一步决定，自己的产品与竞争者的产品在这一目标市场上，在用户的心目中，应当处于什么地位，各自有什么特点，符合用户的哪些要求，这就是产品的市场定位问题。

典例链接

小油漆厂如何选择目标市场

英国有一家小油漆厂，访问了许多潜在消费者，并调研他们的需要，对市场做了以下细分：本地市场的60%，是一个较大的普及市场，对各种油漆产品都有潜在需求，但是本厂无力参与竞争。另有4个分市场，各占10%的份额。一个是家庭主妇群体，特点是不懂室内装饰需要什么油漆，但是要求质量好，希望油漆商提供设计，油漆效果美观；一个是油漆工助手群体，顾客需要购买质量较好的油漆，帮住户进行室内装饰，他们过去一向从老式金属器具店或木材厂购买油漆；一个是老油漆技工群体，他们的特点是一向不买调好的油漆，只买颜料和油料自己调配；最后是对价格敏感的青年夫妇群体，收入低，租公寓居住，按照英国的习惯，公寓住户在一定时间内必须油漆住房，以保护房屋，因此，他们购买油漆不求质量，只要比白粉刷浆稍好就行，但要价格便宜。

经过研究，该厂决定选择青年夫妇作为目标市场，并制定了相应的市场营销组合。①产品。经营少数不同颜色、大小不同包装的油漆，并根据目标顾客的喜爱，随时增加、改变或取消颜色品种和装罐大小。②分销。产品送抵目标顾客住处附近的每一家零售商店，目标市场范围内一旦出现新的商店，立即经销本厂产品。③价格。保持单一低廉价格，不提供任何特价优惠，也不跟随其他厂家调整价格。④促销。以"低价""满意的质量"为号召，以适应目标顾客的需求特点。定期变换商店布置和广告版本，创造新颖形象，并变换使用广告媒体。

由于市场选择恰当，市场营销战略较好适应了目标顾客，虽然经营的是低档产品，该企业仍然获得了很大成功。

（资料来源：吴健安．市场营销学．北京：高等教育出版社，2000）

第四节　市场定位分析

一、市场定位的概念

市场定位是企业根据竞争者现有产品在市场上所处的位置，针对消费者或用户对该产品某种特征或属性的重视程度，强有力地塑造出本企业产品与众不同、给人鲜明印象的个性或形象，并把这种形象生动地传递给顾客，从而使该产品在市场上确定适当的位置，即市场定位是塑造一种产品在市场上的位置，这种位置取决于消费者或用户怎样认识这种产品。市场定位还通过为自己的产品创立鲜明的特色或个性，从而塑造出独特的市场形象。产品的特色或个性，有的可以从产品实体上表现出来，如形状、成分、构造、性能等；有的可以从消费者心理上反映出来，如豪华、朴素、时髦、典雅等；有的表现为价格水平；有的表现为质量水准等。在市场定位时，一方面要了解竞争者的产品所具有的特征，另一方面还要了解消费者对该产品各种属性的重视程度。根据这两方面的分析，再确定本企业产品的特色和独特形象，这样，就可以塑造出一种消费者将本企业产品与别的同类产品联系起来而按进行区别看待的产品，从而完成产品的市场定位。

二、市场定位的方法

一个产品要有好的定位，必须依赖于一个好的定位方法。各种定位方法的目的就是寻求产品在某方面的特色优势，并使这种特色优势有效地向目标市场显示。常用的产品定位方法有以下几方面。

（1）根据产品属性定位。有些情况下，新产品应强调一种属性，而这种属性往往是竞争对手所没有顾及的，这种定位方式比较容易收效。

（2）根据产品的利益定位。根据产品带给消费者的利益定位。比如，宝马车——"驾驶者的乐趣"；奔驰车——"乘坐者的尊贵"；沃尔沃车——"最安全的车"。

（3）根据产品价格和质量定位。对于那些消费者对质量和价格比较关心的产品来说，选择在质量和价格上的定位也是突出本企业形象的好方法。按照这种方法，企业可以采用"优质高价"定位和"优质低价"定位。例如，在"彩电大战""空调大战"如火如荼之时，海尔始终坚持不降价，保持较高的价位，这是"优质高价"的典型表现。

（4）根据产品用途定位。有些产品是根据其产品用途来定位的。例如，"金嗓子喉宝"专门用来保护嗓子，"地奥心血康"专门用来治疗心脏疾病。为老产品找到一种新用途，是为该产品创造定位的好方法。尼龙从军用到民用，便是一个很好的用途定位例证。

（5）根据使用者定位。企业常常试图把某些产品推荐给适当的消费者或某个分市场，以便根据分市场消费者的特点创建恰当的形象。如各种品牌的香水，是针对各个不同分市场的，有些香水定位于雅致、富有、时髦的女性，有的定位于生活方式比较活跃的青年人。

（6）根据产品档次定位。产品档次包括低档、中档和高档，企业可根据自己的实际情况任选其一。例如，著名的丹东手表工业公司在国内大多数企业角逐中低档表市场的时候，通过对市场的调研分析发现了高档市场的潜在需求。于是，企业大胆地进行技术攻关，果断地进入高档手表的生产领域，成功地将其拳头产品"孔雀"表推向市场，并以高档优质的独特形象赢得了国内消费者的青睐。

（7）根据竞争地位定位。产品可定位于与竞争直接有关的不同属性或利益，如无铅皮蛋，将其定位为不含铅，间接地暗示普通腌制的皮蛋含有铅，对消费者的健康不利。这种定位方式关键是要突出企业的优势，如技术可靠性程度高，售后服务方便、迅速，以及其他对目标顾客有吸引力的因素，从而千方百计地在竞争者中突出自己的形象。

（8）多重因素定位。这种方式是将产品定位在几个层次上，或者依据多重因素对产品进行定位，使产品给消费者的感觉是产品的特征有很多，具有多种作用或效能。如一些名牌饮品分别以天然原料（属性定位），饮用、佐餐均相宜（用途定位），适用于儿童、少年及成年人（使用者定位）等综合方法来进行产品定位。采用这种方式，要求产品本身一定要有充分的内容，其"全"恰好就是它的竞争优势，是其他竞争者一时所无法达到的。否则，由于需要描述的产品特性过多，而冲淡了产品的形象，使产品显得过于平常，对消费者吸引力不大，因而难以留下深刻印象。

典例链接

哈根达斯的"爱情宣言"

与很多创业者一样，哈根达斯的创始人鲁本·马特斯也是追求"趋于完美"境界的

"偏执狂"，他一开始目的就是研发世上最高品质的冰激淋。事实上能够做到"趋于完美"已经十分不易，而真正地能持续延续"趋于完美"就更难了。

哈根达斯的品牌定位，是要积极倡导"尽情尽享，尽善尽美"的生活方式，鼓励人们追求高品质的生活方式。但是要获得这样的生活方式是要付出很高成本的，显然选择理性消费人群是不现实的。哈根达斯在1976年开设了全球第一家专卖店，是由创始人鲁本·马特斯的女儿多丽丝·马特斯开设的。多丽丝高雅、悠闲、舒适、具有浓厚罗曼蒂克情调氛围的设计风格，令哈根达斯迅速获得巨大的成功。这也为哈根达斯最终逐步确定清晰的品牌定位起到了良好的启示作用。

什么样的消费者比较容易产生"冲动型消费"？无外乎是让消费者感受到购买成本远远小于获得收益，或是在消费时将价格的影响因素放在次要或是忽略不计的位置。在提供冰激淋的同时，哈根达斯非常注重营造一种氛围，使品尝哈根达斯冰激淋成为一种难忘的体验。这也就是"哈根达斯一刻"。那么"这一刻"赋予什么样的美妙、难忘才最有感染力与象征意义？哈根达斯自然想到了"爱情"。

自进入中国以来，一句"爱我，就请我吃哈根达斯"，像"爱情流行语"一样迅速在北京、上海、广州、深圳等城市蔓延开来。一时间，哈根达斯冰激淋成了城市时尚一族趋之若鹜的时尚食品。围绕"爱情"，哈根达斯做足了文章。

产品方面，哈根达斯以非凡的创意调制出绝妙的"冰火奇缘"、洋溢着英伦风情的"悠然一刻""心花怒放""黑色迷情""爱琴海之身"等；原料方面，采用象征思念和爱慕的马达加斯加香草、象征甜蜜和力量的比利时纯正香浓巧克力等；环境方面，让消费者围坐浪漫红烛、伴着若隐若现的爵士音乐，在精致的杯、盘、叉、碟轻轻碰撞的优雅氛围中，细细品味着一款款弥漫着各色情韵的冰激淋；在细节的关注方面，无论是产品设计、手册、海报，还是选址、装修、灯光、线条、色彩等都力求传递愉悦的体验。总之，让哈根达斯成为情感的代言物，不仅是冰激淋，更是"甜蜜一刻"，是象征浪漫的体验。

这个世界上，也许很多人没能力为爱情拿出"豪华"，但谁会在意，让自己的爱情在自己能力许可的范围内"奢侈"一下。毕竟约见在哈根达斯，已经是一种很好的表白。

（资料来源：《现代营销》2014.03）

三、市场定位应注意的问题

市场定位是精细而又复杂的工作，企业在给自己的产品定位时，应注意避免下述几种主要的定位错误。

1. 定位过低

定位过低是指目标顾客对企业产品只有一个模糊的印象，顾客并没有真正地感觉到它有什么特别之处。这种典型的定位失败究其原因就在于企业没有准确地把握消费者最感兴趣的产品的独特属性，或者太过于草率地宣传而没有精心突出本企业产品的与众不同，从而给目标顾客留下了"一般""不过如此"的模糊印象。

2. 定位过高

有些企业为了树立高档的形象，会为自己的某些高档产品和品牌做过多宣传，从而冷落了也许是其销售额和利润最稳定来源的大众化产品的宣传。它们很快就会发现，企业的高档形象还没建立起来，原本那些能给它们带来可靠收入来源大众化产品的市场却正在一步步地萎缩，再回过头来，已经太晚了。例如，一个消费者可能认为 D 公司只生产 30 000 元的钻石戒指，而事实上，它也生产人们能承受的 3 000 元的钻石戒指。

3. 定位混乱

目标顾客可能对企业产品的印象模糊不清，这就是企业产品定位混乱。这种混乱可能是由于奉行多角化经营策略的企业，把过多的精力放在了每一个品牌或每一个产品的定位上，从而忽略了去保持企业产品整体形象的一致性；也可能是由于产品定位变换太频繁所致。

四、市场定位战略

常用的市场定位战略主要有以下几种。

1. 初次定位

初次定位是指新成立的企业出入市场，企业新产品投入市场，或产品进入新市场时，企业必须从零开始，运用所有的市场营销组合，使产品特色符合所选择的目标市场。但是，企业要进入目标市场时，往往是竞争者的产品已在市场露面或形成了一定的市场格局。这时，企业就应认真研究同一产品在目标市场中竞争对手的位置，从而确定本企业产品的有利位置。

2. 重新定位

重新定位是指企业变动产品特色，改变目标顾客对其原有的印象，使目标顾客对其产品新形象有一个重新的认识过程。市场重新定位对于企业适应市场环境、调整市场营销战略是必不可少的。企业产品在市场上的定位即使很恰当，但出现下列情况时也需考虑重新定位：一是其他竞争者的市场定位接近于本企业产品，抢占了本企业品牌的部分市场，使本企业品牌的市场占有率有所下降；二是消费者偏好发生变化，从喜爱本企业某品牌转移到喜爱竞争对手的某品牌。企业在重新定位前，尚需考虑两个主要因素：一是企业将自己的品牌定位从一个市场转移到另一个子市场的全部费用；二是企业将自己的品牌定在新位置上的收入有多少，而收入多少又取决于该子市场的购买者和竞争者情况，取决于在该子市场上销售价格能定多高等。

3. 对峙定位

对峙定位是指企业选择靠近于现有竞争者或与现有竞争者重合的市场位置，争夺同样的顾客群，彼此在产品、价格、分销及促销等各个方面差别不大。比如，可口可乐和百事可乐、娃哈哈和乐百氏、耐克和阿迪达斯、联想和方正。

4. 回避定位

回避定位是指企业回避与目标市场上的竞争者直接对抗，将其位置定于市场"空白点"，开发并销售目前市场上还没有的某种特殊产品，开拓新的市场领域。在确定了市场定位的基础上，下一步就要转向制定详细的营销组合计划和营销组合策略。

链接

定位：中国市场营销的思维误区

竞争优势和目标市场战略有什么关系？实际上，市场定位的实质就是帮助我们获取在目标市场上的竞争优势。定位就是如何让你的产品在目标顾客心目中独树一帜。其实，从市场定位概念刚提出的时候，就一直存在着较大的分歧和争论。争论的焦点就是定位究竟是一个广告传播策略还是一个营销目标战略。如果市场定位是一个广告传播策略的话，那就正如里斯和特劳特所说的那样，定位不是要对产品做什么，而是要对预期顾客的心理采取行动。如果定位是一个营销目标战略的话，则就完全不是这么回事了，我们必须在产品差异化的基础上进行广告传播定位，营销的所有要素都可以做出改变。这一学派以迈克尔·波特为代表。波特甚至提出："战略就是形成一套独具的运营活动，去创建一个价值独特的定位。"

这种争论持续了很长时间，但最终还是发生了变化。菲利普·科特勒在其第12版《营销管理》中说："定位的目标就是在消费者的心里通过品牌的潜在好处将公司的优势最大化。"可见，科特勒赞同定位是获得竞争优势的行动。

如果这还不能说明问题的话，那就让我们看下定位的创始人之一特劳特是怎么说的。特劳特在《与众不同——极度竞争时代的生存之道》一书中大谈差异化，甚至对定位也做了重新的定义："所谓定位，就是令你的企业和产品与众不同，形成核心竞争力；对于受众而言，即是鲜明地建立品牌。"

市场定位就是帮助我们在目标市场上获取竞争优势的行动。

说到这里，我们就可以回到前面的问题了。是的，中国企业现在要做的不是追踪最新的营销理论和方法，而是制定目标市场战略，即市场细分、选择目标市场定位。

（资料来源：《销售与市场》2015.06）

───── 本章小结 ─────

目标市场营销是关系企业生存和发展的重大战略决策，也是实施各项具体营销策略的基本前提，本章介绍了目标市场营销的3项主要步骤：市场细分、目标市场、市场定位。

市场细分是在市场调查的基础上，根据消费者需求、购买习惯和购买行为的差异性，把整体市场划分为若干个子市场的过程。消费者市场细分主要依据人口因素、地理因素、心理因素和行为因素，产业市场细分主要依据最终用户、用户规模和用户地理位置。这些因素可以单独使用也可以综合使用。市场细分常用的方法有单一因素法、综合因素法、系列因素法。要使细分市场有效，细分市场要具有可估量性、进入性、效益性和独特性。

目标市场是在市场细分基础上，被企业选定准备为之提供相应产品和服务的市场。选择目标市场必须对目标市场进行评估，包括市场的规模和增长潜力、市场吸引力、符合企业的目标和资源。然后决定采取何种营销战略，一般有3种目标市场战略可供选择：无差异市场营销、差异性市场营销、集中性市场营销。选择目标市场战略时，要考虑以下因素：企业资源能力、产品特点、产品寿命周期、市场特点、竞争对手的市场战略。

市场定位就是树立企业产品在目标市场即目标顾客心目中的形象，以区别于竞争对手。可供企业选择和市场定位的策略有属性定位、利益定位、价格质量定位、用途定位、使用者类型定位、产品档次定位、竞争地位定位、多重因素定位。

───── 本章习题 ─────

一、名词解释

市场细分　无差异市场营销　集中性市场营销　差异化市场营销　市场定位

二、简答题

1. 什么是市场细分？实行市场细分和目标营销对企业有什么好处？

2. 什么是目标市场？选择目标市场的战略有哪些？

3. 试以某产品为例，说明如何进行市场定位。

三、案例分析题

市场细分显机遇　均分江山建奇功

日本泡泡糖市场年销售额约为 70 亿日元，其中大部分为"劳特"垄断。但江崎糖业公司成立了市场开发班子，寻找市场的缝隙。经过周密调查分析，终于发现"劳特"的四点不足：第一，以成年人为对象的泡泡糖市场正在扩大，而"劳特"却仍旧把重点放在儿童泡泡糖市场上；第二，"劳特"的产品主要是果味型泡泡糖，而现在消费者需求正在多样化；第三，"劳特"多年来一直生产单调的条板状泡泡糖，缺乏新型式样；第四，"劳特"产品价格是 110 日元，顾客购买时需多掏 10 日元的硬币，往往感到不便。通过分析，江崎糖业公司决定以成人泡泡糖市场为目标市场，并制定了相应的市场营销策略。不久便推出功能性泡泡糖 4 大产品：司机用泡泡糖，使用了高浓度薄荷和天然牛黄，以强烈的刺激味觉消除司机的困倦；交际用泡泡糖，可清洁口腔，祛除口臭；体育用泡泡糖，内含多种维生素，有益于消除疲劳；轻松性泡泡糖，通过添加叶绿素，可以改变人的不良情绪。此外，还精心设计了产品的包装和造型，价格定为 50 日元和 100 日元两种，避免了找零钱的麻烦。功能性泡泡糖问世后，像飓风一样席卷全日本，江崎糖业公司不仅挤进了由"劳特"独霸的泡泡糖市场，而且占领了一定的市场份额，从零猛升至 25%，当年销售额达 175 亿日元。

（资料来源：《经营者》2012.05）

思考题

江崎糖业公司的目标策略是什么？

四、实训题

实训项目：针对当地企业生产的月饼进行市场细分。

项目要求：

1. 根据人口、行为特征对月饼市场进行细分。

2. 书面回答能细分多少类市场，是否有未进入的新市场，新市场的规模有多大？

第五章 购买者行为分析

学习目标

1. 理解消费者需求的概念。
2. 理解消费需求的结构及其发展趋势。
3. 理解消费者的购买动机及其类型。
4. 掌握消费者购买决策过程与生产者购买决策过程。

企业每天都面临着大量的购买决策。企业应当致力于研究消费者的行为模式，分析影响他们消费需求的主要因素及购买动机，探讨他们的购买决策过程，以更好地帮助消费者完成购买行为。

第一节 分析消费者需求

一、消费者需求的概念

满足消费者需求是现代企业市场营销的中心任务。因此，研究消费需求、发现消费者新的需求并予以满足是企业营销活动的全过程。

行为科学认为，人的行为都有一定动机，而动机又产生于人类本身的内在需要，产生消费者行为最基本的内在原因是消费者需求，只有对消费者需求有充分认识的基础上，才可能制造出与消费者需求相一致的营销策略，在满足消费者需求的过程中取得优异的营销绩效。

消费者需求是指在一定的社会经济条件下，为了满足消费者的生存发展面对商品或服务的需求和欲望。

从消费者个人来讲，大多数人们的购买力还有限。因而，人们日益增长的消费需求有很多属于潜在需求，在目前还暂时得不到满足。随着民众购买力的逐步提高，这种消费需求的满足程度将会不断增强。

二、马斯洛的重要层次理论

美国人本主义心理学家马斯洛的"需求层次论"提出了人类行为由五大类需求所驱动，这些需求又是分层次由低级到高级发展并依次提高的。

马斯洛依据需求强度的次序，将人类的需求分为 5 个层次：生理需求、安全需求、社会需求、尊重需求和自我实现需求，这 5 种层次的排列如图 5-1 所示。

（1）生理需求。这是指人类为了生存、维持生命而产生的最低限度的基本需求，如满足食物、防寒、睡眠等方面的需求。

（2）安全需求。这是指人类为了保障身体安全，以免遭受危险和威胁而产生的需求，如对人身、财产保险的需求，对保健品、医药品等的需求。

（3）社会需求。这是指人类在社会生活中重视人与人之间的交往，希望成为某个集团或组织的成员，得到同事的尊重和友情而产生的需求，如对鲜花、礼品等的需求。

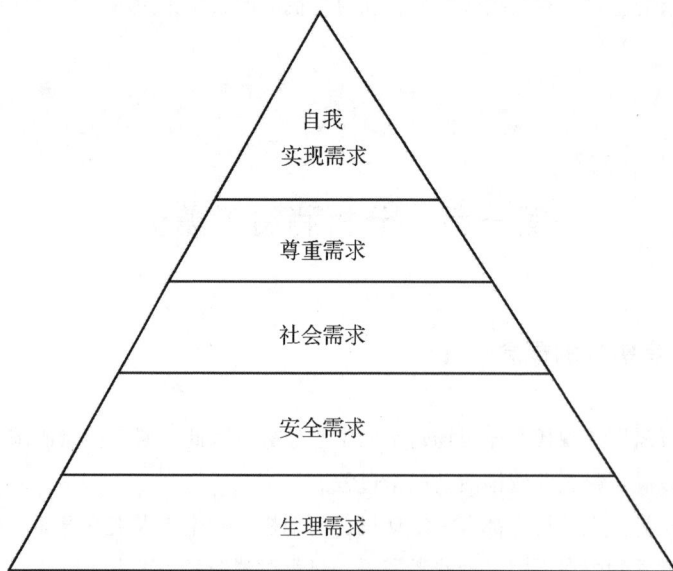

图 5-1　马斯洛需求层次模式

（4）尊重需求。这是指人类所具有的自尊心和荣誉感，对名誉、地位的欲望及个人能力和成就能得到表现，并能为社会所承认的需求。包括威望、成就、自尊、被人尊重、显示身份等需求，如有的人购买别墅或高级轿车以显示自己的地位和富有。

（5）自我实现需求。这是人类的高级需求，包括对获得成就的欲望，对个人行使自主权，对理想、哲学观念的需求。自我实现的需求往往与受表扬的需求、追求地位的需求密不可分，人们都希望以不同的方式显示自己的成就。

其理论的要点为：①每个人同时都有许多需求；②这些需求的重要性不同，可按阶梯排列；③人总是先满足最重要的需求；④人的需求从低级到高级具有不同的层次，只有当低一级的需求得到基本满足时，才会产生高一级需求。一般说来，需求强度的大小和需求层次的高低成反比，即需求的层次越低，其强度越大。人的需求在同一时间不可能都得到满足，马斯洛通过研究发现，一般人只要在生理需求方面能获得80%的需求便感到满足，而安全需求得到70%，社会需求得到50%，自尊需求得到40%，自我实现的需求得到30%便感到满足。马斯洛认为：一种没有得到满足的需求，便成为消费者购买行为的推动力。需求未得到满足前，人们都有一种紧张、恐惧、不安的表现，需求满足后，也就减少了对行为的刺激作用。

三、消费者需求的特征

在现实生活中，人们的消费需求是丰富多彩的。由于消费者各自的生活环境、职业、兴趣爱好、经济收入、社会地位等条件不同，其需要也就多种多样。另外，不同的国家、民族和个人，不同的消费习惯、审美标准、消费方式以及不同的时代也会反映出不同的消费特点。在市场经济的社会里，消费者购买商品或劳务的欲望与需求，即消费者需求还是有其规律的，其基本特征主要表现在以下几个方面。

（1）消费需求的多样性。由于消费者的收入水平、文化程度、职业、性别、年龄、民族和生活习惯的不同，自然也会有不同的爱好和兴趣，对消费品的需求也是千差万别的。

（2）消费需求的发展性。随着社会生产力的发展和消费者个人收入的提高，人们对商品和服务的需求也在不断发展。过去未曾消费过的高档商品现在进入了消费领域；过去消费少的高档耐用品现在大量消费；过去消费讲求价廉、实惠，现在追求美观、舒适等。

（3）消费需求的伸缩性。消费者购买商品，在数量、品级等方面均会随购买力的变化而变化，随商品价格的高低而转移。其中，基本日常消费品需求的伸缩性比较小，而高中档商品、耐用消费品、穿着用品和装饰品等选择性强，消费需求的伸缩性就比较大。

（4）消费需求的层次性。人们的需求是有层次的，各个层次之间虽然难以截然划分，但是大体上还是有次序的。一般说来，总是先满足最基本的生活需要（生理需要），然后再满足社会交往需要和精神生活需要，也就是说，消费需求是逐层上升的，首先是满足低层次的需要，然后再满足较高层次的需要。随着生产的发展和消费水平的提高，以及社会活动的扩大，人们消费需求的层次必然逐渐向上移动，由低层向高层倾斜，购买的商品越来越多地为了满足社会性、精神性要求。

（5）消费需求的时代性。消费需求常常受到时代精神、风尚、环境等的影响。时代不同，消费需求和爱好也会不同。例如，随着我国人民文化水平的提高，对文化用品、娱乐用品、健康用品的需要日益增多。

（6）消费需求的可诱导性。消费需求是可以引导和调节的。这就是说，通过企业营销活动的努力，人们的消费需求可以发生变化和转移，潜在的消费欲望可以变为明显的行动，未来的需求可以变成现实的消费。

（7）消费需求的关联性和替代性。消费需求在有些商品上具有关联性，消费者往往顺便关联购买。例如，出售皮鞋时，可能会附带出售鞋油、鞋带、鞋刷等商品。所以经营有关联性的商品，不仅会给消费者带来方便，而且能扩大商品销售额。有些商品有替代性，即某种商品销售量增加；另一种商品销售量就会减少。例如，食品中的肉、蛋、鱼、鸡、鸭等，其中某一类销售多了，其他类就可能会减少；洗衣粉销量上升，肥皂销量就会下降等。

除上述特点外，消费者的市场需求还具有便捷性、季节性、地域性等特点，企业应以此作为市场营销决策的依据，更好地满足消费者的需求，扩大商品销售量，提高经济效益。

典例链接

杭州"狗不理"包子店为何无人理

杭州"狗不理"包子店是天津狗不理集团在杭州开设的分店，地处商业黄金地段。正宗的"狗不理"以其鲜明的特色（薄皮、水馅、滋味鲜美、咬一口汁水横流）而享誉神州。但正当杭州南方大酒店创下日销包子万余只的纪录时，杭州的"狗不理"包子店却将楼下1/3的营业面积租让给服装企业，依然"门前冷落车马稀"。

当"狗不理"包子店一再强调其鲜明的产品特色时，却忽视了消费者是否接受这一"特色"。那么受挫于杭州也是势在必然了。

首先，"狗不理"包子馅比较油腻，不合喜爱清淡食物的杭州市民的口味。

其次，"狗不理"包子不符合杭州人的生活习惯。杭州市民将包子作为便捷快餐对待，往往边走边吃。而"狗不理"包子由于薄皮、水馅、容易流汁，不能拿在手里吃，只有坐下用筷子慢慢享用。

再次，"狗不理"包子馅多半是蒜一类的辛辣刺激物，这与杭州这个南方城市的传统口味也相悖。

在天津和其他北方城市受顾客欢迎的"狗不理"包子为什么在杭州城受到冷落，这个问题值得深思。"狗不理"包子在杭州"失宠"，并非因其自身品质不优、品牌不名，而是从整个营销过程开始就没有注意到杭州消费者的生活方式和颇具个性化的"口味"。

一个产品价值的高低、能否畅销最终是由顾客决定的。"狗不理"包子馅较油腻、不合杭州市民的口味，又不符合杭州市民把包子作为快餐、边走边吃的生活方式，在杭州失宠就在所难免了。

由于消费者市场具有地区性、复杂性、易变性、替代性和发展性等特点，天津"狗不理"包子在进入杭州市场前，先需进行市场调研，了解"谁买？为什么买？在何处买？如何买？何时买？买多少？买什么品牌？"等问题，了解竞争对手的状况，企业自身的优缺点，外部的威胁和机会等问题。只有这样，才能"有的放矢"，采取相应的营销战略和策略。

尤为重要的是，产品要有市场，主要还不是看产品是否有特色，消费者不接受，再有特色也枉然，消费者接受才有市场，才是真正的"特色"。

总之，天津"狗不理"集团只有深刻认识到消费市场的特点，准确地把握消费者行为，才能找准目标市场，有针对性地实施市场营销战略和策略，使"狗不理"包子不但能打入杭州市场，而且能打入其他地区或城市的市场。

（资料来源：《整合营销传播》工商出版社。1997.9）

第二节 消费者的购买动机

一、购买动机的概念

动机是引起行为、维持行为并把行为指向一个目标以满足人需要的内在心理过程。动机是在需要的基础上产生的，是推动人们活动的内在力量。如果说需要是消费行为的决定性因素，那么动机是消费行为的直接原因。

所谓购买动机，是消费者为满足其一定的需要而引起购买行为的意念和愿望，是购买前的思维过程。它主要解决"为什么要买这件商品"和"究竟买什么商品"，从而决定人们的购买行为。消费者购买动机的产生是一系列复杂因素相互作用的结果，既有内在主观上的因素，也有外在客观的因素。在日常消费活动中，一般消费活动都要经历这样一个过程，如图5-2所示。

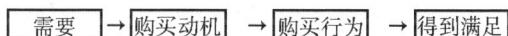

$$\boxed{需要} \rightarrow \boxed{购买动机} \rightarrow \boxed{购买行为} \rightarrow \boxed{得到满足}$$

图5-2 消费活动一般过程

然而，同样的动机也可以产生不同的购买行为。例如，同是出于御寒的动机而购买冬装，有的人可能购买棉大衣，有的人可能会选择羽绒服等。

二、购买动机的类型

由于消费者的需求是千差万别的，因此，消费者的购买动机也是多种多样的。具体来讲有以下几种。

1. 求实动机

求实动机是指消费者以追求商品或服务的使用价值为主导倾向的购买动机。在这种动机支配下，消费者在选购商品时，特别重视商品的质量、功效，要求一分钱一分货，相对而言，对商品的象征意义，所显示的"个性"，商品的造型与款式等不是特别关注。比如，在选择布料的过程中，当几种布料价格接近时，消费者宁愿选择布幅较宽、质地厚实的布料，而对色彩、是否流行等给予的关注相对较少。

2. 求新动机

求新动机是指消费者以追求商品、服务的时尚、新颖、奇特为主导倾向的购买动机。在这种动机支配下，消费者选择产品时，特别注重商品的款式、色泽、流行性、独特性与新颖性，相对而言，产品的耐用性、价格等成为次要的考虑因素。一般而言，在收入水平比较高的人群以及青年群体中，求新的购买动机比较常见。改革开放初期，我国上海等地生产的雨伞虽然做工很细、经久耐用，但在国际市场上，却竞争不过我国台湾地区及新加坡等地生产的雨伞，原因是后者生产的雨伞虽然内在质量很一般，但款式新颖，造型别致，色彩纷呈，能迎合欧美消费者在雨伞选择上以求新为主的购买动机。

3. 求美动机

求美动机是指消费者以追求商品欣赏价值和艺术价值为主要倾向的购买动机。在这种动机支配下，消费者选购商品时特别重视商品的颜色、造型、外观、包装等因素，讲究商品的造型美、装饰美和艺术美。求美动机的核心是讲求赏心悦目，注重商品的美化作用和美化效果，它在受教育程度较高的群体以及从事文化、教育等工作的人群中是比较常见的。据一项对近400名各类消费者的调查发现，在购买活动中首先考虑商品美观、漂亮和具有艺术性的人占被调查总人数的41.2%，居第一位。而在这中间，大学生和从事教育工作、机关工作及文化艺术工作的人占80%以上。

4. 求名动机

求名动机是指消费者以追求名牌、高档商品，借以显示或提高自己的身份、地位而形成的购买动机。当前，在一些高收入阶层中求名购买动机比较明显。求名动机形成的原因实际上是相当复杂的。购买名牌商品，除了具有显示身份、地位、富有和表现自我等作用以外，还隐含着减少购买风险，简化决策程序和节省购买时间等多方面考虑因素。

5. 求廉动机

求廉动机是指消费者以追求商品、服务的价格低廉为主导倾向的购买动机。在求廉动机的驱使下，消费者选择商品以价格为第一考虑因素。他们宁肯多花体力和精力，多方面了解、比较产品价格差异，选择价格便宜的产品。相对而言，持求廉动机的消费者对商品质量、花色、款式、包装、品牌等不太挑剔，而对降价、折让等促销活动有较大兴趣。

6. 求便动机

求便动机是指消费者以追求商品购买和使用过程中的省时、便利为主导倾向的购买动机。在求便动机支配下，消费者对时间、效率特别重视，对商品本身则不甚挑剔。他们特别关心能否快速方便地买到商品，讨厌过长的候购时间和过低的销售效率，对购买的商品要求携带方便，便于使用和维护。一般而言，成就感比较高、时间机会成本比较大、时间观念比较强的人，更倾向于持有求便的购买动机。

7. 模仿或从众动机

模仿或从众动机是指消费者在购买商品时，自觉不自觉地模仿他人的购买行为而形成的购买动机。模仿是一种很普遍的社会现象，其形成的原因多种多样。有出于仰慕、钦羡和获得认同而产生的模仿；有由于惧怕风险、保守而产生的模仿；有缺乏主见，随大流或随波逐流而产生的模仿。不管缘于何种缘由，持模仿动机的消费者，其购买行为受他人影响比较大。一般而言，普通消费者的模仿对象多是社会名流或其所崇拜、仰慕的偶像。电视广告中经常出现某些歌星、影星、体育明星使用某种产品的画面或镜头，目的之一就是要刺激受众的模仿动机，促进产品销售。

8. 好癖动机

好癖动机是指消费者以满足个人特殊兴趣、爱好为主导倾向的购买动机。其核心是为了满足某种嗜好、情趣。具有这种动机的消费者，大多出于生活习惯或个人癖好而购买某些类型的商品。比如，有些人喜爱养花、养鸟、摄影、集邮，有些人爱好收集古玩、古董、古书、古画，还有人好喝酒、饮茶。在好癖动机支配下，消费者选择商品往往比较理智，比较挑剔，不轻易盲从。

以上对消费者在购买过程中呈现的一些主要购买动机做了分析。需要注意的是，上述购买动机都不是彼此孤立的，而是相互交错、相互制约的。在有些情况下，一种动机居支配地位，其他动机起辅助作用；在另一些情况下，可能是其他的动机起主导作用，或者是几种动机共同起作用。

典例链接

用户为音乐付费的动机

对于有非常容易的免费音乐获取途径来说，相信很多人心中会认为用户不可能为音乐付费。可是乐迷们却会愿意花高价去购买周杰伦的演唱会门票、The Beatles 纪念品、黑胶唱片等音乐相关产品。仅仅是因为这些音乐产品不容易获得才构成了用户购买的动机吗？而 Magnatune 官方公布了他们的历史销售数据，却让我们看到了另一些现象。

Magnatune 是一个在线音乐交易平台，音乐人可以通过这个平台直接出售他们的音乐给听众，等同于一家基于互联网的新型唱片公司。他们的创始人认为，乐迷不愿意花钱买正版音乐，是因为乐迷认为他们付出的钱大部分落入了唱片公司的腰包，并没能真正达到支持他们喜爱的乐队的目的，而 Magnatune 的模式正是让乐迷们清楚地知道他们购买音乐的钱绝大部分能让他们支持的歌手获得。

基于这种销售模式，Magnatune 还加入了用户议价的功能。用户可以为他们购买的音乐（包括数字音乐和 CD）自行确定价格，价格在 5~18 美元中选择，默认售价是 8 美元。从调查结论可以看出一个有趣的现象，大多数用户最后并没选择最低价 5 美元，反而超过了默认售价 8 美元。从这点说明了用户存在有为支持音乐人的付费动机。

（资料来源：《销售与市场》2015.09）

第三节　消费者购买行为与决策过程

一、消费者购买行为模式

市场营销学研究消费者市场，核心是研究消费者的购买行为，即消费者购买商品的活动和参与这种活动有关的决策过程。

企业尽管对消费者购买行为分析是个复杂的问题，我们还是能够简化这个过程，从如下 7 个方面进行识别：①谁在购买？即购买者（occupants）；②他们在购买什么？即购买对象（objects）；③为何购买？即购买目的（objectives）；④谁参与购买？即购买组织（organizations）；⑤他们怎样购买？即购买方式（operations）；⑥他们何时购买？即购买时间（occasions）；⑦他们在何地购买？即购买地点（outlets）。这就是市场的"7O's"问题，也是我们分析购买行为的基本思路。市场营销学研究消费者市场，核心是研究消费者的购买行为，即消费者购买商品的活动和参与这种活动有关的决策过程。购买行为是与购买商品有关的各种可见活动，如收集信息、比较方案、购买等，这些活动是消费者心理、个人特性、社会文化因素共同作用的结果。因此，分析消费者的购买行为不仅要分析与各种购买商品有关的可见性活动，还要分析那些不可见性活动，即那些营销购买行为产生的各种因素，以便给出市场的"7O's"的答案。在对消费者购买行为的分析理论中，"刺激—反应"是一种比较经典的分析模型，如图5-3所示，市场营销和外部环境因素的刺激作用于消费者的意识，购买者根据自己的特性处理这些信息，经过一定的购买决策过程，最后产生购买者反应，即购买决策，包括产品选择、品牌选择、卖主选择、时间和数量选择等。刺激作用于消费者意识部分被称为购买者黑箱，它由两个部分组成：一是购买者特性，主要是影响购买者对刺激如何反应；二是购买者决策过程，影响购买者最终决定。

表5-1 消费者购买行为模式

外界刺激		购买者黑箱		购买者决策
营销因素	环境因素	购买者特性	购买者决策过程	产品选择 品牌选择 经销商选择 购买时间 购买数量
产品 价格 分销 促销	经济 技术 政治 文化	文化 社会 个人 心理	认识需求 收集信息 评估 购买 购买后评价	

企业通过对消费者购买活动的以上7个方面进行认真分析，就有可能根据其购买活动的特点，搞好销售网点布局，选择适当的推销时机，争取灵活多样的货币支付方式，去满足消费者需求，从而扩大销售，实现企业的营销目的。

消费者在购买中的行为是千差万别的，但有些人的购买行为非常相似。许多人都采用的购买行为方式就是人们的购买行为模式，一般说来，包括以下几种类型。

（1）习惯型。习惯型指消费者根据过去的使用习惯而反复购买某种商品。这类消费者重视以往购买和使用的经验，对感到满意的商品，以后就习惯于购买，因此，购买速度较快。对待这类顾客，不必介绍商品，主要的要求是动作迅速，很快办完交易手续。

（2）理智型。理智型指消费者在购买商品时比较慎重和有主见，能控制自己的情感，不受外来因素的影响，这类消费者在购买时冷静、慎重、细心，不易受包装、广告宣传的影响。对待这类顾客要有耐心，实事求是地介绍商品。

（3）经济型。经济型指消费者在购买商品时特别注重商品的价格。有两种表现形式，一是愿意购买廉价商品。这类消费者对商品的价格反应特别灵敏。在购买时不一定需要，也不过多考虑商品的质量，而是看到或听到有减价商品就去购买；二是喜欢购买高质高价商品。这类消费者认为一分钱一分货，质量高的商品价格虽高但实际上更便宜。

（4）冲动型。冲动型指消费者情感容易受到外界的影响而产生随机性较大的购买。这类消费者往往注重商品美观的外形，喜欢追求名牌和新产品，易受广告宣传的影响。对待这类消费者，应多介绍一些产品的特点和优点，以引起顾客的购买欲望。

（5）不定型。不定型指消费者对商品的心理尺度尚未稳定，为了尝试而购买。这类消费者缺乏商品知识和购买经验，因而在购买时，没有固定的偏爱，一般是奉命购买或顺便购买。对待这类消费者，应多耐心介绍，主动为顾客出主意，当参谋。

（6）疑虑型。疑虑型指消费者因害怕上当而在购买过程中犹豫不决。这类消费者行为谨慎、迟缓，从不冒失仓促地做出购买决定。对待这类消费者应注意通过示范，解除其疑虑，使其放心购买。

（7）想象型。想象型指消费者以丰富的想象力衡量商品的意义而决定购买。这类消费者想象力特别强，审美感和欣赏能力也比较高，因此，在购买时特别注意商品的外表造型、色彩和命名。但他们的注意力易转移，多属情感的反应者。对待这类消费者既要宣传，又要注意商品陈列，以美丽的造型来吸引顾客。

二、影响消费者购买行为的主要因素

消费者购买行为主要取决于消费者的需要和欲望，而消费者的需要和欲望以及消费习惯和购买行为，是多种因素共同作用的结果，这些因素主要有文化、社会、个人和心理因素等。

（一）文化因素

1. 广义的文化

广义的文化是指人类社会历史实践过程中所创造的物质和精神财富的总和，它所包括的潜在元素有价值观念、观点、态度、文字、语言、伦理道德、风俗习惯、宗教仪式、法律等。文化具有较长期的持续性，不易改变，它影响和制约着人们的行为。大部分人尊重他们的文化，接受他们文化中共同的价值观，遵循他们文化中的道德规范和风俗习惯。因此，文化是区分一个社会群体与另一个社会群体的主要因素，是影响人们欲望和行为的最根本、最深远因素。例如，标有老年人专用字样的产品在美国等西方不受老年人的欢迎，因为这种宣传违背了这些国家中人们忌讳衰老的价值观念。而在中国，专为老年人提供的产品或服务却大受欢迎。企业营销人员在制定营销策略时，必须特别注意文化因素对消费者购买行为的影响。

2. 亚文化

每一文化群体内部又包含若干亚文化群，其成员具有的共同信仰、特征或经历等，能提供更为具体的认同感，如宗教文化、民族文化、区域文化和种族文化等。处在不同的亚文化群中的消费者的消费习惯和需求，往往有很大差异，所谓"百里不同风，十里不同俗"。营销人员在选择目标市场和营销策略时，一定要注意了解目标市场的文化背景，即所谓"入乡问俗"。

3. 社会阶层

社会阶层是指一个社会中具有相对同质性和持久性的群体，他们是按等级排列的，每一阶层成员具有相似的社会经济地位、价值观取向、兴趣爱好和行为规范。在不同的社会形态下，社会阶层划分的依据不同。在现代社会，一般根据职业的社会威望、收入水平、财产数量、受教育程度、居住区域等因素，将人们归入不同的社会阶层。

处于不同社会阶层的人，有着不同的价值观、人生观，有着不同的生活方式、经济能力、兴趣爱好等，这些都会直接影响各阶层成员在购买商品的类别、档次、购买方式、购买习惯等方面的差异。企业要正确认识社会阶层的客观存在性，并有针对性地开展营销活动。

（二）社会因素

人们在做出购买决定时，为了降低购买决策中的潜在风险或从了解他人的想法和行为中获取慰藉，一般乐于听取所依赖之人的意见。因此，消费者购买行为也受到一系列社会因素的影响，如消费者的参照群体、家庭、社会角色与地位等。

1. 参照群体

参照群体是指直接或间接影响一个人的态度、行为或价值观的个人或团体。参照群体对消费者购买行为的影响，表现在3个方面：第一，由于消费者有仿效或反对其参照群体的倾向，因而消费者对某些产品的态度和对某些事物的看法也会受到参照群体的影响；第二，参照群体为消费者展示出新的生活方式和行为模式；第三，参照群体促使人们的行为趋于某种一致化，从而影响消费者对某些产品和品牌的选择。

2. 家庭

家庭是指居住在一起，由拥有血缘、婚姻或者抚养关系的两个人或更多人组成的群体。家庭是社会的基本单位，也是社会中最重要的消费者购买组织，它强烈地影响着人们的价值观、人生态度和购买行为。一个人在其一生中通常要经历两个家庭。一是婚前由父母组建的家庭，在父母养育下逐渐长大成人，并从其父母那里获得有关宗教、经济、个人抱负、自我价值和爱情等方面的指导；二是婚后自己组建的家庭。当消费者做购买决策时，必定会受到这两种家庭的影响，其中，受父母家庭的影响比较间接，受自己家庭的影响比较直接，但在购买决策的参与者中，购买者家庭成员对其决策的影响最大。

3. 社会角色与地位

社会角色是指个人在群体、组织及社会中的地位和作用。一个人在其一生中会参加许多群体，如家庭、俱乐部及其他各种组织。每个人在各个群体中的位置可用角色和地位来确定。角色是一个人所期望做的活动内容，如一个男人在家里对父母是孝顺儿子，对企业可能是管理者，其地位随着不同阶层和地理区域而变化。具有不同社会角色和地位的消费者必将具有不同的消费欲望和购买行为。

（三）个人因素

由于年龄、性别、职业、经济状况、生活方式、个性以及自我观念的不同，消费者购买决策带有明显的个人特性。

1. 年龄和性别

消费者的年龄和性别会对消费行为产生明显的影响。年龄通常是决定消费者需求的重要因素。需要注意的是，现代社会不同年龄段人群在信息获取、心态和行为上趋同，因此，营销人员不仅应注意消费者的生理年龄，更应关注其心理年龄。

男性和女性由于生理和心理上的差异，导致了不同的消费心理和行为，使两性的消费产品及购买决策过程存在显著差异。例如，男性消费者购物目的明确，决策比较理性，接受稳重可靠的商品，追求快捷、简单的购物过程；而女性消费者购物目的不够明确，通常有更多的计划外购物，喜爱时尚可爱的商品，决策偏于感性，常常乐于货比三家，在商场里流连忘返。

2. 职业与经济状况

不同职业的消费者由于生活、工作条件不同，消费方式和购买习惯也有很大区别。如政府官员、企业家、教师、军人、医生、工人、农民等，职业不同，需求也千差万别。

人们的消费心理和购买模式往往随着其经济状况的变化而变化。经济状况的好坏、收入水平的高低，决定了购买能力的高低，决定了需求的不同层次和倾向，从而直接影响到消费者的购买行为。比如现实社会中存在着两种人，一种是众多为了省钱而不惜花费大量时间的人；另一种则是少数为了节省时间而不惜花费大量金钱的人。他们的消费需求和购买过程差别是很大的。

3. 生活方式、个性及自我观念

生活方式是影响个人行为的心理、社会、文化、经济等各种因素的综合反映，是指人们生活、花费时间和金钱的方式的统称。不同生活方式显然有着不同的购买需求。例如，双职工家庭特别偏爱方便食品，喜欢节假日外出游玩的人需要家务劳动社会化，喜欢运动的人需要体育器材、运动服和运动鞋等。

个性是一个人所特有的心理特征，它导致一个人对其所处环境的相对一致和持续不断的反应可以直接或间接地影响其购买行为。研究表明，个性与产品的选择的确有着某种联系，人们越来越倾向于购买不同风格的产品以展示自己独特的个性，譬如一些求新的年轻人追逐前卫的发型和时尚的服装。

自我观念是与个性关系密切的另一个概念，即人们怎样看待自己。不同的人对自己有不同的反应，从而形成自己是属于哪类人的观点。自我观念包括理想自我观念和现实自我观念。理想自我观念指个人期望的自己的形象，现实自我观念指个人实际如何看待自己，人们总是不断努力，试图实现理想的自我观念。现实自我观念与理想自我观念之中，哪一个更能影响消费者的购买行为呢？在这一问题上，目前较为一致的观点是：现实自我观念与理想自我观念都与购买注意力存在着很高的相关性。这表明，两者都是影响消费者选择过程的重要因素。

（四）心理因素

一个人的购买行为也会受到其心理的支配，影响消费者购买行为的心理因素主要有动机、感觉和知觉、学习以及信念和态度等，如图5-3所示。

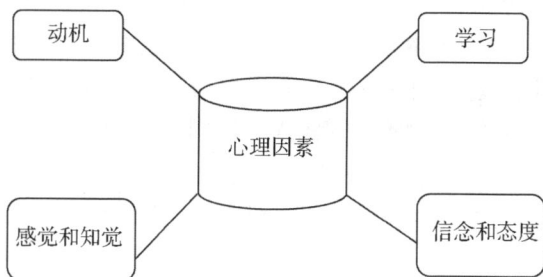

图5-3　影响消费者购买行为的心理因素

1. 动机

动机是一种驱使人满足需要、达到目的的内在动力，是一种升华到足够强度的需要，它能够及时引导人们去探求满足需要的目标。

2. 感觉和知觉

一个有需要并被激励的人可以随时准备行动。然而，他的行动如何，还要看他对客观情境的感觉和知觉如何。一个有购买动机的人将如何采取行动，还取决于他对刺激物的认知过程。处于相同激励状态和目标情况下的两个人，其行为可能大不一样。例如，有相同需要的两个人同时进入一家商店，受到同一销售人员的接待，但结果可能完全不同，这是由于他们的感觉和知觉各异，即他们对商店、销售人员、商品等客观事物认知不同。感觉和知觉属于感性认知，是指个人的感官直接接触到刺激物和情境所获得的直观、形象的反应。这种认知从感觉开始，随之深入，各种感觉到的信息在头脑中被联系起来进行初步的分析综合，使人们形成对刺激物或情境的整体反应，即知觉。人们之所以对同一刺激物产生不同的知觉，是因为人们要经历三种知觉过程，即选择性注意、选择性曲解和选择性记忆。

（1）选择性注意。人们在日常生活中面对大量的刺激物，不可能全部加以注意，而只关注那些自己感兴趣或者对自己有意义的事物和信息。一般来说，人们会更多地关注那些与当前需要有关的刺激物、期待的刺激物以及与一般相比有较大差别的刺激物。

（2）选择性曲解。选择性曲解是指人们将接收到的信息加以扭曲，使之合乎自己的认识或意愿的倾向。选择性曲解使顾客对信息的理解不一定符合信息的原貌，营销人员对此往往也无能为力。

（3）选择性记忆。选择性记忆指人们可能忘记所有与自己的信念不一致的信息，但倾向于保留那些能够支持其态度和信念的信息。

3. 学习

学习是指人们通过阅读、听讲、研究、实践等后天获得的经验而引起的个人心理及行为的持续性改变。由于人们在实践中不断地学习，其行为大都源于后天学习而得。一个人的学习过程是驱使力、刺激物、诱因、反应和强化的相互影响的过程。例如，某人走在路上感到饥饿（驱使力），远远看到麦当劳的路牌广告（刺激物），不禁想到美味的快餐食品（诱因），于是决定到麦当劳饱餐一顿（反应），在温馨、优雅的环境里，他愉快地享用了麦辣鸡腿堡套餐，心理无比畅快（强化）。由于市场营销环境不断变化，新产品、新品牌不断涌现，消费者必须经过多方收集有关信息之后，才能做出购买决策，这本身就是一个学习过程。企业一定要通过各种有效和有针对性的营销方法，为消费者的认知、学习提供便利，为他们服务。

4. 信念和态度

人们通过行为和学习获得了自己的信念与态度，而信念和态度反过来又影响人们的购买行为。信念是一个人对事物所持有的确定性看法。企业应关注人们头脑中对其产品或服务所持有的信念，即本企业产品和品牌的形象。人们会根据自己的信念采取或修正这些信念。态度是一个人对某些事物或观念长期持有的好与坏的评价、感受和由此导致的行动倾向，态度能使人们对相似的事物产生相当一致的行为。消费者长期以来树立起的某种信念与态度，一般而言是难以改变的。企业应设法适应消费者的信念与态度，不要勉强改变他们。当然，若改变消费者的信念与态度所耗费的昂贵的费用能得到补偿时，则另当别论。

三、参与购买的角色分析

在消费者市场中，消费者购买活动一般是以家庭为单位进行的，在购买活动中，每个人扮演不同的角色，起不同的作用。消费者购买决策的参与者可分为发起者、影响者、决策者、购买者和使用者五类。有时也会有多个。

(1) 发起者即第一个提出购买意见的人。

(2) 影响者即对购买决策产生影响的人，如家庭成员、同事朋友等。

(3) 决策者即做出购买决策的人。

(4) 购买者即具体执行购买决策的人。

(5) 使用者即实际使用所购商品的人。

四、消费者购买决策过程

消费者购买决策过程是指消费者购买行为或购买活动的具体步骤、程度、阶段。由于影响消费者购买行为的经济因素、心理因素、社会因素在不同消费者之间的程度不同，因而消费者购买决策过程也大有差异。一般购买过程可分为 5 个阶段，即认识需求、收集信息、判断选择、购买决策、购后评价，如图 5-4 所示。

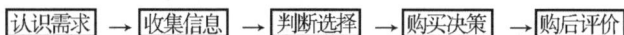

认识需求 → 收集信息 → 判断选择 → 购买决策 → 购后评价

图 5-4 消费者购买决策过程

1. 认识需求

认识需求指消费者发现现实情况与其所想达到的状况之间有一定的差距，从而意识到自己的消费需求。认识需求是购买决策过程的起点。认识需求可由内在刺激（如饥饿、干渴、寒冷等）和外在刺激（如商品、广告、宣传等）唤起。

2. 收集信息

当唤起的购买需求动机很强烈，而且易于购买时，消费者的需求就能很快得到满足。但在大多数情况下，需求不是立即能够得到满足，因此，需求便储存在记忆中。这时消费者处于一种高度警觉的状态，对于需要满足的事物极其敏感，开始收集与其需求相关的信息。如要购买电视机，就会从各种广告媒体及其他信息渠道中寻求有关电视机的信息。消费者一般可以从 4 个来源获得信息：第一，个人来源，即从家庭、朋友、邻居同事和其他熟人那里得到信息；第二，商业性来源，即从广告、营销员介绍、商品展览与陈列、商品说明书等处得到信息；第三，公众来源，即从报刊、电视等大众宣传媒介的客观报道和消费者团体的评价处得到信息；第四，经验来源，即通过触摸、试验和使用商品而得到信息。

因此，企业应了解消费者的购买信息来源，以便向目标市场更多地传递信息。

3. 判断选择

当消费者收集了各种产品信息之后，就会加以整理和系统化，并进行分析和评价。这种对比和评价一般是围绕产品属性而展开的。评价商品的标准和方法有很大差别。每个消费者对产品各个属性都有各自的重要性和显著性评价，从而确定对产品选择的态度，消费者对多种同类产品的比较和评价实质上是产品争夺消费者的竞争，因此，企业要树立强烈的竞争观念，创造产品特色，赢得消费者的青睐。

4. 购买决策

对营销人员而言，首先要关注购买决策者，因为他对购买活动的成败起关键作用。许多消费品的购买决策者很容易识别，如女性一般是化妆品的购买决策者，男性在购买烟酒等产品时最具有发言权，小零食的购买一般由儿童说了算，正确地识别购买决策者，可以帮助企业有针对性地制定适合目标市场的促销策略。其次，营销人员还要关注购买者，因为他们很有可能在一定程度上更改购买决策，如改变购买的数量和品牌，改变购买的时间和地点。了解这一点，企业就可以有的放矢地开展商品陈列和销售现场的广告促销活动。

5. 购后评价

消费者购买商品后，通过对自己的购买选择进行检查和反省，以确定购买这种商品是否明智、效用是否理想等，从而产生满意或不满意的购后感觉。这种购买后的感觉不仅影响到消费者自己会不会重复购买，而且还会影响到他人购买，从而对企业能否扩大市场销售带来重大影响。西方企业家信奉"最好的广告是满意的顾客"这句格言，它形象地反映了消费者购买后评价的重要性。所以，企业在营销活动中一定要加强与用户的联系，视质量为产品的第一生命，努力做好售后服务工作，力争获得消费者对产品良好的购后评价。

链接

深剖"90后"市场营销之道

当"80后"陆续"奔三"，"90后"不经意间升级为未来十年的消费主体，当大量的商场、品牌商依旧做着现时白领中坚消费群生意时，一群瞄准未来市场的商家已经展开了2020年零售研究，期望以各种新方式将"90后"这个未来主力消费群提前收入囊中。可以相信，未来十年将会是"90后"的黄金十年，而他们"非主流"的定位，也决定了商家们将会花更多的心思、时间、精力来研究这群消费者，并推出适合他们的产品、传播方式、推广手段等。如何向"90后"营销，是现在消费品企业必须学会的最重要的课题。

在国内做营销一定要学会要与"90后"沟通，要够"酷"、够"爽"、够"潮"。著名营销专家谭小芳老师表示，与"80后"相比，"90后"一代更加以自我为中心，"90后"心中的"好"与"不好"完全是"我的地盘我做主"，他们对商品的感性认识要远远超过理性认识，要想获得"90后"的好感，不用让他们"感动"，而要给他们"激动"。具体来说，"90后"人群有如下的消费特点。

（1）高情感消费需要。走在街上，可以看到更多的"90后"背着LV包包，穿着Only的外套，再配上一双或许只要几十元的时尚休闲鞋，这股"混搭"风向零售业者揭示——未来年轻消费群不会一味追求全身名牌，他们更需要个性化消费，这背后需要情感营销的支持。

（2）高性价比定位。"90后"消费者具有两面性，一边非常舍得花钱；另外一边又很注重低价，关键是看性价比，假如他们认为性价比合理，则会很爽快地支付费用。比较值得关注的业态是奥特莱斯，这一业态是近几年在中国被引入的，以大牌卖低价著称。年轻消费者对品牌会有追求，但对价格敏感，所以我们就以大量折扣品牌切入。谭小芳老师表示，作为全国首个城市奥特莱斯，他们瞄准的就是具有强大消费能力的未来客户群，尤其是部分"90后"。

（3）"我的地盘我做主"。"90后"这一代，他们并不会在意"70后""80后"们把他们划分到"非主流"这样的阵营里去，相反，"90后"是以自我为中心的一代，他们对商品的感性认识要远远超过理性认识。好就"赞"，认为孬就"喷"，是"90后"感性思维的直接表现。

（4）用网络圈子"网"住"90后"。有调查表明，中国的"90后"一代，有超过70%的人有上网经历。有超过一半的城镇儿童的家中有互联网连接。

谭小芳老师表示，这种生活特征致使"90后"人群中出现更多的所谓的"宅女""宅男"这一特殊的群体，这些孩子在蜜罐中长大，对于他们而言，网络世界甚至比现实世界更为重要！

（5）手机网络很重要。现在还有只靠电脑挂QQ的吗？照相还用随身携带DC吗？就现在的手机功能来看，完全可以做到上网、听歌、电影、视频、拍照、游戏、翻译等功能。我们常可以看到一个孩子，只要拿着手机，他这一天就永远不会寂寞。

（6）个性化的限量营销。什么样的产品最酷、最值钱？当然是稀缺的产品。对于崇尚自我个性、追求与众不同的"90后"来说，得到一款稀缺产品该让他们多么的疯狂、炫耀。如何制造稀缺？第一是限量。如耐克将限量策略运用到了疯狂的境地。耐克Pigeon Dunks推出，使得数十位争抢的骨灰级耐克迷在耐克销售店发生冲突，直到警察赶到才解决了问题。物以稀为贵，限量制造疯狂。第二是限人。英国滑板品牌西拉斯&玛丽亚的东京店，消费者每次只能进20人，其他人需要站在门外等待。在前一批购物者离开之后，货架上的产品会重新更换。消费者乐此不疲，将进入"限制范围"作为自己个性的体现和身份的象征，实现了情感沟通。

（7）联合营销。"90后"最得意的事情是什么？不是成绩考了第一名，不是穿了件名牌，也不是游了趟九寨沟。"90后"得意的是又在开心网上偷了别人几棵菜，是斗地主的欢乐豆用不完，是QQ形象又靓又独特。正因为这样，在很多国内品牌还在为赠品或奖项犯愁的时候，可口可乐已经把兑换的奖项设置成了"QQ飞车、寻仙、QQ炫舞、QQ炫装"等精彩道具，这些时下非主流最热爱的游戏，可比以往的"再来一瓶"更有吸引力。"90后"群体往往更重视精神享受，既然这些人的精神享受多来自网络，那么各商家就要根据自有商品特点，巧妙利用网络商品，与时下流行网站开展联合营销。

传统的营销方式在"90后"面前面临失效的风险，在全民娱乐时代，任何行业都是娱乐业，对于注重内心感受的"90后"而言，边娱乐边参与，自然才是硬道理。

(资料来源：《环球市场》2016.08)

本章小结

本章主要围绕消费者购买行为进行介绍。研究消费者购买行为必须研究消费者需求、消费者购买动机。

对消费者市场的研究是对整个市场研究的基础。消费者市场的特征是由消费需求的多样性和市场供求状况的多变性决定的。"刺激—反应"模式体现了消费者购买行为的发生过程，影响消费者购买行为的主要因素有文化因素、社会因素、个人因素和心理因素。通过消费者购买角色、购买行为类型和购买决策过程来了解消费者如何做出购买决策。

本章习题

一、名词解释

需求　购买动机　消费者购买行为

二、简答题

1. 消费需求主要有哪些特征？

2. 影响消费需求的因素主要有哪几个方面？

3. 消费者的购买决策过程分为哪几个阶段？

三、案例分析题

中国消费者购车行为研究

近年来，中国汽车市场呈现爆炸式增长，中国消费者对汽车的消费观念由稚嫩趋向成熟。同时，由于各地区经济文化背景存在很大差异，不同区域的消费者在汽车消费观念与消费行为方面有着较大的差异性。在新华信乘用车消费者满意度及消费行为研究体系的基础上，新华信市场研究咨询有限公司与新浪汽车频道共同推出"购车行为"网络调查，相关结论如下。

在消费者购车决策时间上，新华信调查结果显示，消费者购车决策时间多集中在1年以上，选择比例为 30.2%。而购车决策时间在 3~6 个月和 1~3 个月的选择比例差别不大，分别为 18.0% 和 17.8%。购车决策时间在 1 个月以内、6~9 个月、9~12 个月的选择比例都在 10% 左右。随着购车预算的增加，消费者购车决策时间也相对较短。购车决策时间在 1 年以内的消费者，购车预算主要集中在 5 万元以下和 5 万~10 万元。购车决策时间在 3~6 个月和 1~3 个月的消费者，购车预算主要集中在 25 万元以上，购车决策时间在 1 个月以内的消费者，购车预算则主要集中在 51 万元以上。

购车决策时间在各级别车型消费者之间差异不是太大，多集中在 1 年以上。新华信调查结果显示，总体来看，女性消费者的购车决策时间相对短于男性消费者，除购车决策时间在 1 个月以内的男性消费者与女性消费者比例相近外，1~3 个月、3~6 个月、6~9 个月三个时间段的选择比例，女性消费者都高于男性消费者，而 9~12 个月和 1 年以上两个时间段的选择比例，男性消费者高于女性消费者。

调查结果显示，18~25 岁及 50 岁以上的消费者，购车决策时间多集中在 1 年以上。41~50 岁年龄段的消费者，购车决策时间也多集中在 1 年以上，但其他时间段的购车决策时间与各个年龄段的消费者相比，分布更为均衡。

在消费者购车决策参与人方面，新华信调查结果显示，妻子、丈夫、女友、男友和消费者本人，是其在购车过程中的主要决策人，选择比例分别为 66.7% 和 66.4%。还有 17.9% 的消费者将父母及其他至亲长辈视为购车决策参与人。

新华信调查结果显示，男性消费者在购车决策中的主动性相对大于女性消费者，男性消费者本人就是购车决策参与人的选择比例为 65.3%，而女性消费者本人就是购车决策参与人的选择比例为 54.3%，且女性消费者让其至亲以及家庭成员参与购车决策的比例明显大于男性。

新华信调查结果显示，妻子、丈夫或女友、男友以及消费者本人，依然是不同年龄段消费者的主要决策参与人。但在 18~25 岁年龄段的消费者中，父母及其他至亲长辈在购车决策中的比例高达 53.0%，远远高于其他年龄段的消费者。31~40 岁年龄段的消费者，本人在购车决策中的作用最为明显，而 41~50 岁以及 51 岁以上的消费者，由于年龄的限制，对其他家族成员的意见较为重视。

（资料来源：《时代商家》2013.02）

思考题

消费者购车行为受到哪些因素的影响？是如何受到影响的？

四、实训题

实训项目：把握新的食品消费观念和趋势。

项目要求：

1. 通过家庭内外的调查了解、分析现在人们有哪些新的食品消费观念。

2. 指出人们新的食品消费观念，并分析消费趋势。给当地的食品生产企业提出生产和营销的建议。

第六章　产品决策

学 习 目 标

1. 掌握产品、产品组合、产品市场寿命周期的整体概念。
2. 掌握新产品推广的策略。
3. 了解商标、厂牌与品牌的关系。
4. 了解产品包装的作用及几种包装策略。

产品是一切营销的起点。开发产品时，企业应找出产品将要满足的核心需要，设计出实际产品并找到扩大产品外延的方法；同时，企业要有一系列产品来支撑企业战略，形成有自身特色的产品组合；企业应依据不同产品所处的生命周期的不同制定、实施相应营销战略，使所有产品各得其所；企业还要重视产品品牌的打造，以此来建立和消费者之间的稳定关系。

第一节　产品概述

一、产品整体概念

现代市场营销学认为，产品是指企业向市场提供的能满足人们某种欲望或需要的一切东西，包括有形物品、无形的服务和人力、组织、观念或它们的组合。它既包括产品的物质属性，如产品质量、款式、包装等，包括与产品有关的非物质属性，如品牌、商标、信誉等被称为产品整体概念。在形态上，整体产品包括有形的实体产品和无形的服务产品。产品的整体概念，也就是向消费者提供整体效用，满足消费者的整体需要。

从消费者需要的满足和现代企业营销的角度看，整体产品的概念包含 5 个层次，即核心产品、形式产品、期望产品、附加产品、潜在产品。

产品整体概念的 5 个层次及其关系如图 6-1 所示。

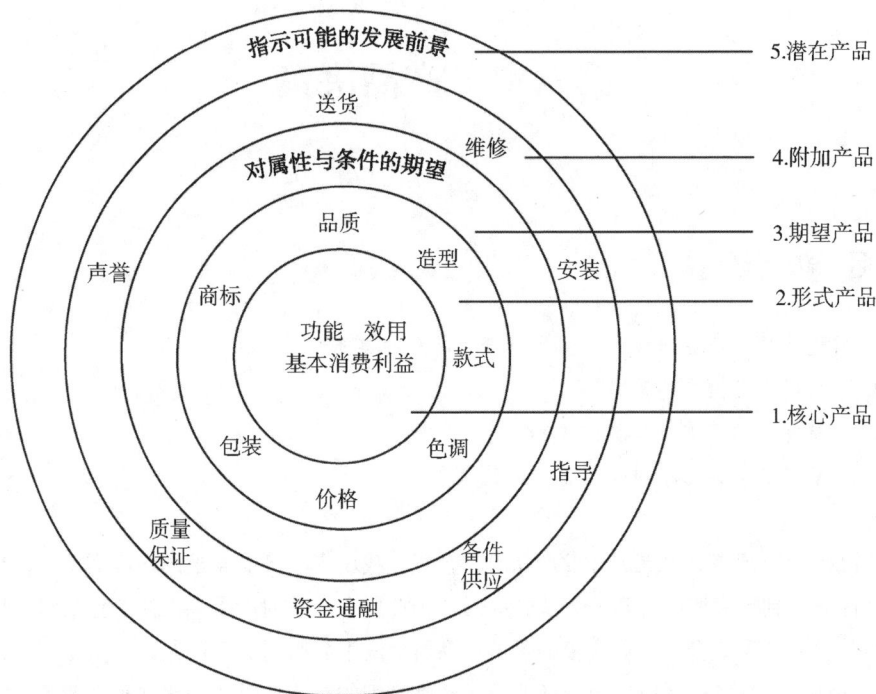

图 6-1 产品整体概念的 5 个层次及其关系图

1. 核心产品

核心产品是指产品中消费者实际追求的某种利益、效用或服务，也是决定产品能否真正存在的核心和基础，消费者通过产品的核心层获得欲望、需求和利益的满足。如服装可以保暖、遮丑，汽车可以满足运输。企业产品最原始的竞争依靠这一层次，即核心产品的竞争。

2. 形式产品

形式产品是指满足消费者不同需求的具体形态和特性。包括质量、特征、式样、造型、品牌包装等。如服装，是棉的、绸的还是化纤的；汽车是什么造型、什么牌子等。目前，大多数企业产品的竞争还集中在这一层次，即形式产品的竞争。

3. 期望产品

期望产品是指消费者购买产品时期望得到的与核心产品密切相关的一整套属性和条件。例如，对于购买洗衣机的人来说，期望该机器能省时、省力地清洗衣物，同时不损坏衣物，洗衣时噪声小，方便进排水，外形美观，使用安全可靠等。在旅馆住宿的顾客期望旅馆还要提供干净的床、工作用灯、相当程度的宁静等。

4. 附加产品

附加产品也称服务层或延伸层，是指附加在实体产品上的各种服务的总和。它是由产品的制造商、经销商或者特约的第三方设计并提供的，包括与产品购买使用有关的售前、售中和售后的各种服务、担保和承诺等。在企业之间的科学技术、管理水平及产品质量日益接近的今天，企业之间的竞争最终主要依靠这一层次，即附加产品来进行竞争。

5. 潜在产品

潜在产品是指顾客因产品而产生出的新的需求，可能发展成未来产品的潜在状态产品。例如，电视机与计算机设备功能合一成为新型的产品，既可以娱乐收看节目，又可以上网查资料、传递信息等。当然，这些潜在需求可能是顾客自己尚未意识到，或顾客已经意识到但尚未被重视或根本不敢奢望的一些产品价值。可见，潜在产品是满足顾客潜在需求的超值利益，它预示着该产品最终可能有所增加和改变的利益。企业重视开发潜在产品的益处是它能在上述核心产品、形式产品、期望产品和附加产品之外使顾客潜在需求得到超值满足，并极大地强化顾客对产品的偏好与忠诚程度。

二、树立产品整体概念对企业营销活动的意义

产品整体概念是对市场经济条件下产品概念的完整、系统、科学的表达。它对企业市场营销的意义表现在以下几个方面。

1. 利于企业更好地满足顾客的需求

产品整体概念是从满足顾客的基本需求入手，以满足顾客整体需求为中心，指导企业整个市场营销管理活动，是企业贯彻市场营销观念的基础。企业市场营销管理的根本目的就是首先要保证顾客的基本利益，而顾客追求的基本利益大致包括功能和非功能两方面的要求。顾客对前者的要求是出于实际使用的需要，而对后者的要求则往往是出于社会心理动机。而且，这两方面的需要又往往交织在一起，并且非功能需求所占的比例越来越大。产品整体概念，正是明确地向产品的生产经营者指出，要竭尽全力地通过有形产品、附加产品、期望产品和潜在产品去满足核心产品所包含的一切功能和非功能的要求，充分满足消费者的现实的及潜在的需求。可以断言，不懂得产品整体概念的企业不可能真正贯彻市场营销观念，也就不可能更好地满足顾客的需求。

2. 利于企业准确地确定产品的市场地位

当今，由于科学技术迅猛的发展以及快速地扩散，顾客对切身利益关切度的提高，顾客会以营销者产品的整体效果来评判、确认哪个厂家、哪种品牌的产品是自己喜爱和满意的。对于营销者来说，产品越能以一种顾客易觉察的形式来体现顾客购物选择时所关心的

因素，就越能获得好的产品形象，形成产品特色，进而确立有利的市场地位。

产品整体概念就是把产品由一种物质实体扩展为多层次的物质与非物质的组合体。企业只有通过产品 5 个层次的最佳组合，才能不仅满足顾客的物质需要，而且满足顾客心理的、精神的需要；不仅满足顾客的现实需要，而且满足顾客的潜在需要。唯有如此，企业才能在激烈的市场竞争中确立产品的市场地位。

3. 利于企业更好地在激烈的市场竞争中形成特色，树立企业形象

产品差异构成企业特色的主体，企业要在激烈的市场竞争中取胜，就必须致力于创造自身产品的特色。由于科学技术的迅猛发展和顾客需求的复杂化以及市场竞争的白热化，产品的核心功能日趋相同，甚至包括产品的分销渠道、销售方式等也越来越雷同。因此，美国营销学家断言：未来市场竞争的关键不在于企业生产什么产品，而在于企业能提供什么服务。产品整体概念就是强调企业不仅要重视顾客对核心产品、形式产品的需求，还要特别重视顾客对期望产品、附加产品和潜在产品的需求。这在激烈的市场竞争中也显得越来越重要。谁能率先发现顾客期望的、潜在需求，谁就能更快、更多、更好地满足顾客的复杂利益整合的需要，谁就能与竞争产品区别开来、形成特色、树立形象，就能拥有顾客、占有市场、取得竞争优势。国内外许多企业经营者的成功，在很大程度上应归功于他们认识了产品整体概念，更好地把对顾客提供的各种服务看成是产品实体的统一体。

三、产品分类

在市场营销活动中，营销人员需要根据产品利益实现过程中的特点制定不同的营销策略。为此，必须对产品进行科学的分类。

产品根据最终使用领域不同，可分为两大类：消费品和工业品。

(一) 消费品

消费品是指用于个人或家庭生活需要的商品或劳务。对其划分有两种常见的形式。

1. 耐用品、非耐用品和服务

依据消费者获得、使用或消费产品过程的形态和方式，产品可以划分为耐用品、非耐用品和服务 3 种类型。

(1) 耐用品。耐用品是消费者需要通过较长时间或多次使用与消费才能实现全部产品利益的有形产品部分，如住宅、电冰箱、摩托车等。耐用品的营销人员在设计、制造和销售该产品时一般需要注重考虑长时间或多次使用的特点，较多地采用人员推销和服务的形式，例如，提供较多的系统使用方法与维护知识、提供可靠的维修服务与品质担保等。消

费者在购买这类产品时，更多的是注重质量和服务。

（2）非耐用品。非耐用品是指消费者通过一次或几次使用或消费即可实现全部产品利益的部分。如饮料、香皂、化妆品等。由于这类产品消费快、购买频率高，营销人员应当注重一次性或短期的使用效果，而较少考虑产品的耐用问题，在销售上注重消费者购买的方便性，在消费者能够经常光顾的多个地点提供此类产品。对多数非耐用品，营销人员可以利用广告的作用，引导消费者优先购买和使用自己的产品。消费者在购买这类产品时，关注更多的是品牌及价格。

（3）服务。服务是为满足消费者的某种欲望或需求而出售的活动、利益或满足。如理发、修理、医生看病等。服务是无形、不可分的、易变的和有时间性的。因此，一般来说，它需要营销人员提供更多的质量控制、信誉及适用性。

2. 便利品、选购品、特殊品和非渴求品

依消费者购买习惯，可以将产品划分为便利产品、选购品、特殊品和非渴求品 4 类，如图 6-2 所示。

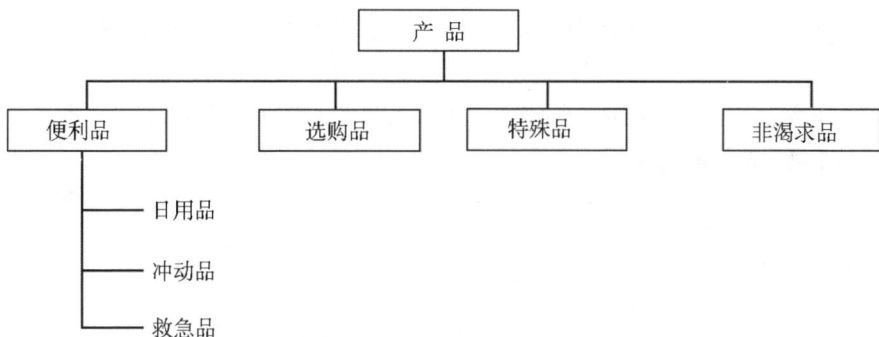

图 6-2　消费品分类

（1）便利品。便利品是指顾客经常购买或即刻购买，且希望花费最少的精力和时间去获得的产品。如香烟、牙刷、味精、卫生纸等。

便利品可以分成日用品、冲动品和救急品。日用品是消费者经常购买且购买频率高的产品，如食盐、香烟等。冲动品是消费者没有计划或专门去寻找而购买的产品，如冷饮、速冻食品等，它们通常放置在流动顾客较多的地点，因为顾客可能原来计划去购买它们。救急品是当消费者的需要小份紧迫时购买的产品，如下暴雨时购买雨伞、雨衣等。

由于消费者购买便利品主要追求方便、快捷，所以这类产品在行销上应广布商业网点，即成"网"状分布。

（2）选购品。选购品是指消费者在购买过程中，对产品的适用性、质量、价格和式样等重要方面要做出详细比较和选择的产品。如服装、鞋帽、家具、手表等。

消费者在购买此类产品时，重在挑选，要货比三家，为了便于消费者购买时选择和比较，可把此类产品的某一项放在某一区域（或街道）进行销售，如服装一条街、家具城等，即成"行"或成"片"设立商业网点。

（3）特殊品。特殊品一般指那些价格昂贵、消费者购买次数少、具有独有特征和品牌标记的产品，如小汽车、高档家电、名牌服饰等。这类产品一般都价值高，品牌优越，消费者购买时非常慎重，往往会花费大量的时间和精力，所以一般在某一地区仅设一家或少数几家进行销售，以"专卖"的形式出现，即在行销上成"点"状分布。

（4）非渴求品。非渴求品是指消费者未曾听说过或者即使听说过通常也会不常购买的产品。这类产品由于消费者受消费习惯、观念及消费条件的限制，推销难度很大，需要企业做出大量的营销努力，有时还需政策的引导和帮助。如由于电价太高，农村消费者不想购买某些耗电量大的家电产品，但通过政府实行电网改造、降低用电成本，就可以使某些非渴求品变成渴求品，从而扩大市场需求量。

（二）工业品

工业品是指个人或组织为满足生产需要而购买的产品或劳务。工业品的采购一般是指购买者购买后了为社会再生产用。工业品一般包括原材料、辅助材料、零部件、半成品等。

综上所述，产品及其分类特征是影响企业市场营销战略的主要因素之一。本书主要研究消费品市场营销的诸问题。

典例链接

宁城老窖：老酒也需换新瓶

中国40岁以上的男人基本记得那句广告语："宁城老窖，塞外茅台"！曾经第一个登上中央电视台春节晚会的名酒品牌，突然在20世纪末折戟沉沙。如何让一个处于低谷的品牌焕发新生？

深入调研发现，现在白酒市场完全变了。曾经靠一句乌兰夫题词"宁城老窖，塞外茅台"就能做到飘红全国的时代已经过去了，如今全国白酒品牌的新阵营已经形成，市场竞争难度今非昔比。

另外，在调查中发现，很多消费者和经销商频提起一件事，就是正在内蒙古旺销的某品牌都是从四川拉酒勾兑的，根本没有自己酿的酒，找不到好酒的感觉了。而宁城老窖恰恰还有一个历史遗留下来的最大物质遗产——3 000吨原酒，放射着耀眼的光芒。宁城老窖最核心的资产就是"品质"！

如何向消费者传达出宁城老窖的优秀品质呢？

由于广告法的规定，"塞外茅台"一词已经不能使用，但是又不能丢掉这一最为宝贵的品牌资产。而且，"塞外"这个地域特征绝不能丢，它是勾起记忆的激发点，但把"茅台"换成什么词汇才能同样表达出同样的高端品质呢？茅台是中国的国酒，是中国高端酒的代表，是一等品质的象征，唯有"一品"这样的词语才可与茅台相符。

"塞外"+"一品"不就很震撼地把塞外地域特征与高品质联系到一起了吗？"宁城老窖，塞外一品"，再次巧妙地让消费者联想起正宗的"塞外茅台"。

"盛情三千里，塞外一品香"！盛情文化是内蒙古人民内心最纯朴的表达，是取之不尽，用之不竭的宝贵资源，宁城老窖成为内蒙古人人格的化身，品牌重焕生命力和市场感召力。

当今市场中，品牌销售者都说自己的酒是年份酒，消费者必然起疑，真的也可能是假的了！但有一点必须承认：消费者还是相信那句话——"酒是陈的香"！宁城老窖的年份酒如果采取跟随策略推出，必然起不到市场新闻效应，市场推广效果会大打折扣；如果不打年份牌，又没有在产品层面继承企业留下来的原酒物质遗产。中国消费者属于"视觉动物"，宁城老窖的新产品一定要将年份酒具体化，让消费者能看得到！试想，消费者在餐桌上手里拿着酒瓶，他能判断出这瓶酒的年份吗？肯定不能！当所有品牌都不能的时候，我们一定要做到能，唯有此才能吸引消费者注意力，才能够跳出同质化重围。为何不把宁城老窖的原酒分装成50毫升一小瓶与大瓶放在一个包装里呢？为什么不能让真正的年份原酒与消费者见面呢？而且最珍贵的小瓶年份原酒可以献给酒桌上最尊贵的客人，与盛情文化结合得天衣无缝，中华第一瓶子母酒终于诞生了！为了让消费者对宁城老窖原酒信任，我们特别建议宁城老窖到相关部门做公证，直接把公证号打在瓶签上，这样，宁城老窖每瓶酒都有了自己的身份证号，货真价实的年份好酒不容置疑，其他假年份酒不攻自破。子母酒的诞生成为中国白酒形态发展史上的一个重要里程碑！

(资料来源：路长全.宁城老窖：老酒也需换新瓶.新智囊，2008)

第二节　产品组合策略

一个企业可能只生产一两种产品，也可能生产多种产品，而一种产品又可能有许多类型，即花色品种，因此，产品组合主要涉及一个企业向市场提供多少种、什么样的产品问题。

一、产品组合概念及其构成

大部分企业都不只生产一种产品，而是拥有多种产品，如何将这些产品统筹安排好，就是产品组合所要解决的事情。

1. 产品组合、产品线与产品项目

产品组合是指企业生产经营各种不同类型产品之间质的组合和量的比例，也即指一个企业生产和销售的全部产品结构。产品组合由全部产品线和产品项目构成，其具体构成包括 4 个方面，即产品组合的广度、长度、深度及关联性。企业根据市场情况及自身实力，对产品的这些方面的配置组合与选择，就形成了不同的产品组合策略。

产品线是指产品在技术上和结构上密切相关，具有相同使用功能，规格不同而满足同类需求的一组产品。如康师傅公司有方便面类、饮料类、糕饼类 3 条产品线。

产品项目是指产品线内不同品种、规格、质量和价格的特定产品。很多企业拥有众多的产品项目，如康师傅公司的产品有近百个产品项目。

2. 产品组合的宽度、长度、深度和关联性

产品组合主要由产品组合的宽度（也称广度）、长度、深度及关联性组成。

（1）产品组合的宽度指企业拥有的不同产品线（或产品系列）的数目。

（2）产品组合的长度是指产品组合中的产品项目总数，即企业所有产品线中产品项目的总和。

（3）产品组合的深度是指产品组合中某一产品线内的产品项目数，多者为深，少者为浅；或者指产品线上平均具有的产品项目数。

（4）产品组合的关联性则是指企业各条产品线在最终用途、生产条件、分配渠道或其他方面的密切相关程度。例如，海尔冰箱、海尔房地产、海尔药业之间的关联度就小，而康师傅方便面、康师傅糕饼、康师傅饮料的关联度就高。

产品组合的宽度越大，说明企业的产品线越多；反之，宽度窄，则产品线少。同样，产品组合的深度越大，企业产品的规格、品种就越多；反之，深度浅，则产品就越少。产品组合的深度越浅，宽度越窄，则产品组合的关联性越大；反之，则关联性小。

产品组合的宽度、长度、深度和关联性对企业的营销活动会产生重大影响。一般而言，增加产品组合的宽度，即增加产品线和扩大经营范围，可以使企业获得新的发展机会，更充分地利用企业的各种资源，也可以分散企业的投资风险；增加产品组合的长度和深度，会使各产品线具有更多规格、型号和花色的产品，更好地满足消费者的不同需要，增强行业竞争力；增加产品组合的关联性，则可发挥企业在其擅长领域的资源优势，避免进入不熟悉行业可能带来的经营风险。因此，产品组合决策就是企业根据市场需求、竞争形势和企业自身能力对产品组合的宽度、长度、深度和关联性方面做出的决策。

二、产品组合策略

企业决定调整、优化产品组合，可依据不同情况采取以下策略。

1. 扩大产品组合

扩大产品组合包括拓展产品组合的宽度和加强产品组合的深度，前者指在原产品组合中增加产品线，扩大经营范围；后者指在原有产品线内增加新的产品项目。当企业预测现有产品线的销售额和盈利率在未来可能下降时，就须考虑在现有产品组合中增加新的产品线，或加强其中有发展潜力的产品线。

2. 缩减产品组合

市场繁荣时期，较长较宽的产品组合会为企业带来更多的盈利机会。在市场不景气或原料、能源供应紧张时期，缩减产品线反而能使总利润上升，因为剔除那些获利小甚至亏损的产品线或产品项目，企业可集中力量发展获利多的产品线和产品项目。

3. 产品线延伸策略

总体来看，每一企业的产品线只占所属行业整体范围的一部分，每一产品都有特定的市场定位。例如，宝马汽车公司（BMW）所生产的汽车在整个汽车市场上属于中高档价格范围。当一个企业把自己的产品线长度延伸超过现有范围时，称之为产品线延伸。具体有向下延伸、向上延伸和双向延伸 3 种实现方式。

（1）向下延伸。向下延伸是在高档产品线中增加低档产品项目。实行这一决策需要具备以下市场条件之一：利用高档名牌产品的声誉，吸引购买力水平较低的顾客慕名购买此产品线中的廉价产品；高档产品销售增长缓慢，企业的资源设备没有得到充分利用，为赢得更多的顾客，将产品线向下伸展；企业最初进入高档产品市场的目的是建立品牌信誉，然后再进入中、低档市场，以扩大市场占有率和销售增长率；补充企业的产品线空白。实行这种策略也有一定的风险，如处理不慎，会影响企业原有产品特别是名牌产品的市场形象，而且有可能激发更激烈的竞争对抗。虽然新的低档产品项目可能会冲击高档的产品项目，但某些公司的重大失误之一就是始终不愿意填补市场上低档产品的空白。

（2）向上延伸。向上延伸是在原有的产品线内增加高档产品项目。实行这一策略的主要目的是：高档产品市场具有较大的潜在成长率和较高利润率的吸引；企业的技术设备和营销能力已具备加入高档产品市场的条件；企业要重新进行产品线定位。采用这一策略会承担一定的风险，要改变产品在顾客心目中的地位是相当困难的，如处理不慎，还会影响原有产品的市场声誉。

（3）双向延伸。双向延伸即原定位于中档产品市场的企业掌握了市场优势以后，向产品线的上、下两个方向延伸。

典例链接

丰田公司的产品延伸

丰田公司对其产品线采取了双向延伸的策略。在其中档产品卡罗拉牌的基础上,为高档市场增加了佳美牌,为低档市场增加了小明星牌。该公司还为豪华汽车市场推出了凌志牌,凌志的目标是吸引高层管理者;佳美的目标是吸引中层经理;卡罗拉的目标是吸引基层经理;而小明星牌的目标是手里钱不多的首次购买者。此种策略的主要风险是有些买主认为在两种型号之间(如佳美和凌志之间)差别不大因而会选择较低档的品种。但对于丰田公司来说,顾客选择了低档品种总比转向竞争者好。另外,为了减少与丰田的联系,减低自相残杀的风险,凌志并没有在丰田的名下推出,它也有与其他型号不同的分销方式。

(资料来源:《销售与市场》2012.06)

4. 产品线更新策略

现代社会科技发展突飞猛进,产品开发也是日新月异,产品的现代化成为一种不可改变的大趋势,产品线也必然需要进行现代化改造。产品大类现代化策略首先面临这样的问题:是逐步实现技术改造,还是以更快的速度用全新设备更换原有产品大类?逐步现代化可以节省资金,但缺点是竞争者很快就会察觉,并有充足的时间重新设计它们的产品大类;而快速现代化策略虽然在短期内耗资较多,却可以出其不意,击败竞争对手。

5. 产品线号召策略

有的企业在产品线中选择一个或少数几个产品项目加以精心打造,使之成为颇具特色的号召性产品去吸引顾客。有时候,企业以产品线上低档产品型号进行特别号召,使之充当开拓销路的廉价品。比如,某空调器公司宣布一种只卖999元的经济型号,而它的高档产品要10 000多元,从而在吸引顾客来看经济型空调时,尽力设法影响他们购买更高档的空调。有时候,经理们以高档产品项目进行号召,以提高产品线的等级。有时候,公司发现产品线上有一端销售情况良好,而另一端却销售情况一般。公司可以对销售较慢的那一端大力号召,努力促进对销售较慢产品的需要。

第三节 产品生命周期

产品生命周期是市场营销学中的一个十分重要的概念。任何一种产品在市场上的销售情况和获利能力都是变化的，这种变化同生物的生命过程一样，有一个诞生、成长、成熟直到衰亡的过程。一种新产品在市场上取代一种老产品，既意味着老产品生命周期的终结，又意味着新产品生命周期的开始。不同的产品处于其市场寿命周期的不同阶段，企业要相应地运用不同的市场营销组合策略，这是企业能否在动态的市场上生存和发展的一个关键。

一、产品生命周期的概念

1. 产品生命周期的概念

所谓产品生命周期，是指一种产品从投入市场开始到被市场淘汰为止的全过程所持续的时间。一种产品生命周期周期大致可分为4个阶段：投入期、成长期、成熟期和衰退期，从而形成了产品市场寿命周期曲线。

需要指出的是，产品生命周期与产品的自然寿命是两个不同的概念。产品的自然寿命，即产品的使用寿命，是指一种产品从开始使用到使用价值完全丧失的过程。产品自然寿命的长短是由消费过程的方式（如使用强度、频度及维修保养状况等）和时间以及自然力的作用决定的。产品生命周期是经济寿命，是产品使用价值与价值的统一表现。产品市场寿命是由社会、市场、科技等因素决定的。因此，某些产品的使用寿命虽然短，但其市场寿命可能很漫长。例如，鞭炮的使用寿命很短，但其市场寿命自人类发明了火药至今已延续了十多个世纪。相反，虽然某些产品的市场寿命已经终结，但其使用寿命却可能并未终止，例如，近几年已被市场淘汰的台式彩色电视机、台式计算机等，至今仍被部分消费者所使用。

1. 产品种类、形式、品牌生命周期

产品生命周期理论对分析产品种类（自行车）、产品形式（旅行自行车）、产品品牌（如永久牌自行车）的市场销售变化的适用程度是不同的。

一般而言，产品种类具有最长的生命周期，很多产品种类如钢材、汽车、计算机的销售成熟阶段可以无限期地持续下去。

产品形式比产品种类能够更准确地体现标准的产品生命周期历程，分为投入、成长、成熟和衰退期4个阶段。例如，台式彩色电视机在经历了典型的投入期、成长期、成熟期之后，由于液晶电视机的问世而进入衰退期，进而被淘汰而退出市场。

产品品牌相对于前两者而言，显示了最短的生命周期历程。根据美国某市场研究公司的资料，品牌的平均生命周期大约为3年，其发展趋势是逐渐缩短。当然，这也不是绝对的。有些老字号品牌经久不衰，其市场生命周期之长甚至超过了产品形式的周期。品牌生命周期所显示的另一个特点是不规则，常因需求的变动、竞争品牌的加入和竞

争策略的改变而大起大落，有时甚至可以使处于成熟期的品牌再进入新的快速增长阶段。

二、产品生命周期周期各阶段特征及营销策略

由于产品在其市场寿命周期的各个阶段上具有不同的特征，因此，企业必须善于相应地采取各种有效的营销手段和策略，以期获得最大利润。

（一）投入期的特征及营销策略

1. 投入期的特征

新产品上市之初，消费者和经销商对新产品普遍有一个了解、认识和接受的过程，这个过程在时间上的表现称为产品的投入期。产品在这一阶段的主要特征如下：

（1）产品的生产批量小，制造成本高。

（2）生产该种产品的企业只有少数几家，甚至是独家生产。

（3）产品设计还不够完善，性能和质量也欠稳定，企业正在测试市场对该产品的反应，以便完善产品的设计，并使产品的性能和质量趋于稳定。

（4）产品的分销渠道还不够通畅和固定。

（5）产品的促销费用很高，促销宣传以介绍产品为主。

（6）产品销售量增长缓慢。

（7）企业通常是微利或无利，亏损现象也较普遍，产品经营的风险很大。

2. 企业的营销策略

在产品的投入期，一般可以由产品、分销、价格、促销4个基本要素组合成各种不同的市场营销策略。仅将价格高低与促销费用高低结合起来考虑，就有下面4种营销策略。

（1）快速撇脂策略。即以高价格、高促销费用推出新产品。实行高价策略可在每单销售额中获取最大利润，尽快收回投资；高促销费用能够快速建立知名度，占领市场。实施这一策略须具备以下条件：产品较大的需求潜力；目标顾客求新心理强，急于购买新产品；企业面临潜在竞争者的威胁，需要及早树立品牌形象。一般而言，在产品引入阶段，只要新产品比替代的产品有明显的优势，市场对其价格就不会那么计较。

（2）缓慢撇脂策略。以高价格、低促销费用推出新产品，目的是以尽可能低的费用开支求得更多的利润。实施这一策略的条件是：市场规模较小；产品已有一定的知名度；目标顾客愿意支付高价；潜在竞争的威胁不大。

（3）快速渗透策略。以低价格、高促销费用推出新产品。目的在于先发制人，以最快

的速度打入市场，取得尽可能大的市场占有率。随着销量和产量的扩大，使单位成本降低，取得规模效益。实施这一策略的条件是：该产品市场容量相当大；潜在消费者对产品不了解，且对价格十分敏感；潜在竞争较为激烈；产品的单位制造成本可随生产规模和销售量的扩大迅速降低。

（4）缓慢渗透策略。以低价格、低促销费用推出新产品。低价可扩大销售，低促销费用可降低营销成本，增加利润。这种策略的适用条件是：市场容量很大；市场上该产品的知名度较高；市场对价格十分敏感；存在某些潜在的竞争者，但威胁不大。

（二）成长期的特征及营销策略

新产品经过市场投入期以后，消费者对该产品已经熟悉，消费习惯也已形成，销售量迅速增长，这种新产品就进入了成长期。

1. 成长期的特征

产品在这一阶段的主要特征包括以下几点。

（1）多数潜在购买者对该产品已相当了解，产品销售量迅速增长。

（2）产品已基本定型，产品的性能和质量已趋于稳定或提高，产品的制造工艺较成熟，并具备了批量生产的条件。

（3）产品利润在迅速增长，但竞争也日趋激烈。

（4）市场开始细分。

（5）分销渠道的数量在迅速增加。

2. 企业的营销策略

针对成长期的特点，企业为维持其市场增长率，延长获取最大利润的时间，可以采取下面几种策略。

（1）改善产品品质。如增加新的功能，改变产品款式，发展新的型号，开发新的用途等。对产品进行改进，可以提高产品的竞争能力，满足顾客更广泛的需求，吸引更多的顾客。

（2）寻找新的细分市场。通过市场细分，找到新的尚未满足的细分市场，根据其需要组织生产，迅速进入这一新的市场。

（3）改变广告宣传的重点。把广告宣传的重心从介绍产品转到建立产品形象上来，树立产品名牌，维系老顾客，吸引新顾客。

（4）适时降价。在适当的时机，可以采取降价策略，以激发那些对价格比较敏感的消费者产生购买动机和采取购买行动。

（三）成熟期的特征及营销策略

进入成熟期以后，产品的销售量增长缓慢，逐步达到最高峰，然后缓慢下降；产品的销售利润也从成长期的最高点开始下降；市场竞争非常激烈，各种品牌、各种款式的同类产品不断出现。

1. 成熟期的特征

通常企业大量的时间和主要的精力是用在经营成熟期的产品上。产品在这一阶段的主要特征如下。

（1）产品在性能质量等方面已非常完善，并且已被绝大多数潜在购买者所接受。

（2）产品的销售量和利润均达到顶峰，销售量和利润的增长速度开始放慢，到了成熟期的后期，销售量和利润的增长速度开始放慢，销售量增长率和利润增长率均为负值。

（3）市场供求已呈现饱和状态，市场竞争非常激烈，竞争者之间在产品价格上逐渐趋于一致，因此，更多的企业可有效地应付竞争的威胁。

（4）市场细分化日趋精细，企业的市场调研费用和其他营销费用相应增加。

（5）市场上不断出现各种品牌的同类产品和仿制品，也加剧了市场竞争。

2. 企业的营销策略

针对成熟期的产品，企业宜采取主动出击的策略，使成熟期延长，或使产品生命周期再循环。为此，可以采取以下 3 种策略。

（1）调整市场。这种策略不是要调整产品本身，而是发现产品的新用途、寻求开发新的用户或改变推销方式等，以使产品销售量得以扩大。

（2）调整产品。这种策略是通过产品自身的调整来满足顾客的不同需要，吸引有不同需求的顾客。产品整体概念的任何层次的调整都可视为产品再推出。

（3）调整市场营销组合。即通过对产品、定价、渠道、促销 4 个市场营销组合因素加以综合调整，刺激产品销售量的回升。常用的方法包括降价、提高促销水平、扩展分销渠道和提高服务质量等。

（四）衰退期的特征及营销策略

1. 衰退期的特征

产品在衰退期的主要特征如下。

（1）消费者的需求偏好已经或正在发生转移，并在期待新产品的出现，在市场上出现更新和性能更加完善的产品。

（2）产品的销售迅速由缓慢下降变为急剧下降。

（3）企业的产品生产能力相对过剩。

（4）产品销售价格不断下降，企业利润呈急剧下降趋势。

（5）各种仿制品、代用品充斥市场。

（6）竞争者纷纷开始退出市场。

2. 企业的营销策略

面对处于衰退期的产品，企业需要进行认真的研究分析，决定采取什么策略，在什么时间退出市场。通常有以下几种策略可供选择。

（1）继续策略。继续沿用过去的策略，仍按照原来的细分市场，使用相同的分销渠道、定价及促销方式，直到这种产品完全退出市场为止。

（2）集中策略。把企业能力和资源集中在最有利的细分市场和分销渠道上，从中获取利润。这样有利于缩短产品退出市场的时间，同时又能为企业创造更多的利润。

（3）收缩策略。抛弃无希望的顾客群体，大幅度降低促销水平，尽量减少促销费用，以增加目前的利润。这样可能导致产品在市场上的加速衰退，但也能从忠实于这种产品的顾客中得到利润。

（4）放弃策略。对于衰退比较迅速的产品，应该当机立断，放弃经营。可以采取完全放弃的形式，如把产品完全转移出去或立即停止生产；也可采取逐步放弃的方式，使其所占用的资源逐步转向其他的产品。

产品生命周期各阶段的典型营销策略总结，如表 6-1 所示。

表 6-1　产品生命周期各阶段的典型营销策略

营销组合策略	引入阶段	成长阶段	成熟阶段	衰退阶段
产品策略	有限的原型数目；经常调整产品	增加原型数目；经常调整产品	原型数目很多	淘汰不盈利的原型和品牌
分销策略	分销通常受限，信赖于产品；需要很多的努力和高边际利润吸引批发商和零售商	经销商的数量增加，努力与批发商和零售商建立长期合作关系	大量发展经销商；边际利润下降；努力保留分销商和货架空间	逐步取消不盈利的经销网点
促销策略	提高产品知名度；刺激主要需求；对分销商采取高强度的人员销售；对消费者使用样品和奖券销售	有选择性地刺激需求；积极地做广告去宣传品牌	有选择性地刺激需求；积极地做广告去宣传品牌；大力促销以保持住经销商和消费者的数量	逐步撤销所有的促销活动
定价策略	价格通常要高到可覆盖开发成本	迫于竞争压力，价格在快到成长阶段末时开始下降	价格继续下降	价格停留在相对较低的水平；如果竞争很弱，价格有可能出现小的回升

综上所述，由于产品市场寿命周期各阶段特征不同，企业可以分别采取相应的营销对策，其各阶段的营销原则是：缩短产品投入期、加快产品成长期、保持和延长产品成熟

期，延长产品衰退期。

第四节　新产品开发策略

一、新产品的概念与分类

所谓新产品，是指企业对产品整体概念中的任何一部分的创新、变革或改变。显然，这个概念的含义要比科技发展中的新产品概念的含义广泛得多，也更具有普遍的现实意义。因为，大多数企业不可能发明绝对的新产品（科技发展新产品），但每一个具有创新精神的企业，都可以随时根据市场需求的变化，或改进产品的品质，或发展创造产品的新用途；等等，从而使其产品具有与其他同类产品不同的特点，并能够给用户带来某种新的利益，这在市场营销学中就认为是新产品。具体来说，可以将新产品分为以下几类。

（1）新发明的产品（全新产品）。这类新产品是指企业采用新原理、新技术、新材料等制成的开创性的产品，即由于科学技术的进步或为满足某种崭新的需求而发明的产品。例如，电话（1876年）、飞机（1903年）、真空管（1906年）、塑料（1909年）、尼龙（1937年）、电子计算机（1944年）等是世界公认的1876年至1960年最重要的新产品的一部分。这类新产品的使用通常会改变用户或消费者的生产方式或生活方式。

（2）换代新产品（部分新产品）。这类新产品是指在原有产品的基础上，部分地采用新技术、新材料等制成的在产品性能等方面有显著提高的产品，即利用科学技术的最新成就，对现有产品进行较大的革新。例如，将电视机革新为有部分上互联网的功能，手机有视频、上网功能等。这类新产品投入市场后，使用者的接受和普及的过程相对短一些，也容易一些。

（3）改进新产品。这类新产品是指企业对现有产品的品质、特性、结构、款式或包装等做一定的改进而形成的新产品。这类新产品与原有产品差别不大，进入市场后，比较容易为使用者接受，但竞争者也易于模仿，因此，这类新产品的竞争比较激烈。

（4）仿制新产品。企业模仿市场上某种畅销产品的性能、工艺而生产的具有自己的商标的产品，这类产品就市场来说不是新产品，但对企业来说，设备是新的，工艺是新的，生产的产品也与原来的产品不同，所以它仍然是企业的新产品。

上述新产品可以归为两大类：一类是市场新产品，即对原有产品改进性能、款式外观而生产的产品；另一类是技术新产品，即采用新技术生产的产品。前者生产容易，但也容易被仿制，后者生产难度大，花费多，但一旦成功，就会成为企业拳头产品或行业领先产品，可在较长时间内占领市场。因此，企业为了保持竞争的优势地位，必须重视开发技术性新产品。

二、新产品开发的原则

为了保证新产品开发的成功并得到迅速发展，企业在开发新产品时必须采取慎重的态度，遵守一定的原则。

（1）适销对路、市场需求充分的原则。实践证明，新产品并不等于好产品，只有适销对路而且市场需求充分的新产品才是好产品。反过来，好产品也不一定是高科技含量的产品，不一定是高质量的产品。从市场营销学的角度，好产品就是那些有市场、受欢迎的产品。

（2）竞争力强、与众不同的原则。产品的竞争力是打开市场的重要条件，为了保证产品的竞争力，新产品必须与众不同、具有特色。

（3）经济效益显著。经济效益是衡量新产品开发合理的主要指标。开发新产品必须做到经济效益显著，否则，新产品开发就失去了意义。当然在考虑经济效益的同时，还要兼顾社会效益。

（4）企业能力具备。开发新产品，必须具备一定的人力、物力、财力，这是新产品开发可能性的重要条件。产品经过开发要进行大批量生产，因此，企业不仅要具有研制试产能力，还必须有大批量生产的能力。

（5）符合国家政策。遵守国家的方针政策是新产品开发必须遵守的重要原则。国家在产品开发方面的方针政策主要包括技术经济政策和产业政策两种。技术经济政策主要包括技术的先进程度、合理利用资源、产品安全卫生、节约原材料和动力、保护环境等。产业政策是国家根据经济社会发展的要求规定的鼓励和限制某种产品发展的政策，是根据资源和消费者要求的变化对产业结构、产品结构做出的规划，并随着经济的发展做出调整。

三、新产品开发的典型策略

改进、完善功能策略：任何产品都可以通过列举其缺点而改进、完善功能，如早期电饭锅由于煮饭粘锅的缺点而开发出不粘锅，再如由于非自动相机普通人士准确使用比较困难而开发的"傻瓜"相机等。这是"短平快"类型的开发策略，难度有的并非太大，但开发潜力无穷。

升级换代策略：任何产品都可以运用新技术、新工艺、新材料、新方法进行更新，获得新的竞争优势。目前市场上销售的大多数产品都是这种升级换代产品，它是在原有产品基础上的再创造与再更新，属换代新产品。

老产品的二次开发策略：根据新的目标市场情况，开展二次开发，把产品更新推出，往往有新的市场机会。如现今的一些时髦的服装、皮鞋就是20世纪40年代商品的翻版。

仿中有创策略：完全模仿照搬是没有出路的，而仿中有创则起点较高而难度较小，较容易取得成功。例如仿照国外的可乐饮料，创出的中草药型的天府可乐新产品，就曾畅销一时，而且出口到了国外。

专利、信息资料利用策略：科技信息、专利是人类共有的知识宝库，若善于利用，必能事半功倍，效益大增。另外，专利保护是有地域性与时间性的，只要超出保护范围，就完全可以使用而无侵权之虑。

全员创造策略：专业开发与全员开发相结合，充分发挥全体职工的积极性与创造性，这是高明的策略，也是企业经营管理的一个全新的发展趋势。例如，上海市某箱包厂，通过在职工中开展业余设计竞赛，短时间便推出新款式产品百余种，平均每人一种，获得了创汇近百万美元的好效益。20世纪90年代初，武汉市一些食品企业把全员创造扩展到社会，向消费者有奖征集创造性建议，短期内即收获1 300余条建议，从而开发了一批新产品。

抢先开发策略：在市场竞争中抢先一步开发并取得成功，往往可以控制市场的主动权，并可实现一步领先，步步领先。例如，电子表虽由瑞士首先发明，但瑞士手表商们却死守着传统的机械手表优势，未做开发应用。日本手表制造商则抢先一步，购买了电子表的专利并大规模地开发，抢占世界市场，结果使瑞士机械表企业受到了意想不到的重大冲击。

四、新产品开发过程

新产品开发是一个从搜集各种产品构思开始，直到将其中最佳的构思转变为成功的新产品为止的完整过程，如图6-3所示。

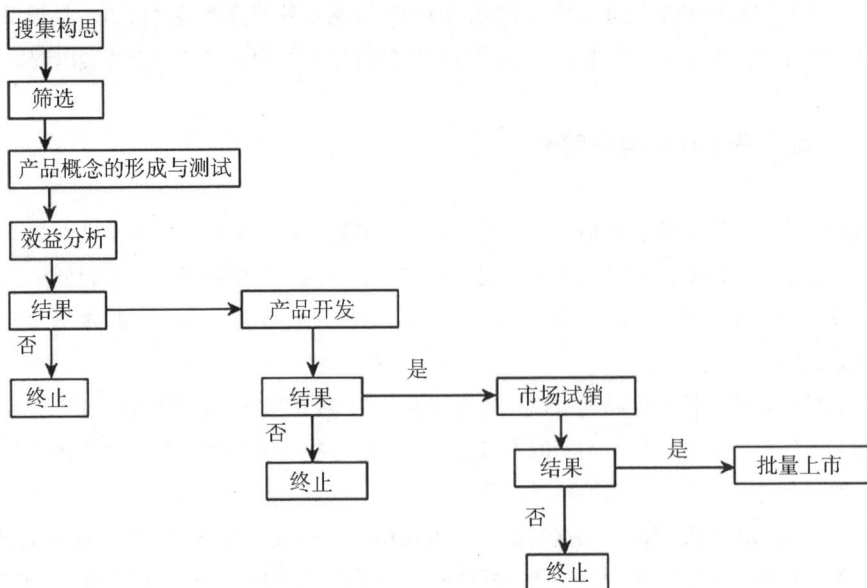

图6-3　新产品开发过程

这个过程主要包括以下几个阶段：

搜集构思：搜集构思即系统化地搜寻新产品的创意构思。

筛选：对各种产品构思进行详细的评核，决定取舍。

效益分析：对新产品未来收益进行研究，选择能给企业带来最佳效益的新产品构思。

产品开发：产品开发就是将观念性的新产品构思转变为物质性产品的过程。

市场试销：试销又称市场检验，是指企业将开发出的少量新产品投入一定范围的市场进行试销，以确定大批量商业性生产的可能性和营销方案。

批量上市：新产品经过试销后，如果从信息反馈和试销实际情况中证明新产品是成功的，紧接着就是大批量商业性生产，并投放市场。

第五节　品牌与品牌策略

一、品牌及其作用

1. 品牌的概念

品牌俗称牌子，是制造商或经销商加在产品上的标志，这是品牌的最直接、最简单的含义。市场营销学定义的品牌是指用以识别企业的产品或服务，并使之与竞争者的产品或服务区别开来的名称及其标志，通常由文字、标记、符号、图案和颜色等要素或这些要素的组合构成。

组成品牌的要素有 3 个部分。

（1）品牌名称。品牌名称指品牌中可以用语言称呼，即能发出声音的那一部分。如梅赛德斯·奔驰、同仁堂、海尔、康师傅。

（2）品牌标志。品牌标志是品牌中可以辨别但不能用语言称呼的那一部分，通常是一些符号、图案、颜色、字体等。如奔驰车上面的三叉星符号，康师傅方便面包装上的师傅图案。

（3）商标。商标是指整个品牌或品牌中的某一部分。注册商标是企业通过向国家有关管理机构提出申请，登记注册之后，便取得了使用整个品牌或品牌中某一部分的专用权。所以商标一般是一种法律名词。如康师傅方便面品牌中师傅图案与"康师傅"字体的商标注册，如图 6-4 所示。

图 6-4　康师傅商标

2. 品牌与商标

品牌与商标是既有联系又有区别的一对概念。品牌有时和商标可同等替代，而有时却不能混淆使用两个概念。品牌不完全等同于商标，商标也并不完全等同于品牌。品牌是一个市场概念，是商业意义上的术语。品牌有着更丰富的内涵，品牌不仅仅是一个标志和名称，更蕴含着生动的精神文化层面的内容。商标是一个法律概念，商标注册的主要是标志。商标作为一种商品的标志可以由图形、字母、单词、数字等构成。商标一经注册，其品牌即受到法律保护。

3. 品牌的作用

在现代市场营销中，品牌对一个企业而言，具有十分重要的作用。

（1）品牌是广告促销的武器。广告作为一种有效的促销方式，虽可以创造不同的产品形象，但产品形象属一种抽象的、缥缈的观念，很难形成具体的影响力量；而透过品牌，则可以使这种形象凝结为实实在在的标志，使广告更好地发挥促销作用。

（2）品牌是控制市场的武器。市场竞争的手段之一是取得有效的市场控制权。在大规模生产营销中，厂商扩大销售、提高效率，往往要在某种程度上依赖中间商进行多层分销，但这会削弱厂商对市场的控制能力。厂商如果有了自己的品牌，就可以与市场直接沟通，形成自己的市场形象，市场控制权又会回到厂商手中。

（3）品牌有助于新产品的销售。新产品上市是一项极为艰巨复杂的任务，企业在原品牌的产品线中增加产品就比较容易，老品牌新产品比无品牌产品更易为市场接受。在产品进入成长期以后，由于特定的品牌标志着某产品的一定质量水平和不同的特色，对促进销售也会起到积极作用。

（4）品牌有助于建立顾客偏好。品牌化可以使企业能够更好地吸引更多的品牌忠实者，使企业保持稳定的销售额。

（5）品牌有助于监督，提高企业产品质量。企业创立一个名牌产品，需要长期的努力，要保证其产品质量，才能在市场上树立良好的声誉。因此，无论是创立名牌还是保护名牌，品牌都是公众监督企业产品质量的重要手段。

二、品牌策略

1. 品牌使用策略

品牌使用策略是指企业为其销售的产品确定相应的品牌。使用品牌的优点如下。

（1）通过品牌树立企业形象，吸引品牌忠诚者。企业通过品牌塑造，可以很好地树立企业形象，吸引品牌忠诚者。

（2）声誉良好的名牌，产品销售价格高。相同产品中，品牌中的名牌，其品牌价值都比较高。

（3）注册商标可以使企业的产品得到法律保护。经商标注册后的产品品牌，能受到国家法律的保护。

使用品牌的缺点是：企业为了建立品牌、打造品牌、维护品牌，需要投入的资金比较多。

2. 非品牌使用策略

由于费用和产品原因，有的企业对其产品也采用非品牌化策略。如一些代加工企业，没有自己的品牌，就可专心致志地为贴牌产品进行生产。无品牌营销者的目的是节约广告和包装费用，以降低成本和售价，加强竞争，吸引低收入的购买者。现在不使用品牌的企业和产品已非常少。

三、品牌归属策略

品牌归属策略即品牌所有权归谁，由谁管理和负责。品牌归属有两种选择：生产者品牌和中间商品牌。目前，市场上绝大多数产品品牌都属于生产者品牌，只有很少部分是中间商品牌，目前在我国的中间商品牌有德国的麦德龙。中间商拥有自己品牌的优点：能树立自己的品牌形象；可以借用原企业品牌的效应，塑造自己的产品品牌，节省费用；中间商让生产商贴牌生产可以获取更多的利润空间。但中间商也有其自身品牌的缺点：假若推出的产品较多，则管理成本加大；若品牌不成功，则有较大的风险；若产品不成功，就会造成积压。

四、个别品牌策略

个别品牌策略是指企业决定其不同的产品采用不同的品牌。如万宝路烟、卡夫菓珍、米勒啤酒都曾经隶属于美国的菲利浦·莫里斯公司。

1. 使用个别品牌策略的优点

（1）采用个别品牌策略的好处是产品各自发展，即使个别产品声誉不佳也不会影响其他产品及整个企业的品牌声誉。

（2）个别品牌策略可以使企业为每个产品寻求最适当的名称以吸引消费者。

2. 使用个别品牌策略的缺点

（1）如果某个品牌只拥有很低的市场占有率，企业必须废除较弱的品牌，从而避免浪费资源。

（2）实行这种策略，企业的广告费用开支非常大。

五、统一品牌策略（单一品牌）

统一品牌策略（单一品牌）是指企业决定其所有的产品使用同一个品牌。比如，日本的索尼公司、佳能公司都是单一品牌策略。

所有产品共用一个品牌的优点是：（1）可以极大地节省传播费用，对一个品牌的宣传同时可以惠及所有产品。（2）如果品牌已经具有一定的市场地位，新产品的推出无须过多宣传便会得到消费者的信任。

所有产品共用一个品牌的缺点是：若品牌下某一产品出现问题，极有可能产生连锁反应累及其他产品。

六、统一品牌与个别品牌并用策略

统一品牌与个别品牌并用策略，即企业在每一产品的品牌名称前加上统一的企业名称。这种策略的好处是：既能表示产品出处，又可利用企业的声誉，而个别品牌又体现出企业不同产品的各自特色。比如，哈尔滨制药六厂有"盖中盖""泻立停""严迪"等品牌，不同品牌代表不同产品，同时，在宣传与产品包装说明了都有"哈尔滨制药六厂"的字样，这些品牌属于统一品牌与个别品牌并用。

统一品牌与个别品牌并用策略的优点是：借企业的声誉，有利于开发新产品；可以突出产品特色。

统一品牌与个别品牌并用策略的缺点是：营销费用相对较高。

七、多品牌策略

多品牌策略是一个企业对其生产的一种产品使用多个品牌，俗称一品多牌。例如，宝洁公司的洗发水就有 5 个品牌，即潘婷、海飞丝、飘柔、沙宣、伊卡璐。"五粮液"酒的品牌，也属于多品牌。五粮液酒有"五粮液""五粮春""金六福"等品牌。

多品牌策略的优点如下。

（1）提高市场占有率：多品牌可以进入更多的细分市场，有利于提高整体市场的占有率。

（2）获得更多的零售货架空间：美国箭牌糖果有限公司口香糖"绿箭"品牌外，还开发了"黄箭""白箭""益达""劲浪"等多个品牌，占满了有限的零售货架空间。

（3）获得消费者的品牌转换利益：有的消费者不属于品牌忠诚者，而属于品牌变换者。一个品牌用过一个时期后，就想转换新的品牌。

（4）分散企业的经营风险：当一两个品牌销售不好或获得的利益较少时，可由其他品牌来弥补。

多品牌策略的缺点如下。

（1）整个企业很难形成统一的形象：品牌较多，容易造成形象分散。

（2）新品牌开发成功难度大：由于品牌分散，不能有效相互借力，所以新品牌开发较难。

（3）造成营销资源的分散：由于品牌较多，且各自打各自的细分市场，占用的资源比较分散。

（4）管理难度大，容易造成品牌之间的竞争。

链接

产品组合开发之道

现在社会倡导一个全新的理念：产品开发必须从整体的角度进行组合式开发。其核心在于企业应该基于提升整体产品体系竞争力的角度来开发新品，如果一个新品对整个产品体系竞争力毫无帮助，根本就没有开发的必要。

企业要持续保障产品体系具有较高的竞争力，就必须对产品组合不断进行动态调整和完善，新品开发其实是包含在产品组合的动态过程中的。

要做到这一点，就必须正确理解"产品组合"。产品组合包含着的一个核心思想是：产品组合开发应该从渠道的角度出发来开展。在经典的营销"4P"理论中，其思考的顺序是"产品—价格—渠道—促销",但这个思考顺序已经不适应当前市场发展的需要了。企业必须调整思维模式,将传统的"4P"顺序调整为"渠道—产品—价格—促销",从而正确地规划出符合市场需求的产品组合和价格体系。

在原来的大一统市场格局下,一个单一的产品基本上可以满足全渠道销售,即所有消费者的需求,但是随着消费者的需求日趋多元化和复杂化,那么反映在渠道结构上也相应多元化,那么单一的产品结构也就无法满足全渠道及消费者的需求,消费者的多元化需求已经反映在不同的渠道结构中,不同的渠道和终端业态也就反映着不同的需求,自然也就需要通过不同的产品分别来满足不同渠道所反映出的消费需求,这就是产品组合的内涵所在。

产品组合开发,体现在四个维度上的组合,即品类组合与品项组合、不同区域的产品组合、不同渠道的产品组合、不同业态的产品组合。另外,还必须考虑竞争态势的因素。

(资料来源:《销售与市场》2014.06)

❀———— 本章小结 ————❀

产品策略是市场营销组合的首要决策,是市场营销组合的基础。

产品整体概念包括 5 个层次,即产品的核心层、形式层、期望层、延伸层和潜在层。任何一个层次要想在市场中取胜的企业都必须首先树立产品的整体概念。

新产品不断开发和涌现是企业活力的所在。开发新产品是企业有力的竞争武器,也是其不可推卸的使命。企业开发的新产品必须具有较强的生命力。一般开发新产品的过程可分为寻求创意、甄别创意、形成产品概念、制订市场营销计划、营业分析、产品开发、市场试销、批量上市等阶段。

品牌是产品不可分割的组成部分,包括品牌名称、品牌标志。商标是品牌的法律术语,常用的品牌决策有品牌使用策略、品牌归属策略、个别品牌策略、统一品牌策略、统一品牌与个别品牌策略、多品牌策略等。

❀———— 本章习题 ————❀

一、名词解释

产品　产品组合　产品市场寿命周期　商标　品牌　多品牌策略

二、简答题

1. 产品的整体概念对企业营销有什么启示?

2. 结合实际说明产品市场寿命周期各阶段特征以及企业应采取的营销策略。

3. 新产品有哪些种类？企业为什么要重视开发新产品？

4. 企业应如何进行商标的自我保护？

5. 常用的品牌策略有哪些？

三、案例分析题

从专业化到多元化

江苏红豆集团是江苏省和无锡市的重点企业集团，红豆商标也被国家工商局认定为中国驰名商标，产品通过 ISO 9002 质量体系认证。多年来，红豆集团以优异的销售业绩稳居中国服装业百强亚军。2016 年 8 月，红豆集团在"2016 中国企业 500 强"中排名第 265 位。2019 年 9 月，红豆集团位列 2019 中国制造业企业 500 强榜单第 121 位。2019 年，红豆集团营业额 720 亿元。2020 中国民营企业 500 强榜单中，红豆集团名列第 103 位。

回顾红豆从昔日的小厂到今日的企业集团，红豆集团在产品开发上走过了一条从专业化到系列化，到创多元化的开拓之路，同时在"红豆"品牌塑造上取得了巨大的成功。

成立之初，红豆产品主要以针织内衣为主，产品单一，专业化较强；红豆集团成立后，围绕着产品系列化做文章，打破了原来单一生产针织内衣的情况，发展到西服、领带、羊毛衫等系列化的服装，由于品牌延伸策略的成功，红豆服装被评为全国十大名牌；之后，红豆集团开始实行多元化经营，进行跨行业发展，跨出了原来单一的服装行业，进入了橡胶、机械行业，到目前，无锡红豆集团涉足了服装、机械及橡胶三大产业。

有人对红豆集团的这一"跨行"作法不甚理解，认为红豆服装是国内名牌，应该继续对其做深做透、争创世界一流服装品牌。但红豆集团董事局主席周耀庭则认为：纵观世界 500 强企业，没有一家是专业服装企业，服装企业如果走专业化之路是做不大的；其次，服装业属于科技含量较低的行业，连个体户都能做，即使在设计上加大投入力度，个体户照样模仿。正因为如此，红豆集团才选择了一条从专业化到多元化的发展之路。

思考题

1. 红豆集团从起初的针织内衣发展到西服、领带、羊毛衫，所运用的是何种产品组合策略？

2. 红豆集团为何要从服装业再跨行业发展到橡胶及机械行业？

四、实践训练题

试分析家用轿车在城市市场和农村市场的营销策略应如何变化？

第七章　渠道策略

1. 掌握分销渠道与中间商的概念、作用。
2. 掌握分销渠道建设的步骤。
3. 了解产品储运中的成本费用。
4. 理解最佳储存方案的决策。

第一节　分销渠道概述

一、分销渠道的概念及特点

1. 分销渠道的概念

分销渠道是指产品或服务从制造商流向消费者（用户）所要经过的各个中间商联结起来的整个通道。这个通道通常由制造商、批发商、零售商及其他辅助机构组成，这些机构为了使产品到达企业用户和最终消费者而发挥各自职能，并通力合作。一个运作良好的分销渠道不仅要在适宜的地点以适宜的价格、质量、数量提供产品或服务来满足市场需求，而且要通过渠道成员的各种营销努力来刺激市场需求。

而我们常说的分销渠道，则是指某种产品和服务在从生产者向消费者转移过程中，取得这种产品和服务的所有权或帮助所有权转移的所有企业和个人（科特勒定义）。因此，分销渠道成员包括经销商（因为他们取得所有权，包括批发商、零售商、批零兼营商等）和代理商、后勤管理组织（因为他们帮助转移所有权）等，此外，还包括处于渠道起点和终点的生产者和最终消费者或用户。

尽管不同的人或组织对分销渠道下了不同的定义，但都从不同程度地反映了分销渠道的特点。

2. 分销渠道的特点

（1）每一条分销渠道的起点都是生产者，终点都是通过生产消费和个人消费能从实质上改变商品的形状、使用价值和价值的最终消费者或用户。

（2）分销渠道是由参与商品流通过程的各种机构组成的。一般指的是参与了商品所有权转移或商品买卖交易活动的中间商组成的商品流通通道。中间商包括批发商、零售商、代理商和经纪人等。其中，后两类中间商并不对商品拥有所有权，但他们参与了商品交易活动，因此，也可作为分销渠道成员。

（3）分销渠道中存在着5种以物质或非物质形态运动的"流"，如图7-1所示。

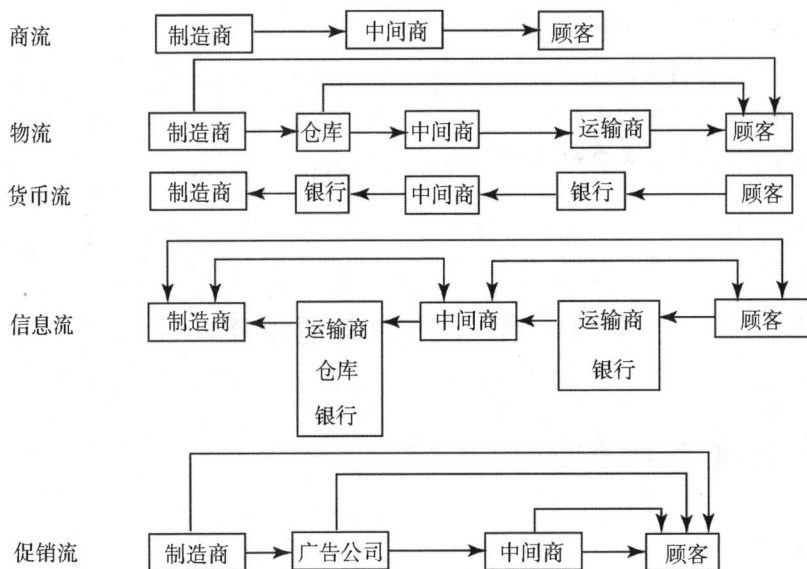

图7-1 分销渠道5种"流"的运动

商流：顾客经中间商购买到商品。

物流：商品实体经过一定的存点和运输工具到达顾客手中。

货币流：顾客或中间商购买商品所有权，支付货币。

信息流：渠道内相邻层次或不相邻层次之间都会发生信息传递，形成信息控制及反馈系统。

促销流：制造商或中间商通过促销手段，影响消费者的购买行为与决策。

（4）在商品从生产者流向最终消费者或用户的流通中，最少要转移商品所有权一次。例如，制造商将其产品直接销售给最终消费者或用户，而不经过任何中间商。但是通常生产者通过一系列中间商将其产品转卖商品所有权几次。如制造商—批发商—零售商—最终消费者，这是直接转移商品所有权；制造商—代理商—批发商—零售商—最终消费者，制造商通过代理商转卖，这是间接转移商品所有权，因为代理商对商品没有所有权，只是代客买卖，把商品所有权从制造商手中转移到其他中间商手中。

二、分销渠道的功能及重要性

1. 分销渠道的功能

（1）市场调研。收集、整理有关现实与潜在消费者、竞争者及营销环境的有关信息，并及时向分销渠道其他成员传递。

（2）促进销售。通过各种促销手段，以消费者乐于接受的、富有吸引力的形式，把商品和服务的有关信息传播给消费者。

（3）寻求顾客。寻求潜在顾客，针对不同细分市场的特点，针对消费者提供不同的营销业务。

（4）分类编配。按买方要求分类整理供应产品，如按产品相关性分类组合，改变包装大小、分级等。

（5）洽谈生意。在分销渠道的成员之间，按照互利互惠的原则，彼此协商，达成有关商品的价格和其他条件的最终协议，实现所有权或持有权的转移。

（6）物流运输。从商品离开生产线起，就进入了营销过程，分销渠道自然承担起商品实体的运输和储存功能。

（7）财务信用。分销渠道的建设、运转、职工工资支付、渠道成员之间货款划转、消费信贷实施都需要财务上的支持。

（8）承担风险。分销渠道成员通过分工分享利益的同时，还应共同承担商品销售、市场波动带来的风险。

2. 分销渠道管理的重要性

（1）只有通过分销，企业产品（或服务）才能进入消费领域，实现其价值。

（2）充分发挥渠道成员，特别是中间商的功能，是提高企业经济效益的重要手段。

（3）良好渠道管理可降低市场费用，既为消费者（用户）提供合理价格的产品（服务），也为企业提高经济效益创造了空间。

（4）渠道是企业的无形资产，良好的渠道网络可形成企业的竞争优势。

三、分销渠道的结构

不同行业、不同商品的营销渠道各不相同。但是，归纳起来有两种基本结构形式，即生产资料营销渠道的结构和消费资料营销渠道的结构。它们都有各自的形式与特点。

(一) 工业品分销渠道的结构

一般来说，工业品技术较强，产品价格较高，用户数目相对较少而且多是企业单位，购买频率较低，交易时间较长，并且需要售后服务。因此，分销渠道一般不经过或经过很少的中间环节，且极少经过零售商环节，如图7-2所示。

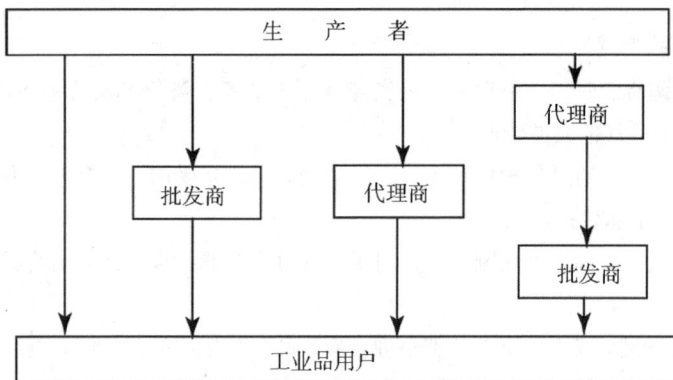

图7-2 工业品分销渠道的结构形式

从图7-2中可以看出，工业品分销渠道有4种结构形式。

1. 生产者→工业品用户

这种形式是生产企业直接向用户销售商品，不经过中间商，是一种直接销售渠道。这种渠道最短，不经过中间环节，流通费用也最省。在工业品销售中，它占主要地位。特别是生产大型生产设备和原料的企业，如发电设备厂、机床厂、钢铁厂等，一般是采用这种形式销售产品的。

2. 生产者→批发商→工业品用户

这种分销渠道是生产企业通过批发商向用户提供商品，中间经过一道批发环节。这种结构形式常适用于工业生产用的劳动用品和附属设备及部分原材料的销售。

3. 生产者→代理商→工业品用户

这种分销渠道与前者相比，用代理商代替了批发商。一般而言，代理商对所经营的生产资料的品种、规格、特点、性能、质量等都比较熟悉，他们可以代替生产企业向用户全面介绍商品，指导用户使用这种商品。因此，这种营销渠道适于生产者有某种技术性能的工业品的企业采用。

4. 生产者→代理商→批发商→工业品用户

这种商品分销渠道最长，流通环节最多，是最复杂的一种结构形式。某些工业品虽然技术性很强，但由于销售量小，或者需要分散存货，以便迅速向用户发货，在这种情况下，生产者经代理商，由批发商向用户供货就更方便。

（二）消费品分销渠道的结构

消费品由于消费数量大而且分散，中间环节较多，一般设有批发或零售环节，如图7-3所示。

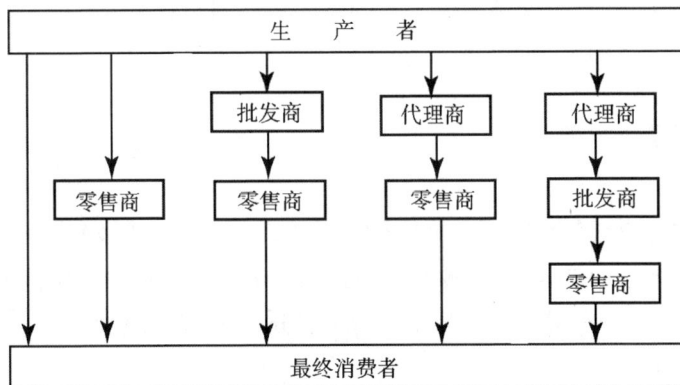

图7-3　消费品分销渠道的结构形式

从图7-3中可以看出，消费品分销渠道有5种结构形式。

1. 生产者→消费者

这种结构形式的特点是商品生产者直接把商品销售给消费者，其中没有中间商的介入，是一种直接销售渠道。生产企业可以通过上门销售、自设门市部、电话销售、办理邮购业务、参加展销、订货会等形式将本企业的产品直接销售给消费者。一般来说，生产大型高级耐用消费品或传统小食品的生产企业适合采用这种分销渠道。

2. 生产者→零售商→消费者

这种商品销售渠道是在生产者和消费者之间有零售商的介入。生产企业将产品生产出来后，直接出售给零售商，再由零售商转卖给消费者，中间只经过一道零售环节，是一种比较简单的分销渠道。这种分销渠道适合于一部分工业消费品生产企业和农产品生产者采用。

3. 生产者→批发商→零售商→消费者

生产者将产品出售给批发商（可以有几道批发环节），再转卖给零售商，最后出售给消费者。这种渠道较长，流通环节多，如果使用不当，可能会增加流通费用，提高产品的价格，降低产品的竞争能力，加重消费者的负担。

4. 生产者→代理商→零售商→消费者

生产者通过代理商把产品转卖给零售商，再由零售商出售给消费者，这种分销渠道较长，流通环节较多。由于代理商一般比较熟悉某类商品的商品知识，所以大批生产技术性较强产品的生产企业常采用这种分销渠道。

5. 生产者→代理商→批发商→零售商→消费者

这种分销渠道最长，经过的流通环节最多，支付的流通费用也最多。由于经过的环节多，有可能造成商品销售不畅。某些工业消费品技术性很强，又需要零售时，多采用这种结构形式。

以上是几种基本的分销渠道结构，一个企业选用哪种分销渠道，并不是固定不变的，它常常因供求等状况的变化而改变。

四、分销渠道类型

1. 根据生产者和消费者之间是否有中间商的介入，分销渠道可分为直接渠道和间接渠道

产品从制造商流向最终消费者或用户的过程中，每经过一个对产品拥有所有权或负有销售责任的机构，称为一个"层次"。层次越多，分销渠道就越长；反之，经过的层次越少，分销渠道就越短。

直接分销渠道是产品由生产者流向最终消费者或用户的过程中不经过任何中间商的分销渠道，即由生产者将其产品直接销售给最后消费者或用户（生产者→最后消费者或用户），是最短的分销渠道。一般来说，工业生产资料中的大型生产设备、原材料等，消费资料中的鲜活食品和服务等大都采用这种直接渠道，如图7-4所示。

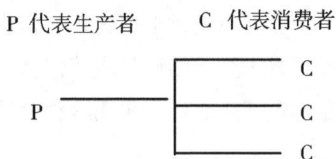

图7-4　直接分销渠道图示

间接分销渠道是指产品从制造商流向最后消费者或用户的过程中经过若干中间商转手的分配渠道，即制造商通过若干中间商将其产品转卖给最后消费者或用户（制造商→若干中间商→最后消费者或用户）。间接分销渠道是两个层次以上的分销渠道。一般来说，日用消费品如牙膏、牙刷、油盐酱醋等，工业消费品中的小型工具如小五金等，大多采用这种间接分销渠道，如图7-5所示。

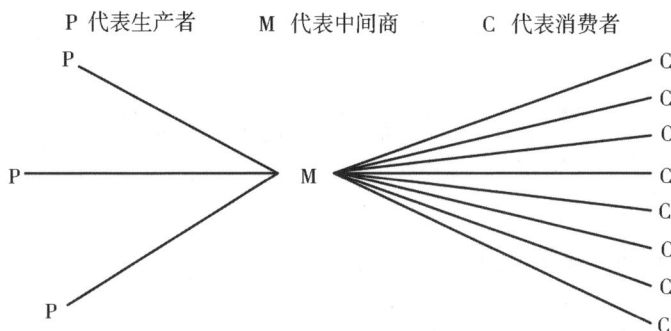

P 代表生产者　　　M 代表中间商　　　C 代表消费者

图7-5　间接分销渠道图示

2. 根据商品生产者运用中间商数量多少，分销渠道可分为宽渠道和窄渠道

分销渠道不仅有长度，而且有宽度。按照企业在横向方面同一层次上并列使用的中间商的多少，企业的分销渠道分为宽渠道和窄渠道。

宽渠道是指企业使用的同类中间商很多，营销面广泛。这里的中间商包括批发环节中的各种类型的代理商、批发商和零售环节中的各种类型的零售商，如毛巾、香烟、糖果等，都通过宽渠道销售，由多家批发商经销，又转卖给多家零售商去销售。这种分销渠道能大量地接触消费者，大量销售商品，如图7-6所示。

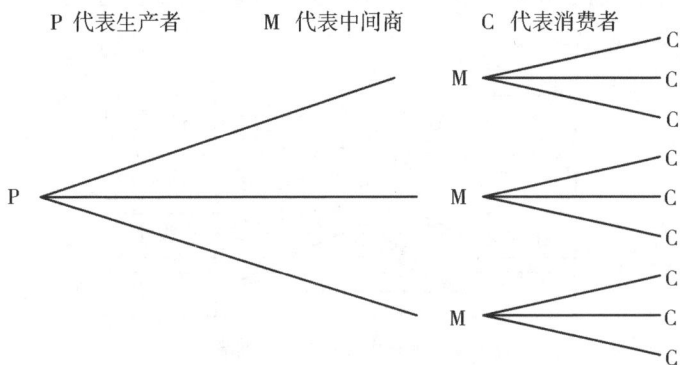

P 代表生产者　　　M 代表中间商　　　C 代表消费者

图7-6　宽渠道模式

窄渠道是指只选用一个中间商销售自己的产品。一般适合于专业性较强的产品或生产批量较小的商品，及较贵重的耐用消费品，如图7-7所示。

P 代表生产者　　　M 代表中间商　　　C 代表消费者

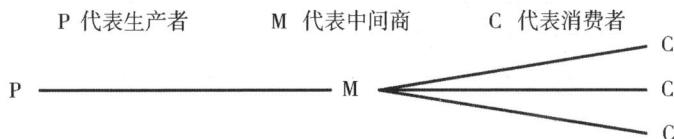

图7-7　窄渠道模式

第二节　中间商的作用和类型

一、中间商的概念和作用

(一) 中间商的概念

中间商是指处于生产者与消费者之间，参与商品流通业务，促进买卖行为发生和实现的经济组织和个人。也就是把生产者的商品销售给消费者和其他企业的批发商、零售商和代理商。批发商也称为商人中间商或经销商，代理商也称为代理中间商。

(二) 中间商的作用

中间商的出现与发展是社会化大生产和社会分工的必然结果，也是经济、合理地组织商品流通的必要条件。中间商的作用具体表现在以下几个方面。

有中间商介入商品交换，可以极大地简化流通过程，降低流通费用，提高流通效率，如图 7-8 和图 7-9 所示。

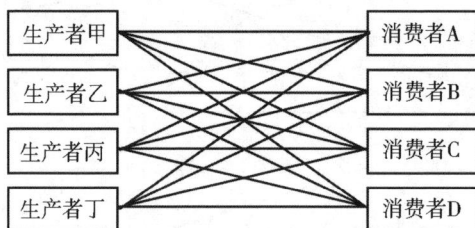

图7-8　没有中间商介入的商品交换

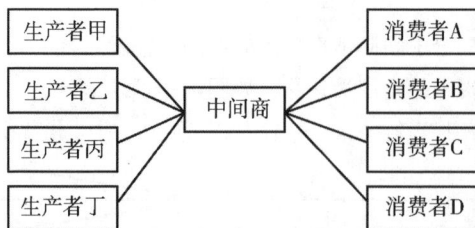

图7-9　有中间商介入的商品交换

从图 7-8 和图 7-9 可以看出，在没有中间商介入的交易中，生产者与消费者的接触共计 16 次，而有中间商介入的交易中，两者只需 8 次接触。由此可见，没有中间商的存在，生产者和消费者的接触次数会极大地增加。

从社会角度看，中间商具有集中商品、平衡供求、扩散商品的功能。

从生产的角度看，生产企业的主要特点是从事生产，而不是销售。中间商作为销售职能，这就使生产企业有条件把更多的精力用在搞好生产上，通过专业化带来成本节约，并提高销售效率。

从消费者角度看，中间商使消费者的购买变得十分方便，人们可随心所欲地在各种商店买到不同产地、不同生产者生产的产品，比较和选择也变得简单容易。如果没有中间商，消费者的购买操作就要复杂得多。

二、中间商的类型

（一）经销商

经销商是指从事商品流通业务并拥有商品所有权的中间商。经销商在商品买卖过程中拥有产品所有权，因此，在买卖过程中要承担一定的经营风险，如批发商、零售商。

1. 批发商

批发商是指在商品流通过程中不直接服务于广大消费者，而是通过转卖实现商品在时间和空间上的转移的中间商，这里的批发商是指通过起点和中间环节的那些主要经营批发商品的组织和个人。

按照不同的标准，批发商可分为以下几种类型。

（1）按照经营业务内容，可以把批发商划分为专业批发商、综合批发商和批发市场。专业批发商即专门经营某一类或某一种商品的批发商；综合批发商即经营多类商品的批发商；批发市场也称批发交易市场，它是由多个批发企业组成的联合体，或以某类商品为中心集结多家批发商，共同开展批发业务。

（2）按照经营商品种类，可以把批发商划分为农副产品批发商和工业品批发商等。农副产品批发商的主要任务是从农村基层收购企业及其他农副产品批发商处调入商品，供应外地批发商、生产者或零售商；工业品批发商经营的商品包括生产资料和日用工业品，实行专业化经营。按经营商品的类别，批发商还可分为百货、文化用品、纺织、针棉织品、劳保用品、五金、家电、化工原料等专业批发商。

（3）按照经营的业务性质，可以把批发商划分为自营性批发商和代营性批发商。

2. 零售商

零售商是指面向广大消费者，直接为消费者服务的组织和个人。零售商处在流通过程的终点，直接为广大消费者服务。零售商根据其经营特征可分为以下几种类型。

（1）专业商店。这是指专门经营某一类商品，或专门经营具有连带性的几类商品，或专门为特别消费对象经营其所需要商品的商店，如钟表店、眼镜店、体育用品商店、文化用品商店、妇女用品商店等。专业商店的经营要求具有较高的专业知识和操作技能，销售与服务密切结合，能提供周到的服务。

（2）百货公司（综合商场）。这是一种大型零售商店，分门别类地销售品种繁多的商品，这种商店经营范围广，商品类别多，花色品种齐全，能满足消费者多方面的购物需要。

（3）超级市场。超级市场也称自选商场，其特点是由顾客自取自选，自我服务，定量包装，预先标价，顾客购物离开时一次交款，因而可以节约售货时间，节约商店人力和费用，避免或减少顾客与售货员的矛盾。

（4）购物中心。这是一种由多家商店组合而成的大型商品服务中心，一般设在公共建筑物内。它以一家或数家百货商店、超级市场为骨干，由各类专业商店、书店、餐馆、旅馆、银行、影院等组合而成，集购物、娱乐、休闲、服务于一体。

（5）连锁店。连锁店是由多家出售同类商品的商店组成的一种规模较大的联合经营组织。其特点是由中心组织统一向生产者进货（选购商品），以较大的进货批量，获得最大的价格优惠；在销售策略上，采取薄利多销，并以此争取顾客；商品价格采取浮动制，当有竞争对手时降价促销，吸引争取顾客，无竞争对手时则提高价格，争取多营利。

（6）邮购商店。这是一种通过向消费者寄送商品目录来吸引顾客的零售业态。

此外，还有一些其他形式的零售商，如自动售货机、街头摊贩、折扣商店等。

3. 批发商和零售商的区别

（1）批发商出售的商品是供给零售商转卖或生产企业再生产用；零售商出售的商品一般是个人直接消费。

（2）批发商一般是在工商企业之间进行交易活动；零售商的交易对象则是最终消费者。

（3）批发商每次销售商品的数量比较大，销售频率低，而零售商每次销售商品的数量较小，频率比较高。

（4）批发商设点较少，而零售商则较多。

（二）代理商

代理商是指接受生产者的委托，从事销售业务，但不拥有商品所有权的中间商。故此，代理商不承担经营风险。代理商按其与生产者业务联系的特点，可分为企业代理商、销售代理商、寄售商（代销商）和经纪商。

1. 企业代理商

企业代理商是指受生产者委托，签订销货协议，在一定区域内负责代销生产企业制造的产品的中间商，生产企业按照销售额的一定比例，付给其佣金作为报酬。

2. 销售代理商

销售代理商是指受生产者委托全权代销生产者产品的独立中间商，销售代理商替委托人代销全部产品，而且不限定在一定的地区内代销，在规定销售价格和其他销售条件方面有较大的权利。所以，他实际上是委托人的独家全权代理商，销售代理商也实行佣金制。

3. 寄售商（代销商）

寄售商（代销商）是指受生产者委托进行现货的代销业务。生产者根据协议向寄售商交付产品，销售后所得的货款扣除佣金及有关销售费用后，再支付给生产者。

4. 经纪商

经纪商是指专门为买卖双方提供产品价格及一般市场情况，为交易双方洽谈销售业务的中间商，双方一旦成交，经纪商提取一定佣金，但佣金比例较低。他们与买卖双方没有固定的关系。

第三节　分销渠道的选择和设计

一、影响分销渠道选择的因素

影响分销渠道选择的因素有很多。生产者在决定选择何种分销渠道前，应对产品、市场及企业自身因素等进行综合分析，以便做出正确的选择。

1. 产品因素

（1）单位产品的价值。一般情况下，单位产品价值与分销渠道的宽窄、长短成反比例关系，即单位产品价值量越低，分销渠道越长、越宽；反之，则越短、越窄。但有些产品单位价值量虽低，但一次销售数量很大，如工业生产原料也可采用短窄渠道。

（2）产品的体积重量。体积大且笨重的产品尽可能选择短渠道、宽渠道，如电冰箱、洗衣机等可由生产商直接委托给多个零售商销售；一些工业用大型机器设备，也应采取短渠道，由生产者直接供应给用户。

（3）产品的类型和品种规格。日用消费品品种多，需求量大，挑选性强，可选择长渠道；品种规格少而产量大的产品，如农产品、粮食、水泥、纸张，也可选择长渠道；而一些品种规格复杂的专用产品，如汽车配件，可选择短渠道。

（4）产品的时尚式样。凡式样多变，时尚较强的产品应尽量选择短、宽渠道，如时装、家具、玩具等产品，可由生产者直接供应给零售商或厂家自设门部进行销售，以避免时尚变化引起产品过时造成积压。

（5）产品的理化特性。鲜活易腐类产品不易储存、运输，如水产、蔬菜、水果、糕点类产品，应尽量采用短渠道、宽渠道，以保持产品的新鲜和不受损失。

（6）产品的技术与服务要求。对于技术水平较高且又须提供售前、售中、售后服务的产品，如大型机电设备等，企业应选择短渠道，即由生产者直接卖给用户以便企业销售人员当面介绍产品，专门技术人员随时提供各种必要的服务。

（7）产品的用途。通用的标准的产品因其固定的品质、规格和式样，一般可经中间商销售，选择宽渠道、长渠道；而对那些特制产品如定制服装、特殊机器设备等专用性强的产品，则适宜选择短渠道。

（8）产品的经济寿命周期。对于刚刚投放市场的新产品，生产企业可采用短渠道，即生产者自己组织推销队伍并制定恰当的销售策略，使产品在投入期能顺利打开市场。处在成长期、成熟期的产品，可借助中间商即采用长渠道来销售。

2. 市场因素

（1）市场大小。市场范围较大的产品，如日用消费品可借助于中间商进行销售，即采用较宽、较长的销售渠道；反之，市场范围较小的产品，如专用机器设备可采用较短、较窄的销售渠道，由生产者直接供应给用户。

（2）市场的地理位置。市场的地理位置较集中的产品，如生产资料，可采取短渠道，由生产企业直接将产品转卖给用户；反之，对市场比较分散的产品，则可通过中间商销售。

（3）市场的季节性。对于市场的季节性强的产品可以采用短渠道、宽渠道进行销售，即同时借助多个中间商的力量销售产品，可以抓住时机，扩大销售。

（4）市场竞争。如果自己的产品具有较强的竞争力，可以选择与同类产品相同的分销渠道，以使消费者比较选择，从而显示自己的竞争实力；反之，如果本企业产品在同类产品中不具竞争力，最好另辟蹊径，通过分析找出卖点，否则将被淘汰。

（5）消费者的购买习惯。消费者对不同消费品的购买习惯，影响分销渠道的选择，如日用品类，消费者要求购买方便、快捷，因此，可采用较宽、较长的销售渠道；反之，对于耐用消费品，消费者要求买得放心、安全，因此，最好采用短渠道，由生产厂家直接卖给消费者或通过零售商卖给消费者。

（6）交易（销售）量的大小。消费者一次购买数量较大的产品，可采用短渠道，生产商直接把产品销售给消费者，如生产资料交易，或大型超市进货；而对于零星交易的消费者，可通过中间商来供货。

3. 企业自身的因素

（1）声誉与资金。声誉高、资金雄厚的大企业，可直接进行销售；而声誉低、资金薄弱的小型企业，只有通过中间商来销售自己企业的产品。

（2）管理能力与经验。企业自身的管理水平较高，有自己的营销队伍和长期的销售经验，则可采取直接销售；反之，对市场情况不了解，没有自行销售历史，也不具备市场营销方面人才的企业，最好选择中间商进行销售。

（3）控制分销渠道的要求。有些情况下企业必须加强对分销渠道的控制，如要控制商品的零售价格水平、要保证商品的新鲜程度、要体现商品的时尚性等。因此，企业只有尽可能地采用短渠道分销才能达到控制的目的。

（4）为中间商提供服务。企业如果借助中间商来销售商品，就应该为其销售创造一定条件。如加强对本企业广告宣传的力度，让消费者对这些产品有一定的了解，增强中间商对产品的可信度，企业还可在零售现场设置一些商品展台吸引消费者的注意力。另外，可派一些专业技术人员加强商品维修保养等售后服务工作，来吸引中间商经销本企业产品。

4. 经济效益因素

企业在选择分销渠道时，更应该注重经济效益因素，即直接销售还是借助中间商，要比较其销售费用、销售利润。

例如，某企业生产小椅子，每把成本24元，直接销售每把零售价格32元，销售费用2400元；间接销售每把出厂价28元。先求出两种方式获得利润相等时的销售量，据此选择产品分销渠道。

解：设该销售量为 x，则

$$(32-24)x-2400=(28-24)x$$

$$8x-2400=4x$$

$$4x=2400$$

$$x=600（把）$$

因此，可得出结论，如果企业月销售量为600把时，两种方式皆可选择，但如果企业销量大于或小于600把时，则要具体问题具体分析。

5. 政府政策因素

一个国家或地区制定的各项法律法规、政策对产品分销渠道的选择也有一定的影响。如有些关系重大的产品一时供不应求，国家可能实行统购政策，有的实行政府采购或集中采购（如药品）。因此，企业应在不违反政府政策的前提下选择分销渠道。

二、分销渠道选择策略

选择合理的分销渠道，关键是要制定正确的分销策略。根据国内外市场营销的实践，企业可选择的分销策略有 3 种基本类型。

1. 密集分销策略

密集分销策略是指通过尽可能多的中间商或营销点来销售产品。消费品中的日常用品和工业品中的一般原材料，通常采用这种营销方式。这类产品市场需求面广，顾客要求购买方便，一般较少重视品牌。因此，扩大销售的关键是将产品尽可能营销到顾客可能到达的所有商店。如牙膏厂、制皂厂总是希望各家杂货商店都来销售自己的产品。其考虑的是经销网点越多越好。

2. 选择分销策略

选择分销策略是指在同一目标市场有选择地使用一个或几个中间商，此营销策略适用于耐用消费品、高档消费品、工业生产资料等商品。其好处是：有利于厂商之间互相配合和监督，共同对顾客负责；由于经销商数目较少，制造商和中间商之间可以配合默契，建立起密切的业务关系；由于生产企业与中间商相对固定，可增强市场竞争力。

3. 独家分销策略

独家分销策略是指制造商在某一地区市场只选择一家批发商或零售商经销其产品。通常双方订有书面协议，规定生产企业在特定市场范围内，不能再通过其他中间商来经营这种商品。此营销策略适用于某些特殊的消费品和工业品，如某些高档高价消费品等。其好处是：产销双方密切配合、协作；购销手续简化，交易成本降低；容易控制渠道，减轻同类产品的竞争威胁；有助于提高产品形象，获得更多利润。

三、分销渠道设计步骤

设计一个渠道系统，往往要经过以下几个步骤：分析消费者对服务的需求、确定渠道目标及限制因素、确定主要渠道选择方案、评估主要渠道方案。

1. 分析消费者对服务的需求

营销渠道的功能之一就是将价值传递给顾客，完成此任务的前提是了解消费者需要何种价值。消费者看重价格，还是注重服务？是要求立即交货，还是宁愿等待？这些不同的需求决定了企业资源的分配，从而决定了渠道的选择。分析消费者对服务的需求，是设计渠道系统时应首先考虑的问题。

2. 确定渠道目标及限制因素

渠道目标是企业预期达到的面向目标消费者的服务水平，体现在商品数量、等待时间、空间便利、商品种类、服务支持等方面。渠道目标往往受到产品特性、企业特性、中间商特性、竞争对手的渠道设计以及环境因素的影响。

3. 确定主要渠道选择方案

明确了消费者的需求，确定了渠道目标，接下来就可以确定主要渠道选择方案了。企业既可以选择自建渠道，也可以利用中间商渠道。自建渠道是指企业通过建立或收购现有的渠道成员组成分销网络。如果企业利用中间商渠道，还需要做出以下决策。

（1）确定中间商类型。即选择适合其渠道业务的中间商。

（2）确定中间商的数目。即确定采用密集分销、选择分销还是独家分销的策略。

（3）确定渠道成员的责任。即与中间商在价格、销售条件、区域权利等方面达成协议，明确中间商的职责。

4. 评估确定渠道方案

经过以上3步，企业就得到了几个可供选择的渠道方案，这时就可以依据一定的评价标准对它们进行筛选，最终确定渠道方案。常见的评价标准有如下3个。

（1）经济性标准。即渠道必须能为企业带来一定的盈利能力。

（2）控制性标准。即使用中间商后，企业必须能够掌控一定的营销控制权。

（3）适应性标准。即企业应想办法使渠道尽可能地灵活。

第四节 物流策略

一、物流及其职能

企业在商品交换的同时，必须提供商品的时间效用和地点效用。为此需要商品仓储和运输，进行物流管理。制定正确的物流策略对于降低成本费用，增强竞争实力，提供优质服务，促进和便利顾客购买，提高企业经济效益，具有重要的意义。

（一）物流的含义与发展趋势

所谓物流，是指通过有效安排商品仓储、管理和转移，使商品在需要的时间达到需要的地点的经营活动。

物流是一个相当宽泛的概念。从不同的角度观察，可分为宏观物流、中观物流和微观物流；从不同的空间范围，可分为国内物流和国际物流、区间物流和区内物流；从不同的服务对象，可分为产业物流、商业物流和消费者物流；物流的任务涉及原料及最终产品从起点到最终消费或消费地的实体移动的规划与执行，并在取得一定利润的前提下满足消费者的需求。

（二）物流的职能

物流的职能就是将产品由其生产地转移到消费地，从而创造地点效应。物流作为市场营销的一部分，不仅包括产品的运输、保管、装卸、包装，而且包括在开展这些活动的过程中所伴随的信息的传播。它以企业的销售预测为开端，并以此为基础规划生产水平和存货水平。

传统的物流以工厂为出发点，并通过有效措施将产品送达消费者手中。而从市场营销的观点来看，物流规划应先从市场开始考虑，并将所获信息反馈到原料的需求来源。企业应先考虑目标消费者的位置以及他们对产品运送便利性的要求；其次，必须了解其竞争者所提供的服务水平，然后设法赶上并超过竞争者；最后，企业要制定综合策略，其中包括仓库及工厂位置的选择、存货水平、运送方式，进而向目标顾客提供服务。

典例链接

上海华克的精益管理

看板式拉动系统的应用将上海华克的精益管理推向新高度。库存管理的成效尤为明显，上海华克使用条形码扫描进行出入库管理，准确性得到极大的改善。

上海华克此前在生产现场通过手工看板来驱动生产。后来发现，手工看板在循环的过程中，要靠物流工等作业员到各U形生产线的各工位收集看板，存在信息更新较慢，不能查阅领料、库存以及生产历史记录等缺点。上海华克精益管理团队认识到，传统的精益生产现场看板存在一定的局限，他们考虑能否用信息化的手段和看板管理结合起来进行改善。

上海华克利用电子看板替换手工看板，企业通过精益管理集成ERP（企业资源规划）系统实现6天以内的库存周转目标。在看板管理模块的帮助下，上海华克用电子看板环路记录价值流的分析结果，用电子的生产、取货、采购看板替代原来的传统看板；在生产现场设置多个大屏幕显示屏，通过看板管理系统，生产的信息变化无一疏漏地显示在大屏幕上，生产现场和办公室都能一目了然，实现了可视化生产现场管理。

当客户有送货的需求后，作业员可以用生产看板触发生产，取货看板向上工序取货，与上工序的生产看板进行换板处理；如果是外购的材料，则产生采购看板进行采购；产品完成后，扫描生产看板进行出货。上海华克用精益系统产生的生产、取货、采购看板，完美地替代了原来传统看板进行生产现场的指示。

通过看板管理系统的全面应用，上海华克强化了生产现场的执行力。信息化系统中看板信息的变化，及时在大屏幕上自动切换，并能严格控制看板的张数，实现了生产现场、供应链的透明化，逐步将精益管理深化。

在电子看板的支持下，上海华克的精益生产初见成效。目前主机厂要求交货期多为2天，而在生产线通过节拍平衡改进后，上海华克实现了全面看板拉动式生产，响应周期仅为1天，使得准时交货率达到100%。同时，企业原材料库存明显优化，制品库存减少为1天，成品库仅为2天。

（资料来源：蔡颖．中国计算机报，2009-4-28.）

二、物流的规划与管理

每个特定的物流系统包括仓库数目、区位、规模、运输政策以及存货政策等构成一组决策，因此，每一个可能的物流系统都隐含着一套总成本。用数学公式表示如下

$$D = T + FW + VW + S$$

式中，D——物流系统总成本；

$\quad\quad\;\; T$——该系统的总运输成本；

$\quad\quad\;\; FW$——该系统的总固定系统费用；

$\quad\quad\;\; VW$——该系统的总变动仓储费用；

$\quad\quad\;\; S$——因延迟分销所造成的销售损失的总机会成本。

在选择和设计物流系统时，要对各种系统总成本加以检验，最后选择成本最低的物流系统。一般来讲，企业有以下几种选择。

（一）单一工厂，单一市场

大多数的制造商是单一工厂的企业，并且仅在一个市场上进行经营。这个市场可能是一个小城市，如小面包店、小印刷厂等，也可能仅限于一个地区，如地方性的酿酒厂。

这些单一的工厂通常是设在所服务的市场中央，可以节约运费。但在某些情况下，工厂须设在离市场较远的地方，由此导致的运费可通过低廉的工地、劳动力、能源和原料成本抵消。将工厂设在靠近市场的地方还是设在易于取得资源的地方，必须根据相对的运输及加工成本来决定。当某些成本发生重大变化时，就会破坏工厂地址利益的平衡。因此，企业在两个设厂地点进行选择时，不仅应审慎评估目前各物流战略的成本，更需要考虑未来各物流战略的成本。

（二）单一工厂，多个市场

当一个工厂在多个市场进行销售时，企业有多种物流战略可供选择，例如，在中国东

南沿海地区的一些制造厂，起初在广州、深圳开展经营活动，先拟开拓西北市场，可从以下几种方式进行选择：从东南沿海工厂将产品直接运送至西北市场；通过整车货运方式将产品运送至西北地区仓库；将制成的零件运送至西北地区装配厂进行组装；在西北地区再另建一个制造厂。下面我们将分别权衡这4种战略。

1. 直接运送产品至顾客

任何一个物流系统都必须考虑服务水平与成本这两项重要因素。直接运送战略在服务水平及成本上都处于不利地位，因为直接运送要比由当地仓库运送至客户慢；再者，通常客户的订购量很小，运送成本也比较高。

不过，在某些情况下自远地工厂运送可能要比从附近仓储运送更经济；再者，零担运货的直接运送的成本虽高，但不一定多于当地存货的费用。因此，企业在决定是否采取直接运送战略时，必须考虑该产品的特性，如单价、易腐性和季节性；所需运送的程度与成本；顾客订货多少与重量；地理位置与方向。

2. 大批整车运送到靠近市场的仓库

（1）仓库与直运比较。企业可能发现将成品大批运送西北地区的仓库，再从那里根据每一订单运送给顾客，要比直接从东南沿海运送给顾客的费用少。因为整车运送与零担运送的费用率不同，前者小于后者。除了节省运费，在市场地点设立仓库还可以及时向顾客提供送货服务，提高顾客的惠顾率。但是，建立地区仓库，企业必须承担从仓库送达顾客的费用以及仓储本身费用。一般来说，增加新地区仓储所节约的运费与所增加的顾客惠顾利益之和大于建立仓储成本，就应在这一地区增设仓储。

（2）租赁仓储与自建仓库比较。这类企业面临的另一问题是，该仓库是租赁还是自建。租赁的弹性较大，风险较小，因此，在多数情况下比较有利。只有在市场规模很大而且需求稳定时，自建仓储才有意义。

（3）广泛仓库系统问题。广泛的仓库系统，及范围广大的仓库系统，也会出现不少问题：一是企业如何确定最佳数目的仓储点；二是仓储点的最佳位置如何确定；三是不同地点应保持多少存货。这些可通过计算机模拟技术和运筹学的线性规划及非线性规划技术解决。

3. 将零件运到靠近市场的装配厂

企业可在西北地区建立装配厂。因为整车运送单个零件降低运费，并且还没有加上装配的人工成本及其他相关费用，因此运送中物品的成本不是很高。

一般来讲，建立装配厂要比直接运送或建立地区性仓储更有利。不过，最后的决策仍有赖于对目前及未来成本的详细分析。建立装配厂的好处是运费低，此外，建立地区性工厂可提高该地区推销员、经销商及公众对产品的信任，从而增加销售额。建立装配厂的不利之处，是增加资金成本和固定的维持费用。所以，在分析建立装配厂方案时，必须考核该地区未来销售量是否稳定，能否足以保证投入这些固定成本后仍有利可图。装配厂的投资仓库投资的费用更大，而且风险较大，这是由于装配厂比较专业化，难以开展有效的营销活动。

4. 建立地区性制造厂

该企业可在西北建立一个地区性工厂。这也是一般企业用来开拓距离较远的市场并取得较大竞争利益的最后途径。

建立一个制造厂，需要详细的当地参考资料以供分析。这时应考虑的因素很多，如人力、能源、土地、运输等有关项目的成本，有关的法律与政治环境。其中最重要的因素之一，是该行业是否具有大规模生产的可能性。在需要大量投资的行业中，工厂规模必须足够大才能实现经济生产成本。如果行业的单位生产成本能够随工厂规模的扩大而降低，则应设立一个足以供应整个地区销售的工厂，其单位生产成本应最低。但是企业不能只考虑生产成本，还必须考虑分销成本，因为在产品产量提高的情况下，其分销成本也应该提高。

（三）多个工厂，多个市场

企业还可通过由多个工厂及仓库组成的分销系统，而不是大规模的工厂来节省成本，这些企业面临两个最佳化的任务。一是短期最佳化，即在既定工厂和仓库位置上，制定一系列由工厂到仓库的运输方案，使运输成本最低。二是长期最佳化，即从长远着眼决定新建工厂的数量与区位，使总分销成本最低。根据不少企业的经验，线性规划技术在短期最佳化方案制定过程中，具有重要的应用价值。

链接

成长和成熟阶段的渠道策略

一般来说，产品进入成长期的标志就是市场需求的增长和商品普及率的提高，企业和渠道的明显表现就是销量的迅速提升。

这个时候，产品在市场上很快被接受，而且产品的利润率显著提高。由于市场规模的大幅度增长，企业一般采用市场渗透的方法，进行密集渗透，开始加强对渠道的控制和管理，积极扶持经销商，并逐渐提升品牌的形象，加强经销商和消费者对品牌的忠诚度。

所以，在成长期制定渠道政策，需要从以下两个方面进行考虑：一是健全网络结构；二是增加拓展型渠道成员。

为什么要健全网络结构呢？因为在成长期，产品的市场迅速扩张，企业受自身条件的限制，难以控制全部的市场，因此，需要依靠经销商的广泛网络把产品传递到各个地区。

另外，为什么要增加拓展型的渠道成员呢？

在成长阶段，有实力的企业总是能够迅速地扩展和抢占市场空间，因为这个时候的市场需求是急速上升的；而大家都采用抢占市场的方式，势必造成有实力的渠道成员都愿意和有实力的品牌合作。

所以，在这个阶段选择愿意为此投入与企业共同拓展市场的经销渠道就显得更为重要了。那么，增加拓展型渠道成员就是要让渠道成员把企业的产品迅速地投向市场，并在短期内使产品深入到企业难以控制的区域范围。

当到了成熟阶段，产品在市场上基本饱和，虽然产品的普及率还会有所提升，但是销售量基本上趋于稳定了。这个时候市场竞争日趋激烈，企业的利润逐渐降低，开始有企业退出市场。

那么，企业应该注意树立品牌形象，强调产品品牌和竞争品牌的差异性，逐渐在各个分销区域健全渠道的管理系统，充分掌握产品的分销网络，并协助渠道实现周边市场的全面渗透，同时寻找新的渠道形式。

为了达成这些目的，企业需要更多地与消费者进行接触，并把产品进行深度分销，一定要让消费者在末端经常看到产品，还需要直接提供服务，使企业控制的直营渠道体系更加完善。

（资料来源：《经营者》2012.06）

本章小结

分销渠道是指商品从生产领域向消费者或用户转移过程中所经过的途径或路线。分销渠道是实现产品销售的重要途径，是产品转移的途径和通道，又是企业收集市场信息的重要来源，是加速商品流转、节约销售费用、提高企业经济效益的重要手段。

分销渠道可以按照不同的标准、从不同的角度进行划分，一般分为直接渠道与间接渠道、长渠道和短渠道、宽渠道与窄渠道。不同的渠道类型，其渠道模式也不同。

中间商作为分销渠道的重要成员有两种主要类型：经销商和代理商。而经销商有两种基本形式：批发商和零售商。

渠道选择的策略包括：密集分销策略、选择分销策略、独家分销策略。

市场营销中的物流策略，主要内容包括物流（储运）中的成本与物流方案决策等方面。

本章习题

一、名词解释

分销渠道　中间商　直接渠道　间接渠道　经销商　代理商

二、简答题

1. 分销渠道的特点有哪些？

2. 中间商的主要作用是什么？

3. 影响分销渠道选择的因素有哪些？

三、案例分析题

甲饮料开发烟台市场的渠道决策

甲饮料是一种刚刚投放市场的花生露饮料，获得国家绿色食品标志，其目标顾客群是广大的消费者，中间商的数量选择适用长渠道、广泛分销策略。在中间商类型的选择上，该饮料的做法是：先派负责山东大区的业务经理与烟台各大酒水批发商交流，希望他们能与自己合作。各批发商表示：合作没有问题，只是希望公司先发一批货（不付货款）来卖卖看。甲饮料公司规定：所有合作伙伴第一次提货必须现款交易。经过甲饮料山东经理的几轮谈判，终于有5家（A、B、C、D、E）批发商决定先少进一批（2万~5万元），并提出：可以无条件退货，甲饮料公司同意。这样，5家批发商以这种方式做了半年后，有3家（A、B、C）做得不错，经山东大区经理考察后向公司申请，允许这3家批发商在10万元货款之内可以先提货再付款（签订了相关合同）。又过了一年，甲饮料通过对这3家中间商的考察与谈判，最终选择了B作为地区总代理（双方签订了合同），并承诺公司不再直接在当地开展业务（全权委托B）。

思考题

1. 甲饮料刚进烟台市场时选择的5家中间商，属于哪种分销策略？有何特点？半年后和一年半后选择的中间商均属于哪种分销策略？各自特点是什么？

2. B中间商的身份在一年半内发生了3次变化，这表明了什么？

四、实训题

实训项目：为工业品设计新的销售渠道。

项目要求：

1. 访问一家工业品生产企业，了解其现有销售渠道。

2. 工业品与日用消费品的销售渠道有何差别？

3. 为你所访问的企业产品设计新的销售渠道。

4. 由指导教师或企业领导点评设计效果。

第八章　促销与促销组合

学习目标

1. 掌握促销的概念与功能。
2. 了解广告及公共关系的概念。
3. 理解营业推广的概念、特点及其主要方式。

第一节　促销的作用与方式

一、促销及其作用

（一）促销的含义

促销，即促进销售，是指通过人员及非人员推销的方式，向目标顾客传播商品及服务信息，帮助消费者认识该商品或服务所带给他们的利益，从而激发他们的购买欲望及购买行为的活动。这一定义包含以下 3 层含义。

（1）促销的实质是沟通信息。促销方式多种多样，从本质上看，都是消费者与供给者之间的信息沟通活动。通过信息沟通，供给者向消费者传递了商品及服务的存在、性能和特征等信息。

（2）促销的目的是推动产品和服务的销售。促销活动是一种信息沟通过程，信息沟通的根本目的是吸引消费者对企业或其产品和服务的兴趣和偏好，激发消费者的购买欲望，推动产品和服务从供给者向消费者的转移，实现其产品销售。

（3）促销的方式主要有人员促销和非人员促销。人员促销又称人员推销。非人员促销包括广告、营业推广和公共关系等形式。

(二) 促销的作用

促销在企业的营销过程中发挥着重要的作用，其具体作用表现在如下几个方面。

（1）传递信息，疏通渠道。现代营销过程是商流、物流、资金流和信息流的有机结合过程。信息流是商流、物流和资金流的先导，促销活动的本质就是消费者、生产者和中间商之间的信息流动。

（2）诱发需求。根据对消费者购买行为的分析，消费者的需求具有可诱导性。成功的促销活动不仅可以诱导和激发需求，在一定条件下还可以创造新的需求，从而使消费者需求朝着企业有利的方向发展。

（3）突出产品特点。同类竞争产品之间，只存在很细微的差别，普通消费者往往很难察觉，企业通过促销活动，可以突出地宣传本企业产品有别于其他竞争产品的独特之处，强调给消费者带来的独特利益等，促使消费者偏爱本企业产品，从而扩大企业竞争优势。

（4）树立企业形象。企业形象是公众对企业的整体印象和评价。良好的形象是企业重要的无形资产。由于企业形象是现实企业各方面活动和所有外在表现等一系列客观状况的反映，因而具有客观性。但企业形象同时具有鲜明的主观性特征，因此，促销活动，特别是公关宣传、广告等形式对于塑造良好的企业形象，推动产品销售，具有十分积极的作用。

二、促销组合

(一) 促销组合的含义

促销组合指对履行营销沟通过程的各个要素的选择、搭配及其运用。促销组合就是指把各种不同的促销方式综合起来运用以达到其特定的目的。具体地说，就是对人员推销、广告、公共关系宣传和营业推广这4种促销方式的选择、组合和运用。4种促销方式各自的特点如下（表8-1）。

表8-1　4种促销方式的特点

促销方式	特点	评价
人员推销	直面沟通、针对性强、培养感情	人员推销是双向沟通，推销过程实际上是人际关系的过程
广告	影响面广、渗透透性强、表现性好	广告对树立企业的长期形象有利
公共关系宣传	可信度高、传达力强	公共关系宣传是一种软广告，往往能起到事半功倍的效果
营业推广	吸引顾客、刺激购买、短期效果	在促销活动中最有创造力

（1）人员推销。人员推销可直接接触消费者，便于互相沟通信息，容易激发兴趣，促成即时交易，但费用较大，且人员培训不容易，尤其是优秀推销员难以选拔。

（2）广告。广告的宣传面广，能多次运用，且可将信息艺术化，形象生动，但不能因人而异，说服力不强，实际成交效果不甚理想。

（3）公共关系宣传。公共关系宣传是一种新型的促销手段，其影响面广，较容易令人信服。但组织工作量大，且企业难以把握机会和控制宣传效果。

（4）营业推广。营业推广吸引力强，激发需求快。但接触面窄，局限性较大，且容易使消费者产生不信任感。因此，企业要想获得良好的销售结果，必须针对不同类别的产品合理运用多种促销方式，即实施促销组合策略。

（二）影响促销组合的因素

促销组合策略实质上就是对促销预算如何在各种方式之间进行合理分配的决策。企业在进行这些决策时，应考虑的因素包括产品种类、促销目标、推式与拉式策略以及产品生命周期阶段。

1. 产品种类

产品种类主要是指产品是消费品还是产业用品。从现代市场营销发展史来看，消费品与产业用品的促销组合是有区别的。广告一直是消费品的主要促销工具，而人员推销则是产业用品的主要促销方式。

对消费品：广告——营业推广——人员推销——公共关系

对产业用品：人员推销——营业推广——广告——公共关系

2. 促销目标

确定最佳促销组合，还需要考虑促销目标。相同的促销工具用于不同的促销目标，其成本效益会有所不同。例如，尽管某些企业花在人员推销上的费用远远高于广告费用支出，但是所有促销目标都靠人员推销一种促销工具去实现也是不切实际的。

3. 推式与拉式策略

推式策略中以人员推销为主，辅之以中间商销售促进，兼顾消费者的销售促进。把商品推向市场的促销策略，其目的是说服中间商与消费者购买企业产品，并层层渗透，最后到达消费者手中。拉式策略以广告促销为拳头产品，通过新创意、高投入、大规模的广告轰炸，直接诱发消费者的购买欲望，由消费者向零售商、零售商向批发商、批发商向生产商求购，由下至上，层层拉动销售，如图8-1所示。

图 8-1　推式策略与拉式策略示意图

4. 产品生命周期阶段

在产品生命周期的不同阶段，促销支出的效果也有所不同。在产品生命周期的引入期和成熟期，促销是一个十分重要的市场营销组合因素。这是由于新产品初上市时消费者对其不了解，必须通过促销活动来吸引广大消费者的注意力。

（1）产品引入期。当产品处于产品生命周期的引入期时，需要提高知名度。采用广告和公关宣传方式可以获得最佳效果，销售促销也有一定的作用。

（2）产品成长期。在产品成长期，企业的促销目标应有一个战略性的转变，促销重点应从一般性的介绍转向着重宣传企业产品的特色，树立品牌形象，使消费者逐渐形成对本企业产品的偏好。在这一阶段，社交渠道沟通方式开始产生明显的效果，口头传播越来越重要。如果企业想继续提高市场占有率，就必须加强原来的促销工作。如果企业想取得更多利润，则宜用人员推销来取代广告和销售促进的主导地位，以降低成本费用。

（3）产品成熟期。在产品成熟期，竞争对手日益增多，为了与竞争对手相抗衡，保持已有的市场占有率，企业必须增加促销费用，但一般会削减广告预算。因为在此时大多数目标顾客已经对产品有所了解，而销售促进手段会逐渐起到重要的作用。在这一阶段可能发现了产品的新用途，或推出了改良产品。在这种情况下，加强促销能够使顾客了解产品，诱发购买兴趣。通过赠品等促销工具比单纯的广告活动更为有效，因为这时的顾客只需要提醒式广告即可。

（4）产品衰退期。在产品衰退期，企业应把促销规模降到最低限度，以保证足够的利润收入。在这一阶段，广告仅仅起到提示作用，用少量广告活动来保持顾客的记忆即可。公共宣传活动可以全面停止，人员推销也可以减至最小规模。然而，销售促进的某些活动可以继续展开。

综上所述，在整个产品生命周期中，企业所应采取的促销组合依各个阶段的不同特点而有所不同。在产品引入期和成熟期，促销活动十分重要；而在成长期和衰退期，则可以降低促销费用的支出，缩小促销规模，以保证足够的利润收入。

第二节 人员推销的特点及过程

一、人员推销及其特点

（一）人员推销的概念

根据美国市场营销协会的定义，人员推销是指企业通过派出销售人员与潜在客户通过面对面交谈，直接向客户介绍商品，以促成购买行为的活动。商品的推销过程，就是推销员运用各种推销术，说服推销对象接受推销品的过程。人员推销是一种古老的推销方式，也是一种非常有效的推销方式。

（二）人员推销的特点

相对于其他促销形式，人员推销具有以下特点。

便于建立人际关系：人员推销过程是推销人员直接将产品"推"给客户的过程，通过面对面的看货、议价、谈判来达成交易，使推销人员与客户之间建立起长期的关系，比非人员推销更具有人情味。

具有较强的灵活性：推销员可以根据各类顾客的特殊需求，设计有针对性的推销策略，容易诱发顾客的购买欲望，促成购买。

具有较强的选择性：推销员在对顾客调查的基础上，可以直接针对潜在顾客进行推销，从而提高推销效果。

及时促成购买：在推销员推销产品和劳务时，可以及时观察潜在顾客对产品和劳务的态度，并及时予以反馈，从而迎合潜在消费者的需要，及时促成购买。

营销功能的多样性：推销员在推销商品过程中，承担着寻找客户、传递信息、销售产品、提供服务、收集信息、分配货源等多重功能，这是其他促销手段所没有的。

二、推销人员的素质

推销人员的素质高低直接关系到推销绩效。建立、培养一支高素质的推销员队伍，是做好人员推销工作的关键。推销员的素质主要包括以下几点。

态度热忱，勇于进取：推销人员要具有高度的责任心和使命感，热爱本职工作，不辞辛苦，任劳任怨，敢于探索，积极进取，耐心服务，同客户建立友谊，这样才能使推销工作获得成功。

丰富的业务技术知识：丰富的业务技术知识是指推销员的业务素质，是做好推销工作的基础。一个称职的推销员，必须具备应有的业务技术知识。首先要具备企业知识、商品知识、客户知识；其次要具备社会知识，了解目标市场的营销环境，熟悉当地的风土人情等。此外，还应通晓社会学、心理学、公共关系学等知识。推销员的业务技术知识越丰富，推销工作就愈加得心应手。

较强的能力：较强的能力是指推销员的实务素质。推销员所掌握的知识要通过能力表现出来。推销员一般应具有观察力、理解力、表达力、应变能力、说服能力、决策能力、自制能力、创造能力、交际能力等。有了这些能力，推销员就能熟练地运用推销策略，卓有成效地开展推销工作。

文明礼貌，善于表达：在人员推销活动中，推销人员推销产品的同时也是在推销自己。这就要求推销人员要注意推销礼仪，讲究文明礼貌，仪表端庄，热情待人，举止适度，谦恭有礼，谈吐文雅，口齿伶俐，在说明主题的前提下，语言要诙谐、幽默，给客户留下良好的印象，为推销获得成功创造条件。

三、人员推销的步骤及策略

人员推销一般经过以下 7 个步骤。

寻找潜在顾客：寻找潜在顾客即寻找有可能成为潜在购买者的客户。潜在客户是一个 "MAN"，即具有购买力（money）、购买决策权（authority）和购买欲望（need）的人。同时，推销人员寻找的潜在客户，还要有接近的可能性，并有使用能力。寻找客户的方法很多，大体可分为两类：其一，推销人员通过个人观察、访问、查阅资料等方法直接寻找；其二，通过广告开拓，或利用朋友的介绍，或通过社会团体与推销员间的协作等间接寻找。

访问准备：在拜访潜在客户之前，推销员必须做好必要的准备。具体包括了解客户、了解和熟悉推销品、了解竞争者及其产品、确定推销目标、制定推销的具体方案等方面。不打无准备之仗，充分的准备是推销成功的必要前提。

接近客户：接近客户是推销员征求客户同意接见洽谈的过程。接近客户能否成功是推销成功的先决条件。接近客户要达到 3 个目标：给潜在客户一个良好的印象；验证在准备阶段所得到的信息；为推销洽谈打下基础。

洽谈沟通：洽谈沟通是推销过程的中心。推销员向准客户介绍商品，不能仅限于让客户了解你的商品，最重要的是要激起客户的需求，产生购买行为。推销人员在向潜在客户展示、介绍商品时可采用 5 种策略：①正统法，主要强调企业的声望和经验；②专门知识，主要表明对产品和对方情况有深刻了解；③影响力，可逐步扩大自己与对方共有的特性、利益和心得体会；④迎合，可向对方提供个人的善意表示，以加强感情；⑤树立印象，在对方心目中建立良好的形象。

处理异议：推销员应随时准备应付不同意见。客户异议表现在多方面，如价格异议、功能异议、服务异议、购买时机异议等。有效地排除客户异议是达成交易的必要条件。一个有经验的推销员面对客户争议，既要采取不蔑视、不回避、注意倾听的态度，又要灵活运用有利于排除客户异议的各种技巧。

达成交易：达成交易是推销过程的成果和目的。在推销过程中，推销员要注意观察潜在客户的各种变化。当发现对方有购买的意愿时，要及时抓住时机，促成交易。为了达成交易，推销员可提供一些优惠条件。

跟踪服务：现代推销学认为，成交是推销过程的开始。推销员必须做好售后的跟踪工作，如安装、退换、维修、培训及客户访问等。对于 VIP 客户，推销员特别要注意与之建立长期的合作关系，实行关系营销。

第三节　广告促销策略

一、广告与广告媒体

(一) 广告的概念

广告一词为外来语，源自拉丁语，其本义是"吸引人注意"，英文为"advertising"，简称"Ad"。广告是广告主通过一定的媒体有计划地向公众传递有关商品、劳务和其他信息，借以影响受众的态度，进而诱发或说服其采取购买行动的一种大众传播活动。

从以上定义可以看出，广告主要具有以下特点。

广告是一种有计划、有目的的活动。

广告的主体是广告主，客体是消费者或用户。

广告的内容是商品或劳务的有关信息。

广告的手段是借助广告媒体直接或间接传递信息。

广告的目的是促进产品销售或树立良好的企业形象。

现代广告有广义和狭义之分。广义的广告是指宣传者以说服或声明的方式（包括口头、文字、图画等）对商品、劳务或某种宣传目的做出的公开传播。从这个意义上说，一切非人员推销的促销手段都可称为广告。其内容和对象都比较广泛，包括营利性广告和非营利性广告。狭义的广告是指营利性广告，或称经济广告或商业广告。其定义为：广告主在付费的前提下，通过一定的媒体，采用艺术的手法有计划地向特定消费者传递其商品或服务信息，以诱导消费者采取购买行为的一种促销活动。

（二）广告媒体

所谓广告媒体，是指把广告主与消费者连接起来的中介物质，是产品信息赖以传播的渠道或工具。随着科学技术的发展，广告媒体越来越多，传播信息的速度、质量和数量越来越高。在现代经济生活中，常用的广告媒体方式主要有报纸、杂志、广播、电视、直接邮寄、互联网络、户外广告等，其优缺点如表8-2所示。

表8-2 各种广告媒体的优缺点

广告媒体	优点	缺点
报纸	读者广泛、稳定，传播及时，印象深，易被消费者接受和信任，易保存和查找	时效性短，传阅者少
杂志	读者专一，可靠且有名气，时效长，传阅读者多	缺乏灵活，传播慢、受众面窄
广播	广泛使用，可选择适当的地区和对象，成本低	仅有音响效果，不如电视吸引人，信息传播瞬间即逝
电视	视、听、动作紧密结合，且引人注意，送达率高	成本高，信息展示瞬间即逝，对观众无选择性
直接邮寄	沟通对象已经过选择，有灵活性，无同一媒体的广告竞争	成本比较高，容易造成滥寄的现象
互联网	24小时传播，传播速度快、影响面广、影响力大，可统计效果	成本比较高，受点击率影响，可信度有时不高
户外广告	比较灵活，信息传播重复性强，成本低，竞争低	不能选择对象，创造力受局限

（三）广告媒体选择时应考虑的因素

广告媒体是多种多样的，企业不可能也没必要同时使用所有的广告媒体做广告。为了取得一定的促销效果，必须选择适当的媒体。根据不同的广告宣传要求，正确、合理地选择广告媒体，也是制订广告计划、确定广告策略的重要内容。企业在选择媒体时一般要考虑以下因素。

1. 产品的性质和特点

对工业品和消费品、高技术性产品和一般性的产品，应选择不同的广告媒体。例如，服装鞋帽等日用品或选购品重要的是显示其式样、颜色，所以最好在电视上或书刊上用彩色图案或图片做广告，单用文字效果就比较差。对高技术性产品，比较适宜邮寄广告，这可以详细地说明产品性能，便于用户做比较。对家用电器产品可采用电视进行操作使用演示，增加用户对产品的真实感觉。

2. 目标顾客对媒体的接受习惯

不同的媒体可以将广告信息传播到不同的市场和目标顾客中，因此，要选择目标顾客最熟悉的媒体。比如，妇女用品广告应刊登在妇女杂志上，或选择大多数女性喜欢的电视节目、广播或报纸作为媒介。体育用品广告则应选择青年或体育爱好者喜欢的电视节目或书刊作为媒体。

3. 媒体特性

媒体特性包括媒体的地区、范围、频率、声誉、能力等，尤其应当重点考虑以下几个因素。

（1）广告媒体的传播范围。指媒体传播的范围大小，受众的多少，即影响面，如在全国销售的商品，宜在全国性的报刊、广播和电视上做广告；在局部地区销售的商品，则可选择地方性的报刊、广播与电视媒体，以及广告牌、霓虹灯等媒介。

（2）广告媒体的传播质量。指媒体的声誉，即影响力，具体包括媒体的可靠性、声望、复印质量、编辑水平、出版时间、心理效果等。媒体传播质量的高低，直接影响到广告宣传效果的好坏。媒体的传播只能说明媒体的可能影响面，而实际影响力则由传播质量来决定。也就是说，传播范围一样的同类媒体，传播质量高的广告效果大。

（3）广告媒体的成本。由于不同媒体对象的传播数量和质量差异较大，所以直接影响广告成本的大小。企业在确定具体媒体对象时，既要考虑广告预算和支付能力，又要分析广告媒体的相对价值，以最小的费用取得最佳广告效果。

4. 国家政策和法律

广告媒体的选择必须符合国家有关政策和法律。《中华人民共和国广告法》于1995年2月1日正式实施。该法第十八条规定："禁止利用广播、电影、电视、报纸、期刊发布烟草广告。禁止在各类等候室、影剧院、会议厅堂、体育比赛场馆等公共场所设置烟草广告。"同时还规定，不得利用交通安全设施、交通标志等设置户外广告。

二、广告策略

（一）广告定位策略

所谓广告定位，就是在广告宣传活动中，企业通过突出商品符合消费公众需要的个性特点，确定商品的基本品位及其在竞争中的方位，促使公众树立选购该商品的稳固印象。根据企业的产品特点，在广告作品中创造出符合商品品位形象要求的意境，是广告策划的重要工作。

一般而言，广告定位有 3 种基本策略，即市场定位策略、产品品质定位策略和观念定位策略。这些策略的灵活运用，是提高广告宣传效果的基本保障。

1. 市场定位策略

在广告宣传中，如果市场定位失误，那么整个宣传活动就会失败；反之，市场定位准确，那么广告形象就能发挥市场促销的作用。这一点，某品牌香烟的经历就颇具代表。20世纪 40 年代以前，某品牌香烟的广告定位是女性，相应的宣传主题是"像五月的天空一样温和"，结果只有少数吸烟妇女接受，销量持续多年不佳。20 世纪 50 年代，该公司求助于一家广告公司，将其定位改变为硬铮铮、征服大自然的牛仔形象，在广告作品中强调某品牌的阳刚之气，永远无敌，结果吸引了所有爱好、欣赏和追求这种境界的顾客，产品消费市场扩大了。由此可见，如何运用市场细分法则，选择最有利消费性的目标市场，在广告策划中具有极其重要的意义。

2. 产品品质定位策略

企业产品具有多方面的特性，拥有许多优势。在一个信息容量极为有限的广告作品中，企图详尽宣传产品的各个方面，从原料、设计、性能到使用方法、品种、规格、款式，包罗万象，这既不可能也没必要，它往往会导致广告宣传主题的弱化，降低宣传效果。这时，就需要运用产品品质定位策略，找出产品诸多性能中符合目标公众要求和产品形象的主要特征，策划广告作品，开展广告宣传。例如，某打字机广告以"不打不相识"的双关广告语来突出其优质的性能；某些产品标以"不含铅汽油""非可乐型饮料""非油炸方便面"来区别于其他产品，有其独特的优点。

在国外，同样类型的产品，其品质定位是不尽相同的。例如，同是汽车，有的突出噪声低与安静，有的强调快捷与速度，有的突出奔放与个性，有的强调安全与牢固，有的突出时尚新潮，有的强调人类情感。在广告策划过程中，运用产品品质定位策略时，所确定的宣传重点与形象意境要符合企业一贯的形象要求与意境。

当然，在广告策划中，确定广告宣传的重点内容也要符合目标公众的要求，并避开竞争产品的常规宣传内容。这样，广告作品中所塑造的品质形象，才会具有个性特色，并形成市场冲击力，为企业开拓市场服务。

3. 观念定位策略

所谓观念定位策略，就是在广告策划过程中，根据公众接受的心理，确定主题观念所采用的一种策略。根据诉求方式的不同，观念定位策略可分为正向定位和逆向定位两种。正向定位就是在广告作品中正面宣传产品的优点以及给顾客带来的利益；而逆向定位则在广告作品中"宣传"产品的缺点，以反诉求的手法引起公众的注意。

正向定位是广告策划中采用最多的手法；而逆向定位主要是针对现代人所持有的逆反心理思维而采用的宣传方式，在企业中的经常被使用。如香港有家酒吧的主人，在门口放着一个巨型酒桶，外面写着四个醒目的大字："不准偷看！"许多过往行人感到十分好奇，偏偏要看个究竟。人们一接近酒桶，便闻到了一股清醇芳香的酒味，还可以看到桶底酒中隐现的"本店美酒与众不同，请君品味享用"字样。这个实例告诉我们，运用逆反心理策略的关键在于巧妙地引发公众的好奇心，并引导公众通过你所期待的购买行为。好奇心是逆反心理策略运用的契机。

（二）广告心理策略

1. 诱导心理策略

广告设计人员抓住消费者某种潜在的心理活动，使之接受广告所宣传的观念，自然地诱发出一种强烈的需求欲望。

2. 迎合心理策略

根据消费者的性别、年龄、文化层次、收入、职业特点，消费者的爱美、爱新、求名、求实惠等心理特点，在广告中迎合消费者的这些心理需求，以刺激购买。

3. 猎奇心理策略

在介绍某些新产品时，突出该产品之前从未有过的新的功能用途，或采用使人耳目一新的广告手法，引发消费者的好奇心和注意力，进而激发消费者的购买欲望。广告的猎奇心理运用得当，可获得显著效果。

第四节　公共关系的作用

一、公共关系的概念及特征

（一）公共关系的概念

公共关系，又称公众关系。"公共关系"一词来自英文"public relations"，简称"公关"或"PR"。公共关系是指企业在从事市场营销活动中，正确处理企业与社会公众的关系，以便树立企业的良好形象，从而促进产品销售的一种活动。同广告、人员推销和营业推广相比，公共关系具有自身的特点。

间接促销：企业的公共关系活动往往并不直接介绍、宣传和推销企业的产品和服务，而是通过积极参与各项社会活动，宣传企业的营销宗旨，协调与公众的关系，赢得社会公众的支持、理解和信任，从而提高企业的知名度、美誉度，树立良好的企业形象，进而扩大企业产品的信誉，达到促销的目的。

能够获得长期效应：公共关系与其他类促销不同，它不强调立竿见影，马上成交，而是强调长期效应。开展公关活动，企业的知名度提高了，树立了良好的形象和声誉之后，能在公众心目中留下深刻的印象，就能在较长时期内促进商品的销售。

（二）公共关系的基本特征

公共关系是一定社会组织与其相关的社会公众之间的相互关系。这里包括 3 层含义。其一，公关活动的主体是一定的组织，如企业、机关、团体等。其二，公关活动的对象，既包括企业外部的顾客、竞争者、新闻界、金融界、政府各有关部门及其他社会公众，又包括企业内部职工、股东等。这些公关对象构成了企业公关活动的客体。企业与公关对象关系的好坏直接或间接地影响企业的发展。其三，公关活动的媒介是各种信息沟通工具和大众传播渠道。作为公关主体的企业，借此与客体进行联系、沟通和交往。

公共关系的目标是为企业广结良缘，在社会公众中创造良好的企业形象和社会声誉。一个企业的形象和声誉是其无形的财富。良好的形象和声誉是企业富有生命力的表现，也是公关的真正目的之所在。企业以公共关系为促销手段，是利用一切可能利用的方式和途径，让社会公众熟悉企业的经营宗旨，了解企业的产品种类、规格以及服务方式和内容等有关情况，使企业在社会上享有较高的声誉和较好的形象，促进产品销售的顺利进行。

公共关系是一种信息沟通，是创造"人和"的艺术。公共关系是企业与其相关的社会公众之间的一种信息交流活动。企业从事公关活动，能沟通企业上下、内外的信息，建立相互间的理解、信任与支持，协调和改善企业的社会关系环境。公共关系追求的是企业内部和企业外部人际关系的和谐统一。

公共关系是一种长期活动。公共关系着手于平时努力，着眼于长远打算。公共关系的效果不是急功近利的短期行为所能达到的，而需要连续的、有计划的努力。企业要树立良好的社会形象和信誉，不能拘泥于一时一地的得失，而要追求长期的稳定的战略性关系。

二、公共关系的作用

公共关系是一门"内求团结，外求发展"的经营管理艺术，是一项与企业生存发展休戚相关的事业。其作用主要表现在 4 个基本方面。

1. 搜集信息，检测环境

信息是企业生存与发展必不可少的资源。运用各种公关手段可以搜集各种有关信息，监测企业所处的环境。企业公关需要采集的信息包括以下几个方面。

（1）产品形象信息。产品形象信息是指消费者对本企业产品的各种反应与评价，如对产品质量、性能、用途、价格、包装、售后服务等的反应评价。

（2）企业形象信息。企业要了解自己的形象，除产品形象的信息外，还必须采集以下信息：①公众对企业组织机构的评价，如组织机构设置是否合理、运转是否灵活、办事效率是否高效等；②公众对企业经营管理水平的评价，即在经营决策上，企业的经营方针是否正确，决策过程是否科学，决策目标是否合理、可行；③公众对企业人员素质的评价，包括对决策层领导人员和一般人员素质的评价；④公众对企业服务质量的评价，包括对服务意识、服务态度等方面的评价。

（3）企业内部公众的信息。企业员工作为社会公众的一部分，必然对企业产生不同的反应与评价。通过对企业内部员工意见的了解，能掌握员工对企业的期望，企业应树立什么样的形象，才能对职工产生向心力和凝聚力。

（4）其他信息。企业不可能脱离外界而存在，投资者的投资意向、竞争者的动态、顾客的需求变化以及国内外政治、经济、文化、科技等方面的重大变化，都直接或间接地影响到企业的经营决策。公共关系作为社会经济趋势的监测者，应广泛地收集这些有关社会经济的信息。

2. 舆论宣传，创造气氛

这一职能是指公共关系作为企业的"喉舌"，将企业的有关信息及时、准确、有效地传递给特定的公众对象，为企业树立良好形象创造舆论气氛。如通过公关活动，能提高企业的知名度、美誉度，给公众留下良好形象，能持续不断、潜移默化地完善舆论气氛，引导公众舆论朝着有利于企业的方向发展；还能适当地控制和纠正对企业不利的公众舆论，及时将改进措施公之于众，避免扩大不良影响，从而收到化消极为积极、尽快恢复声誉的效果。

3. 交往沟通，协调关系

企业是一个开放系统，不仅内部各要素需要相互联系、相互作用，而且需要与系统外部环境进行各种交往、沟通。交往沟通是公关的基础，任何公共关系的建立、维护与发展都依赖于主客体的交往与沟通。通过交往沟通可以实现信息沟通，使企业的内部信息有效地输向外部，使外部有关信息及时地输入企业内部，从而使企业与外部各界达到相互协调。协调关系，不仅要协调企业与外界的关系，还要协调企业内部关系，包括企业与其成员之间的关系、企业内部不同部门成员之间的关系等，要使全体成员与企业之间达成理解和共识，增强凝聚力。

4. 教育引导，社会服务

公共关系具有教育和服务的职能，是指通过广泛、细致、耐心的劝服性教育和优惠性、赞助性服务，来诱导公众对企业产生好感。对企业内部，公关部门代表社会公众，向企业内部成员输入公关意识，教育企业内部各部门及全体成员都重视企业整体形象和声誉；对企业外部各界，公关部门代表企业，通过劝服性教育和实惠性社会服务，使社会公众对企业的行为、产品等产生认同和接受。

典例链接

太阳石药业母子沟通活动案例

太阳石药业是我国领先的妇女儿童药品制造商之一。面对越来越激烈的竞争态势，太阳石药业明确了"全面呵护女性健康、帮助孩子健康成长"的企业使命。如何策划组织一场行之有效的推广活动，吸引更多女性和儿童的参与，以此赢得他们对企业和产品的关注和信赖，已成为太阳石药业必须解决的重要问题。

从社会大环境来说，构建和谐社会、和谐家庭是社会发展的大主题。为此，太阳石药业推出了"太阳石杯"智慧新妈妈＆健康好娃娃评选活动，以"一起成长"为主题，突出"母子沟通"的诉求，将"成长"和"爱"的活动精髓灌注到近4亿个家庭中间，促进孩子生理、智力、心理的协同成长，切实解决社会生活中存在的母子双方缺乏沟通的问题。以下为活动基本策略。

（1）结合当前社会舆论热点，将构建和谐社会、和谐家庭的理念充分融入活动当中，并找准受众的利益点、兴趣点进行创意上的延展和突破，突出"母子沟通"主题的表达。

（2）有效展现活动的权威性、高规格，以及广泛的影响力。特别是在主办方的级别上，凭借多家国内一级政府机构的参与和支持，对活动的权威性进行突出和强化表现，以吸引社区公众的参与，为活动品牌的建设服务。

（3）"爱"与"感恩"情感元素的释放。针对母子之间感情交流的特点，策划了一系列不同形式、诉求的活动和游戏，用沟通的多重手段进行互动和表现，在强化现场活动气氛的同时，通过新闻发布，感染更多的读者群体。

选择在母亲节和儿童节期间举行活动，不仅呼应受众的感性心理体验，也迎合当时社会的关注焦点。在传播导向上，着重对活动核心信息进行延展和突出，特别突出"感恩"的表达，并融合家庭和谐等方面的选题，在抓住社会热点的同时，与媒体的节日选题实现有效结合。

在具体公关活动中，太阳石药业举办了"卡片传爱、问卷集情"、感恩面对面等一系列主题活动，活动全程共涉及全国27个省、市、自治区，在郑州、长春、武汉、杭州、昆明等重点目标城市的重点社区共举行活动 30 余场，覆盖群体多达数 10 万人次。实现电视、广播、平面网络立体式传播，全面覆盖 29 个省、市，直接影响主流目标群体。其中传播字数总量接近 50 万字，《太阳石药业精心烹制"感恩心灵鸡汤"》《百万儿童与太阳石携手体味成长快乐》等新闻被新浪、搜狐、163 等门户网站主动转载，网络转载率高达 200%，不少地方媒体主动跟进报道，呈现百花齐放的新闻态势。

（资料来源：《国际公关》2008.10）

第五节 营业推广的方式

一、营业推广的概念及其特点

营业推广是指在一个比较大的目标市场中，为了刺激顾客做出更迅速、更强烈的反应而采取的一系列促销活动。营业推广大多是特定时期的特别活动，与企业的营业活动直接相联系，故称营业推广。

根据市场和产品等特点，营业推广的方式灵活多变，但一般具有两个相互矛盾的特点。一是强烈的刺激性。许多营业推广方式具有强烈的吸引力，让顾客感到这是永不再有的一次购买机会，可以促使顾客对产品积极购买；二是产品贬低性。有些做法显出卖者急切出售的意图，如果使用不当，会使顾客怀疑产品的质量、价格。这是企业进行营业推广时必须认真考虑和尽力避免的。

二、营业推广的方式

1. 消费者推广方式

（1）赠送。向消费者赠送样品或试用样品。样品可以挨户赠送，在商店或闹市区散发，在其他商品中附送，也可以公开广告赠送，赠送样品是介绍一种新商品最有效的方法，费用也最贵。

（2）折价券。折价券是指给消费者一个凭证，使其在购买某种商品时可凭证免付一定金额的钱款。折价券可以邮寄，附在其他商品中，或在广告时附送。这是一种刺激成熟品牌商品销路的有效工具，它也可以刺激消费者早期试用新品牌。

（3）优惠券。优惠券是指消费者在购买某些商品时，按比例得到一定数量的优惠券，消费者再将优惠券兑换成商品。这种方法能鼓励消费者购买更多的商品。

（4）特价包。特价包也称小额折价交易，是在商品包装上或招贴上注明比通常包装减价若干。这个特价包可以是一件商品，也可以组合几件商品。

（5）奖励。奖励是指消费者可以凭奖励券买一种低价出售的商品，或者凭券免费以示鼓励，或者凭券购买某种商品时给予一定优惠，各种抽奖活动也属此类。

典例链接

台湾××百货分店开幕营业推广方案

一、活动构想

以现场简单多样的促销活动为主，营造热烈的购物氛围，并考虑节日特点，选择多种传播媒体配合开幕活动造势。

二、活动时间

2010 年 9 月 28 日—2010 年 10 月 8 日（计 11 天）。

三、活动名称

开幕盛大酬宾。

四、活动构架

由主力促销活动，抽奖、多样促销活动及场外表演、场外气氛活动构成，配合辅助传播媒体。

（一）主力促销活动：满 2000 元送 50 元

活动办法：活动期间，顾客当日在卖场累计购物满 2000 元即送 50 元提货券，提货券可在全场使用。

（二）抽奖活动：广播开奖，时尚玩物随时拥有

活动方法：百货播音室在每一准点开出几个幸运数字，凡购物顾客的有效缴款凭证上的号码与幸运数字吻合，即可凭中奖的缴款凭证至兑奖处领奖。奖品设置：新力 MD 机、MP3 播放器、时尚滑板车、迷你相机等精美奖品。

（三）多样促销活动：旧时尚换新时尚，运动 100 现场活动

活动办法：凭旧时尚杂志换开幕提货券（每天限兑 500 本）；凭其他时尚百货店或购物中心 VIP 卡可换取本百货店的 VIP 卡。

（四）场内表演活动：真人模特表演、橱窗内服装展示

活动内容：由品牌厂商在美人鱼广场举办新品种展示活动，公布最新服装流行信息，可采用两种表演形式：真人模特表演，橱窗内模特表演。

（五）场外气氛活动：派送气球

（六）辅助传播媒体：海报夹送及酒店、饭店活动海报张贴

（资料来源：《时代商家》2013.07）

2. 中间商推广方式

商品生产商为了争取与批发商和零售商等中间商的合作，常常采用以下一些方式。

（1）批发回扣。企业为争取批发商或零售商多购进自己的产品，在某一时期内可给予购买一定数量本企业产品的批发商以一定的回扣。

（2）推广津贴。推广津贴是指制造商在批发商、零售商的购买达到一定数量时，免费赠送一些商品或现金。例如，为酬谢经销商代登广告而给予的称为广告津贴，为酬谢经销商为其产品举办特别陈列而给予的称为陈列津贴等。

（3）免费赠品。免费赠品是指生产商为加强与中间商的感情，免费赠送附有厂名的各种礼品。

（4）销售竞赛。根据各个中间商销售本企业产品的实绩，分别给优胜者以不同的奖励，如现金奖、实物奖、免费旅游、度假奖等。

（5）扶持零售商。生产商对零售商专柜的装潢予以资助，提供 POP 广告，以强化零售网络，促使销售额增加；可派遣厂方信息员或代理销售人员。生产商这样做的目的是提高中间商推销本企业产品的积极性和能力。

链接

在艺术与功利之间徘徊的广告

这是一个古老的问题，英国文学家塞缪·约翰逊（Samuel Johnson）博士曾说过："广告业现在几乎到达了完美境界，很难提出任何改进的措施。"在很大意义上，他是从广告的表现形式上着眼的。然而当一个文学家对广告提出"近乎完美"的评价时，他和营销专家们的观察角度往往是不同的，这就涉及广告的一些带有本质性的分野。这种区分用一种老套的术语就是：审美意义上的广告还是功利意义上的广告，抑或是审美与功利相统一的广告。显然如果这种划分可以很简单地加以区隔，那结论应该是很容易得出的，但是现实似乎要复杂得多。也许正是这一点导致了长期以来，广告在艺术与功利之间的徘徊。

在现代广告史上"销售派"与"艺术派"实际上一直存在着，前者是那些坚持强销观念的广告大师，诸如克劳德·霍普金斯、罗斯·瑞夫斯等，后者则以创意革命的旗手威廉·伯恩巴哈为代表。艺术派说"广告的本质是艺术"，甚至认为广告属于艺术创作范畴。在广告创作中，历来有"说什么"与"怎样说"之争，前者指的是广告所要表现的主旨，后者指的是广告表现手法。销售派毫无疑问的强调前者，瑞夫认为只要找到独特的销售说辞广告创作的任务就完成了，奥格威说"说什么比怎样说更重要"；但是伯恩巴哈却认为"独特的销售说辞只是广告的开始"，"处理方式具有决定意义"。也许正是因为这种分野，使得从过去到现在，广告可以显得很低俗甚至很不堪，也可以变得很艺术、很赏心悦目。但是不论是哪一种广告，所有杰出的广告人都知道，艺术不是广告的目的甚至不是它的最基本追求，只有销售才是它的根本所在，所以连伯恩巴哈自己也说："如果有人说广告不是为了销售那么他就是一个骗子。"

因此，当我们说"广告是一种艺术"的时候，我们实际上是在说，广告具有艺术的表现手法，广告可以借助于艺术更好地与人沟通，更好地实现诉求和说服。而许多广告艺术派大家在各自的经验范围内又体会到：广告虽然具有艺术创作的一切品格，可广告人却没有"纯"艺术创作的潇洒和超脱。

"纯艺术"可以天马行空，独来独往，甚至曲高和寡、孤芳自赏。广告却不一样，作为一种"说服的艺术"，广告不仅要照亮天空，同时必须打击目标，这个目标就是销售。如果把创作比作跳舞，那么"纯艺术"是放开手脚，大显身手，而广告则是戴着枷锁起舞，枷锁就是商业目标。

一旦戴上商业的枷锁，世俗和功利逼迫你不可能像艺术那样洒脱和超越，广告人又如何能够翩翩起舞呢？他们殚精竭虑地去想象、比喻、暗示、幽默、荒诞、煽情，去挖空心思、焦急流汗，去千方百计地满足老板们对"伟大构想"的欲望，去追求出人意料、令人振奋和强烈震撼，说穿了都是为了追求金钱和利益。"这是怎样的痛苦和幸福啊"！当然也许正是因为有了这样一种艰难，许多广告人也会自豪地说，这也是一种生存和表现的艺术。

（资料来源：《销售与市场》2016.06）

─────────── 本章小结 ───────────

促销的目的是引起消费者的注意和兴趣，激发消费者的需求和欲望，促进消费者购买行为的产生。促销是说服和提醒消费者对公司及其产品信任、支持和注意的任何沟通形式。可见，促销与沟通有着密切的联系。

除了必须借助于沟通渠道来与消费者沟通以达到促销目的外，促销本身也包括多种方法，它们往往需要结合起来运用，构成促销组合。广告、人员推销、营业推广和公共关系是一个机构促销组合的四大要素。

本章习题

一、名词解释

促销　人员推销　广告　营业推广

二、简答题

(1) 人员推销有什么特点？简述人员推销的程序及其策略。

(2) 什么是广告？常见的广告策略主要有哪些？

(3) 公共关系宣传的方式和策略主要有哪些？

(4) 营业推广主要有哪些方式？

三、案例分析题

化妆品营销案例分析：资生堂

面对众多的韩妆和欧美品牌，中国市场一直是资生堂表现最为疲软的市场，2015年更被称为资生堂的变革之年。为了重振中国区市场，2015年11月，资生堂宣布，集团企业战略发展部门总经理藤原宪太郎调任中国担当资生堂（中国）投资有限公司总经理。一年内两次换帅，在这家老牌日企里，实属罕见。

但是这家日本最大的化妆品公司的改革似乎正在奏效。

根据资生堂发布的财报，2016年1月至6月期间，资生堂中国的净销售额约为人民币35.98亿元（615亿日元，按照财报提供汇率1人民币=17.1日元换算），与2015年同期相比增长3.1%，如果排除日元升值的不利影响，增长则达到了15.5%。

对于化妆品公司来说，在当时的市场条件下，达到两位数增长并不容易。

藤原宪太郎上任后制订了三项工作要求：对品牌进行更为明确的定位，加强电商和数字化营销以及强化组织能力和组织架构。

从2016年1月开始，资生堂品牌进行一场全面的品牌革新，其产品、广告视觉效果、模特、商店专柜、品牌标志以及其他方面的宣传设定了一系列的改革。

这位新上任的中国区CEO做的第一件事，就是对大众化妆品部的泊美进行品牌升级。

泊美是资生堂2001年针对中国市场推出的大众化品牌，它在中国生产和研发，主打天然、植物概念，但运作多年后，包装老化，品牌陈旧困扰着这个品牌。在低线城市，这类没有明显形象和信息露出的产品迅速被本土品牌的专柜淹没。另一个相似的品牌还有悠莱。在藤原上任之初，这两份品牌升级的提案最先被拿到了他的眼前。

藤原上任前，泊美的产品更新已经完成，还签约了影视明星作为代言，剩下的就是怎么将它推出市场。

对于悠莱，其推广点很快落在"肌肤触摸"（Skin Touch）的概念上，但是泊美遇到了难点。在临近推出市场的三个月之前，泊美调整了宣传重点，公司想将品牌主打的天然、植物精华等多个概念融合在一起。借鉴过去在欧洲市场五年的工作经验，藤原最后采用了"新鲜市集"的概念，提出了"Cosmetic Marche 泊美鲜肌荟"的想法。希望将法国菜市场上新鲜水果蔬菜的感觉带到泊美的新柜台中。为了新的专柜设计，藤原将设计团队派往了巴黎进行考察。最后，柜台展示区域变成了倾斜状，展示产品信息的内容也用小黑板代替，更多的花和更明亮的颜色被加入进来。为了配合低线城市专门店的需求，按照柜面大小不同，泊美还给出了四种方案。

泊美的重要性在于，藤原希望将这样的方法延及至之后的其他品牌。"如果表现不错，我们可以把经验推广到 Za 这个品牌上。目前 Za 还在进行产品更新。"

大众化妆品部门曾经是资生堂深入中国市场的一种积极表现，比起它的竞争对手，资生堂为中国本土市场研发的品牌更多，更早地开始覆盖低线城市。通常这些品牌价格更加亲民，而依靠母公司的研发能力，他们的产品表现也有保障。

对于化妆品而言，尤其是大众化妆品，合适的定位可以帮助你到达消费者，但首先，你还得搞定经销商，尤其现在，情况变得不一样了。国产品牌在化妆品专门店上愿意花费更多的资源，类似韩束、自然堂这样在卫视频道高频率投放广告的品牌借着低线城市的化妆品专门店迅速发展起来，像珀莱雅这样的品牌，专营店渠道占到了公司整体渠道的90%，产品销售的62%。

在资生堂中国，渠道的改革早在藤原到来之前就已经开始。为了提高销售，藤原的前任在2015年8月发起了大众化妆品牌的渠道改革。资生堂将销售部门按照区域、渠道划分，全国市场被划分为北区、中南区、东区和西区四个大区，每个大区设置大区总监，统一领导大区内所有品牌、所有渠道、所有生意模式，并管理大区内所有代理商的业务发展。

在每个大区内，依据生意占比、地理分布和发展潜力，又划分为不同区域。每个地区设置一位地区销售经理，集中管理区域内所有品牌、渠道、生意模式的运作，并服务所有代理商。

这一举动对资生堂目前的百货和专门店渠道进行资源整合。但是调整一度让经销商们产生了犹豫。为了安抚经销商，2016年2月，资生堂全球总裁鱼谷雅彦与刚上任不久的藤原亲自去往乌镇参加经销商大会。

也就是在这个发布会上，大众化妆品部的泊美和悠莱宣布了新的革新计划。

对于经销商来说，新的柜台和品牌形象能带来新气象，但更重要的，是对产品的销售支持，即促销力度、柜台维护，还有更关键性的销售返点。"1到3个返点，还给你换新的柜子。"上文提及的中部经销商觉得还算满意。

资生堂称会通过库存管理、预防窜货、增强 BA 教育、及时提供试用品与柜面维护、强化收集消费者信息与购买动向等五大手段，直接或间接地帮助经销商创造更好的顾客购物意愿及环境。而在百货渠道，资生堂则将更多精力放在了加强对 BA（美容顾问）的销售教育上。

如果参照高端品牌 Shiseido 资生堂这样的革新路径，泊美和悠莱的升级速度已经表现不错。Shiseido 大概从两年半以前启动了产品革新，2015 年 11 月正式发布了新的 Logo 和柜台形象，2016 年 6 月，中国地区开出了更新之后的第一个柜台。对于这样全球性的品牌，资生堂中国做了一些本土化的尝试，比如考虑到喜欢自拍的中国消费者，在试装的柜面上，资生堂安装了 USB 充电接口。不过对于这样的速度，藤原仍然不甚满意："我已经督促研发团队将产品革新时间控制在半年之内，底线可以到 7 个月。"

快速变化的中国市场是藤原做出这一决定的原因，甚至这个要求要比日本母公司所提出的更高。

这样的改革开始奏效，反应在业绩上，就是 2016 年上半年资生堂中国化妆品部门增长达到了 24%，大众化妆品部门终于摆脱了下滑趋势，实现了 13%的增长。

（资料来源：《现代营销》2015.06）

思考题

化妆品营销案例给予我们哪些营销启示？

四、实训题

实训项目：体验一次商品促销（营业推广）活动。

项目要求：

1. 参加一次学校所在城市商家的商品促销活动并记录实况与感受。

2. 仔细观察活动现场促销要素的种类及布置。

3. 积极参与，感受现场还有哪些需要改进。

4. 活动结束后，交流感受，进行讨论。

第九章　价格策略

1. 掌握产品定价的影响因素。
2. 了解企业定价的主要步骤。

第一节　营销定价及其影响因素

一、影响产品定价的因素

1. 产品成本

商品的价值由 C+V+M 组成。其中，C+V 是在生产过程中物化劳动转移的价值和劳动者为自己创造的价值，M 是劳动者为社会创造的价值。显然，对企业产品的定价来说，成本是一个关键因素。企业产品定价以成本为最低界限，只有产品价格高于成本，企业才能补偿生产上的耗费，从而获得一定盈利。但这并不排斥在一段时期在个别产品上，价格低于成本。

在实际工作中，产品的价格是按成本、利润和税金三部分来制定的。成本可分为固定成本和变动成本。产品的价格有时是由总成本决定的，有时仅由变动成本决定。成本有时又分为社会平均成本和企业个别成本。就社会同类产品的市场价格而言，主要是受社会平均成本影响。在竞争充分的情况下，企业个别成本高于或低于社会平均成本，对产品价格的影响不大。

根据统计资料显示，目前工业产品的成本在产品出厂价格中约占 70%。这就是说，成本是构成价格的主要因素。如果就制定价格时要考虑的重要性而言，成本无疑是最重要的因素之一。因为价格如果过分高于成本，会有失社会公平，但是价格过分低于成本，也不可能长久维持。

企业产品定价时，不应将生产成本孤立地对待，而应与产量、销量、资金周转等因素综合起来考虑。成本因素还要与影响价格的其他因素结合起来考虑。

2. 市场需求

商品价格除了受成本影响外，还受市场需求的影响。即受商品供给与需求的相互关系的影响。当商品的市场需求大于供给时，价格应高一些；当商品的市场需求小于供给时，价格应低一些。反过来，价格变动也会影响市场需求总量，从而影响产品销售量，进而影响企业目标的实现。因此，企业制定价格必须了解价格变动对市场需求的影响程度。反映这种影响程度的一个指标是商品的价格需求弹性系数（此部分在定价步骤中阐述）。

3. 竞争因素

成本因素和需求因素决定了产品价格的下限和上限，然而在上下限之间确定具体价格时，则很大程度上要考虑市场的竞争状况。竞争性定价在当今市场越来越普遍，价格战也越打越激烈。在缺乏竞争的情况下，企业可以按照消费者对价格变化的敏感性来预期价格变化的效果，然而由于有了市场竞争，对手的反应甚至可完全破坏企业的价格预期。因此，市场竞争是影响价格制定的一个非常重要的因素。一般说来，竞争越激烈，对价格的影响也越大。

4. 其他因素

企业的定价策略除了受成本、需求以及竞争状况的影响外，还受到其他多种因素的影响。这些因素包括政府或行业组织的干预、消费者习惯和心理等。

（1）政府或行业组织干预。为了维护经济秩序，或为了其他目的，政府会通过立法或者其他途径对企业的价格策略进行干预。政府的干预包括规定毛利率，规定最高和最低限价，限制价格的浮动幅度或者规定价格变动的审批手续，实行价格补贴等。例如，美国某些州政府通过租金控制法将房租控制在较低的水平上，将牛奶价格控制在较高的水平上；法国政府将宝石的价格控制在低水平，将面包价格控制在高水平；我国某些地方为反暴利出台政策对商业毛利率进行限制等。一些贸易协会或行业性垄断组织也会对企业的价格策略施加影响。

（2）消费者心理和习惯。商品价格的制定和变动在消费者心理上的反映也是价格策略必须考虑的因素。在现实生活中，很多消费者存在"一分价钱一分货"的观念。面对不太熟悉的商品，消费者常常从价格上判断商品的好坏，从经验上把价格同商品的使用价值挂钩。消费者心理和习惯上的反应是很复杂的，某些情况下会出现完全相反的反应。例如，在一般情况下，商品涨价时消费者会减少购买，但有时涨价会引起抢购，反而会增加商品销售。因此，在研究消费者心理对商品定价的影响时，要持谨慎态度，要仔细了解消费者心理及其变化规律。

二、企业定价步骤

企业定价的步骤主要包括：选择定价目标、确定需求、估算成本、分析竞争者的产品及价格、选择定价方法、选定最终价格。

1. 选择定价目标

定价目标是指企业要达到的定价目的。企业的定价目标从属于企业经营目标。企业的定价目标是以满足市场需要和实现企业盈利为基础的，它是实现企业经营总目标的保证和手段。同时，又是企业定价策略和定价方法的依据。企业面临的市场环境和竞争条件不同，企业的定价目标会有差别。不同的企业有不同的目标，就是同一企业，在不同的发展时期也有不同的定价目标。

（1）利润目标。利润目标通常用投资报酬率表示。可以追求高利润率或"满意"利率，可以追求短期或长期收回投资利润目标。

（2）市场目标。市场目标包括增加销售量，提高市场占有率、强化市场渗透等目标。

（3）竞争目标。根据市场竞争状况，可以选择市场竞争"领袖价格""稳定价格""适应性竞争价格"等。

2. 确定需求

市场需求是影响企业定价的重要因素。当产品高于某一水平时，将无人购买，因此，市场需求决定了产品价格的上限。一般情况下，市场需求随着产品价格的上升而减少，随着价格的下降而增加。但是也有一些产品的需求和价格之间呈同方向变化的关系，如能代表一定社会地位和身份的装饰品及有价值的收藏品等。

（1）测定需求价格弹性。需求价格弹性是指因价格变动而引起需求量变动的比率，也称需求弹性。它反映需求变动对价格变动的反应的灵敏程度。需求弹性是用需求弹性系数表示的：

$$需求价格弹性系数（E）= \frac{\frac{需求变量}{原需求量}\times100\%}{\frac{价格变量}{原价格}\times100\%} = \frac{需求量变动率}{价格变动率}$$

由于需求量与价格成反向变化，因而弹性系数是负数，为了方便起见，规定需求弹性系数只取正值。当 $E>1$ 时，即需求变动的程度大于价格变动程度，称为需求弹性大或需求有弹性；当 $E<1$ 时，即需求变动程度小于价格变动程度，称为需求弹性小或需求缺乏弹性；当 $E=1$ 时，即需求与价格变动程度相等，称为单一弹性。

需求价格弹性受各方面因素影响。一般来说，以下几种情况需求可能缺乏弹性：①生活必需品；②市场没有代用品或没有竞争者；③购买者改变消费习惯缓慢；④购买者对较高价格不在意，或在心理上认为价格较高是应该的。如果产品不具备上述条件，那么产品的需求就可能有弹性。

（2）价格弹性与产品定价。由于不同产品的需求弹性不同，同一产品在不同价格水平上的需求弹性也可能不同，因此，企业为产品定价时应该考虑需求的价格弹性，当需求富有弹性时，应该降低价格以刺激需求，扩大销售，增加收益。这时虽然由于价格下降，单位产品的销售收入减少，但由于需求增加的幅度大于价格下降的幅度，因此，由于需求增加、销售扩大而增加的收益在弥补由于价格降低减少的收益后还有剩余，企业的总收益会增加。对于需求富有弹性的产品，如果提高价格，反而会造成总收益的减少。当需求缺乏弹性时，企业可以适当提高产品售价，这时，由于提价的幅度大于需求减少的幅度，会增加企业的总收益。对于需求缺乏弹性的产品，降价会减少企业的总收益。

3. 估算成本

需求在很大程度上为企业确定了一个最高价格限度，而成本则决定着价格的下限。从长期来看，任何产品的价格都应高于所发生的成本费用，在生产经营过程中的耗费才能从销售收入中得到补偿，企业才能获得利润，生产经营活动才能继续进行。价格应包括所有生产、分销和推销该产品的成本，还包括对公司的努力和承担风险的一个公允的报酬。

4. 分析竞争者的产品和价格

企业为产品定价时必须考虑竞争者的产品和价格。企业可以派出人员去市场上了解竞争者产品的价格，也可搜集竞争者的产品价目表或买回竞争者的产品进行分析研究。企业可以将竞争者的产品及其价格作为企业产品定价的参考。如果企业的产品和竞争者的同种产品质量差不多，那么两者的价格也应大体一样；如果企业的产品不如竞争者的产品，那么产品价格就应定低些；如果企业的产品优于竞争者的产品，那么价格就可以定高些。

5. 选择定价方法

影响企业定价的因素很多，其中最基本的因素是成本，它决定了产品价格的下限；市场需求或顾客对企业产品特点的评价，决定了产品价格的上限；竞争者产品的价格和替代品的价格，确定了在最高价格和最低价格之间，企业产品的标价点；另外消费者的心理因素也会给产品定价造成影响。在企业为产品定价时，主要是通过考虑这4种因素中的一个或几个选择适当的定价方法。

第二节　企业定价方法

企业定价方法是指企业在一定的定价目标指导下，参考产品成本、市场供求、市场竞争、消费者心理等因素，具体地计算产品价格的一种方法。企业定价目标，有争取最大（包括长期、短期）利润获取投资收益率、稳定市场、提高市场占有率、对付竞争对手等。从不同的定价目标出发会出现不同的定价方法。归纳起来，主要有成本导向定价法、需求导向定价法、竞争导向定价法等。

一、成本导向定价法

成本导向定价法是以产品成本作为基础，再加上要求达到的目标和利润得出产品价格的一种方法。这种定价没有考虑市场需求和市场竞争的影响，是一种常用的简便的定价方法。根据所选用的成本和利润指标不同，成本导向定价法可分为如下几种。

（一）成本加成定价法

成本加成定价法是按照产品单位产品成本加上一定比例的利润制定产品价格的方法。其中销售价格与成本之间的差额，即为加成，通常称为毛利。公式为：

单位产品价格＝单位产品成本＋单位产品成本×成本利润率

单位产品价格＝单位产品成本×（1+加成率）

例如，某企业生产 B 产品。已知 B 单位产品成本为 20 元/件，加成率20%，求 B 的单位价格。

单位产品价格＝20×（1+20%）＝24（元/件）

成本加成定价法计算简单，尤其适用于中小企业。这种方法计算的关键是确定加成率。国内外许多企业都是按法律的规定成本和行业的惯例来确定加成率的。

成本加成定价法的优点如下。

（1）成本的不确定性一般比需求少，将价格定为单位成本，可以极大地简化企业定价程序，不必根据需求情况的变化而经常做价格调整。

（2）只要行业中所有企业都采取这种定价方法，则价格在成本与加成相似的情况下也大致相似，价格竞争也会因此降至最低限度。

（3）许多人感到成本加成法对买方和卖方都比较公平，当买方需求强烈时，卖方不利用这一有利条件谋取额外利益但仍能获得公平的投资报酬。

成本加成定价法的不足体现在以下几点。

（1）极少或根本没有考虑市场需求情况，意味着单位产品成本尤其是单位变动成本，是以脱离对价格的预测或假设销售量为基础而计算的，其合理性有限。

（2）在市场竞争的激烈变化中，其适应性、灵活性有限。

（二）收支平衡定价法

收支平衡定价法（也称盈亏平衡点定价法），是以企业投入的总成本和市场销售收入保持平衡来确定价格水平的，即利用收支平衡点来确定价格水平，也就是产品销售量在某一数量时，价格应定到什么水平，企业才不发生亏损；或者说，已知价格在某一水平时，企业应销多少产品，才能保持平衡。因此，主要问题是计算总收入和总成本相等的保本点（如图 9-1 所示）。其计算公式如下：

$$收支平衡点销售量 = \frac{固定总成本}{单价 - 单位变动成本}$$

$$单位产品保本价格 = \frac{固定成本}{预计销量} + 单位变动成本$$

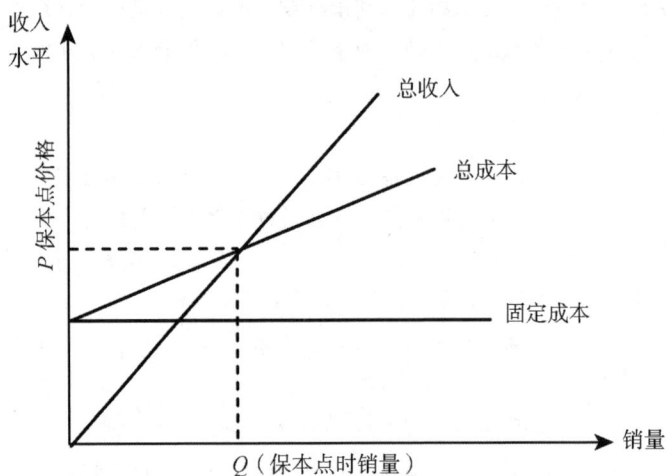

图 9-1　盈亏平衡点分析

例如，某产品同定成本 50 000 元，单位变动成本为 5 元/件，若销量为 2 500 件时，价格定在多少时企业才不会亏损？

$$保本价 = \frac{50\ 000}{2\ 500} + 5 = 25 \ （元/件）$$

若销售价定为 15 元/件，保本销量为多少？

$$保本销量 = \frac{50\ 000}{(15-5)} = 5\ 000 \ （件）$$

收支平衡定价法除了易于采用外，主要优点是企业能够灵活掌握价格水平。这种方法计算的关键是正确预测市场销售量。在产品销售量无法确定的情况下，价格也无法确定。但是，当企业产品供不应求或处于市场有利地位时，可以用企业产品的产量代替销售量进行计算。

二、需求导向定价法

需求导向定价法是一种以市场需求强度及消费者感受为主要依据的定价方法，包括认知价值定价法、需求差异定价法和需求价格倒推法 3 种。

（一）认知价值定价法

认知价值定价法（perceived-value pricing），又称觉察价值定价法，也称"感受价值定价法""理解价值定价法"，是根据消费者所理解的某种商品的价值，或者说消费者对产品价值的认识程度来确定产品价格的一种定价方法。

认知价值定价法的关键是要正确地估计消费者的认知价值。如果估计过高，会导致定价过高，影响产品的销售；如果估计过低，会导致定价过低，产品虽然销售出去了，却不能达到定价绩效的目标。当产品的价格水平与消费者对产品价值的理解和认识程度大体一致，或者产品价格稍低于消费者对产品价值的理解和认识程度时，消费者就很容易接受这种产品；反之，消费者就不会接受这种产品，产品就很难销售出去。运用认知价值定价法一定注意要把自己的产品和竞争者的产品进行比较，准确地确定市场对产品的认知。如果对自己的产品估计过高，会将产品定价过高，如果对认知价值估计过低，又会使价格低于它们能够达到的水平，影响企业实现利润最大化的目标。所以，在确定产品的认知价值时，有必要进行市场调研。

（二）需求差异定价法

需求差异定价法是指企业对同一产品，不是以成本差异为基础，而是根据不同的顾客、不同的地域需求的强弱，采取不同价格的一种定价方法。

需求差异定价法主要有以下几种形式。

（1）以顾客为基础的需求差异定价：消费者收入不同，其需求弹性大小也就不同。据此，企业对同一项产品或劳务可制定不同的价格。例如，旅游业对中外游客，以及旅馆、饭店内的高级雅座和普通座位，都采取了差异定价。

（2）以地域为基础的需求差异定价：对于同种商品，因其在不同地理位置的市场上，存在不同的需求强度，据此制定出不同的价格。例如，旅游点或名胜古迹地区的旅馆饭店的定价，通常高于一般地区。

（3）以产品改进为基础的需求差异定价：对同一项产品的不同形式制定不同的价格，且这种价格上的差异并不代表成本上的差异。例如，在服装、家用电器等产品中，常以豪华型、大众型为依据，对相同产品制定不同的价格。

（4）以时间为基础的需求差异定价：当商品的需求随着时间的变化而有变化时，对同一种产品在不同的时间应该制定出不同的价格。例如，不同季节的应季商品，在相应的季节里，需求量大，可适当提高价格；反之，产品的价格应定低一些。

需求差异定价法的优越性主要表现在以下几个方面。

产品价格能反映市场需求的变化情况，有利于产品销售，从而有利于扩大企业的收入，增加企业利润总量。此种方法所定的产品价格竞争的适应性较强。但是，需求差异定价法的局限性也很明显。因为影响需求差异发生变化的因素很多，很难给予精确的估算和准确的把握，因此，采用这种方法定价很容易发生误差。

（三）需求价格倒推法

需求价格倒推法是指在产品设计以前，先按照消费者能够接受的价格而确定产品的市场零售价格，然后逆向推出批发价和出厂价的一种定价方法。因其定价程序与成本加成定价法相反，故又称反射定价法。其基本精神是：根据消费者为获得某种商品肯支付多少钱确定价格，即依据市场调研资料，确定准商品的市场零售价，再据以推算批发价和出厂价。其计算公式如下：

$$出厂价＝市场可销需求价－批零差价－进销差价$$

$$＝\frac{市场可销需求价}{（1+批零差率）×（1+进销差率）}$$

例如，某企业拟生产某种产品，根据市场调查分析，认为每件 300 元左右的价格消费者容易接受。若批零差率为 15%，进销差率为 10%，则：

$$批发价＝\frac{300}{1+15\%}≈261（元/件）（批零差价为 39 元/件）$$

$$出厂价＝\frac{260}{1+10\%}≈236（元/件）（进销差价为 24 元/件）$$

使用需求价格倒推法的关键问题是确定合理的市场可销需求价。一般来说，确定市场可销需求价主要有以下 3 种方法。

主观评估法：组织本企业内部有关人员对市场上的同类产品通过比值比价，并结合市场供求状况计算出需求价格。

客观评估法：组织企业内部有关人员及用户对商品价格进行评估。

试销评估：选择有代表性的区域或消费者进行试销，以评估试销价格在市场上的反应。

三、竞争导向定价法

竞争导向定价法是以市场上相互竞争的同类商品价格为定价基本依据，并结合自身产品的竞争能力，来确定有利于市场竞争的价格的一种定价方法。这种定价方法以跟随竞争状况的变化确定和调整价格水平为主要特征。竞争导向定价法主要包括随行就市定价法、密封投标定价法和产品差别定价法等。

1. 随行就市定价法

随行就市定价法是指企业按照行业内同类产品的通行价格水平或平均价格水平来定价。在以下情况往往采取这种定价方法：①难以估算成本；②企业打算与同行和平共处；③如果另行定价，很难了解购买者和竞争者对本企业的价格的反应。一般来说，如果本企业产品的品质、服务和声誉处于优势时，可采取高于竞争者的价格，反之，就应采取低于竞争者的价格。

2. 密封投标定价法

密封投标定价法是指在招标竞标的情况下，企业在对其竞争对手了解的基础上进行定价。这种价格是企业根据对其竞争对手报价的估计确定的，其目的在于签订合同，所以，它的报价一般应低于竞争对手的报价。密封投标定价法主要用于投标交易方式。

在国内外，许多大宗商品、原材料、成套设备和建筑工程项目的买卖和承包，往往采用发包人招标、承包人投标的方式来选择承包者，并确定最终承包价格。一般来说，招标方只有一个，处于相对垄断地位，而投标方有多个，处于相互竞争地位。标的物的价格由参与投标的各个企业在相互独立的条件下来确定。在买方招标的所有投标者中，报价最低的投标者通常中标，它的报价就是承包价格。这样一种竞争性的定价方法就称为密封投标定价法。

在招标投标方式下，投标价格是企业能否中标的关键性因素。高价格固然能带来较高的利润，但中标机会相对减少；反之，低价格、利润低，虽然中标机会大，但其机会成本高，利润少。那么，企业应该怎样确定投标价格呢？

首先，企业根据自身的成本，确定几个备选的投标价格方案，并依据成本利润率计算出企业可能盈利的各个价格水平。

其次，分析竞争对手的实力和可能报价，确定本企业各个备选方案的中标机会。竞争对手的实力包括产销量、市场占有率、信誉、声望、质量、服务水平等项目，其可能报价则在分析历史资料的基础上得出。

再次，根据每个方案可能的盈利水平和中标机会，计算每个方案的期望利润。其计算公式为：

期望利润＝每个方案可能的盈利水平×中标概率（％）

最后，根据企业的投标目的来选择投标方案。

运用这种定价法，最大的困难在于估计中标概率。这涉及对竞争者投标情况的掌握，只能通过市场调查及对过去投标资料的分析大致估算。

3. 产品差别定价法

产品差别定价法是指企业以两种或两种以上不同反映成本费用的比例差异的价格来销

售一种产品或服务。产品差别定价法是一种进攻性的定价方法。

产品差别定价法的运用，首先要求企业必须具备一定的实力，在某一行业或某一区域市场占有较大的市场份额，消费者能够将企业产品与企业本身联系起来。其次，在质量大体相同的条件下实行差别定价是有限的，尤其对于定位为"质优价高"形象的企业来说，必须支付较多的广告、包装和售后服务方面的费用。因此，从长远来看，企业只有通过提高产品质量，才能真正赢得消费者的信任，才能在竞争中立于不败之地。

差别定价法主要有以下几种形式：

（1）顾客细分定价。企业把同一种商品或服务按照不同的价格卖给不同的顾客。例如，公园、旅游景点、博物馆将顾客分为学生、年长者和一般顾客，对学生和年长者收取较低的费用；铁路公司对学生、军人售票的价格往往低于一般乘客；自来水公司根据需要把用水分为生活用水、生产用水，并收取不同的费用；电力公司将用电分为居民用电、商业用电、工业用电，对不同的用户收取不同的电费。

（2）产品形式差别定价。企业按产品的不同型号、不同式样，制定不同的价格，但不同型号或式样的产品其价格之间的差额和成本之间的差额是不成比例的。比如：300毫升冰箱比220毫升冰箱的价格高出一截，可其成本差额远没有这么大；一件裙子200元，成本150元，可是在裙子上绣一组花，追加成本5元，但价格却可定到220元。

（3）形象差别定价。有些企业根据形象差别对同一产品制定不同的价格。这时，企业可以对同一产品采取不同的包装或商标，塑造不同的形象，以此来消除或缩小消费者认识到不同细分市场上的商品实质上是同一商品的信息来源。如香水商可将香水加入一只普通瓶中，赋予某一品牌和形象，售价为60元；而同时用更华丽的瓶子装同样的香水，赋予不同的名称、品牌和形象，定价为350元。或者用不同的销售渠道、销售环境来实施这种差别定价。如某商品在廉价商店低价销售，但同样的商品在豪华的精品店可高价销售，辅以针对个人的服务和良好的售货环境。

（4）地点差别定价。企业对处于不同位置或不同地点的产品和服务制定不同的价格，即使每个地点的产品或服务的成本是相同的。例如影剧院不同座位的成本费用都一样，却按不同的座位收取不同价格，因为公众对不同座位的偏好不同；火车卧铺从上铺到中铺、下铺，价格逐渐增高。

（5）时间差别定价。价格随着季节、日期甚至时间的变化而变化。一些公司，对于用户按一天的不同时间、周末和平常日子的不同标准来收费。长途电信公司制订的晚上、清晨的电话费用可能只有白天的一半；航空公司或旅游公司在淡季的价格便宜，而在旺季的价格大幅度上涨。这样可以促使消费需求均匀化，避免企业资源的闲置或超负荷运转。

第三节　定价策略

一、新产品定价策略

新产品定价阶段的市场总策略是建立市场占有率，所以，可根据不同情况采用高价进入市场策略或低价进入市场策略。

1. 撇脂定价策略

这是一种高价格策略，即在新产品上市时，尽可能地定高价，希望在短期内获得丰厚的利润，迅速收回投资。

实行撇脂定价策略必须有一定的条件：第一，新产品比市场上现有产品有显著的优点，无类似替代品；第二，具有独特的技术，不易仿制，竞争对手难以进入市场；第三，购买者对价格不敏感，需求相对无弹性；第四，高价能给人以高质量的印象，能刺激顾客购买而不致引起顾客反感；第五，短期需求的产品以及对未来需求难以预测的产品。

撇脂定价策略的优点：第一，有利于生产者尽快收回投资并获得较高利润，以迅速扩大生产，满足市场需要；第二，具有较大的降价空间，如果预先估计有失误，高价影响了销售量时，可以降价销售；第三，以高价来提高产品身份，在顾客心目中树立高价、优质、名牌的印象。但高价策略同时也存在不少缺点：第一，当新产品的声誉还未建立起来时，实行高价投放不利于占领和稳定市场；第二，高价导致的高利润会吸引竞争者加入，刺激替代品、仿制品的出现。

2. 渗透定价策略

这是一种低价格策略，即在新产品刚进入市场时，以较低的价格吸引消费者，以扩大市场占有率。

实行渗透定价策略同样需要一定的条件：第一，市场规模较大，存在着强大的竞争潜力；第二，企业生产能力大，能够随着产量和销量的增加而降低成本，提高利润；第三，购买者对价格敏感，需求弹性较大，降低价格就能较大地增加商品销售量。

渗透定价策略的优点是：第一，有利于新产品尽快被市场接受，提高市场占有率；第二，低价可阻止竞争者加入，减缓了市场竞争的激烈程度。但低价策略也存在不少缺点：第一，一旦市场占有率扩展缓慢，收回成本速度也慢；第二，有时低价还容易使消费者怀疑商品的质量保证。

3. 满意定价策略

这是一种折中价格策略，是介于撇脂定价和渗透定价之间的一种定价策略，它所制定的价格既可使企业获得相当利润，又使顾客感到满意。

这种策略既有利于扩大市场，保证弥补产品投入期的高成本，又能确保顾客和企业满意，因而称为满意价格策略，有时又称"君子价格"或"温和价格"。

二、产品组合定价策略

一个企业往往并非只提供一种产品，而是提供许多产品。产品组合定价策略的着眼点在于制定一组使整个产品组合利润最大化的价格。常用的产品组合定价策略主要有以下几种形式。

1. 产品线定价

产品线定价是指根据产品线内各项目之间在质量、性能、档次、款式、成本、顾客认知、需求强度等方面的不同，参考竞争对手的产品与价格，确定各个产品项目之间的价格差距，以使不同的产品项目形成不同的市场形象，吸引不同的顾客群，扩大产品销售，以实现更多的利润。例如，某服装店对某型号女装制定 3 种价格：260 元、340 元、410 元，在消费者心目中形成低、中、高 3 个档次，人们在购买时就会根据自己的消费水平选择不同档次的服装，从而消除了在选购商品时的犹豫心理。企业以保本甚至微亏的价格来制定低价产品的价格，往往可增加顾客流，使生产与销售迅速达到一个理想的规模，遏制竞争。高价产品则可树立企业的品牌形象，以超额利润迅速收回投资，增强企业的发展后劲。中价产品通过发挥规模效益可为企业带来合理的利润，维持企业的正常运行。企业采用这一策略时要注意档次的划分要适当，商品档次既不要分得过细也不要过粗，价格档次的差距既不要过大也不要过小。

2. 选择特色定价

选择特色定价是指企业在提供主要产品时，还提供各种可选择产品或具有特色的产品。比较典型的例子如餐馆、酒吧等。餐馆主要提供饭菜，另外，还可以为顾客提供烟、酒、饮料等。有的餐馆将食品的价格定得较低，而将烟酒类商品的价格定得较高，主要靠后者营利；有的餐馆则将食品的价格定得较高，将酒类商品的价格定得较低，以吸引那些爱酒人士。

3. 附属产品定价

附属产品，又称受制约产品，是指必须与主要产品一同使用的产品。例如，剃须刀的附属品是刀片，机械产品的附属品是配件。大多数企业采用这种策略时，主要产品的定价较低，而附属产品的定价较高。以高价的附属品获取高利润，补偿主要产品因低价造成的损失。然而，将附属品的价格定得太高也存在一定风险，容易引起不法分子生产廉价的仿制品，反过来与正规商品竞争。

4. 副产品定价

在生产加工石油、钢铁等产品的过程中，常常会产生大量的副产品。有些副产品本身也有价值，因此，企业切不可将它们白白浪费掉，而应对它们合理定价，销往特定市场。这可为企业带来大量收入，同时也有利于企业为其主要产品制定低价，提高主要产品的竞争力。如炼铁过程中产生的水渣是水泥工业的主要原料。

5. 产品捆绑定价

企业常常将一些商品捆绑在一起进行销售，捆绑价低于单件产品的价格总和。如化妆品公司将润肤露、洗发水、啫喱水、防晒霜等捆绑在一起进行销售，虽然有的消费者并不需要其中的某项，但看到价格比单件购买便宜很多，便一起买下了。因此，在一定程度上这种价格可推动消费者购买。

三、折扣定价策略

折扣定价策略是指销售者为回报或鼓励顾客的某些行为，如批量购买、提前付款、淡季购买等，而将其商品基本价格调低，给顾客一定的价格优惠。具体办法有现金折扣、数量折扣、功能折扣、季节性折扣、促销折扣等。

1. 现金折扣

现金折扣是指为了鼓励顾客尽早付款，加速资金周转，降低销售费用，减少企业风险，而给顾客的一种价格折扣。财务上常用的表示方式为"2/10，n/30"，其含义是双方约定的付款期为30天，若买方在10天内付款，将获得2%的价格折扣，超过10天，在30天内付款则没有折扣，超过30天要加付利息。现金折扣的前提是商品的销售方式为赊销或分期付款，因此，采用现金折扣一般要考虑3个因素，即折扣比例、给予折扣的时间限制、付清全部货款的期限。

2. 数量折扣

数量折扣是指因顾客购买商品数量大而给予的折扣，目的是鼓励顾客购买更多的商品。顾客购买数量越大，享受的折扣越多。其实质是将销售费用节约额的一部分，以价格折扣方式分配给顾客。目的是鼓励和吸引顾客长期、大量或集中向本企业购买商品。数量折扣可以分为累计数量折扣和非累计数量折扣两种形式。累计数量折扣规定顾客在一定时间内，购买商品若达到一定数量或金额，则按其总量给予一定折扣，其目的是鼓励顾客经常在本企业购买商品，成为可信赖的长期客户。非累计数量折扣也称一次性数量折扣，该折扣规定一次性购买某种产品达到一定数量或购买多种产品达到一定金额时，则给予折扣优惠，其目的是鼓励顾客批量或集中购买，促进商品的快速销售，加快资金周转。

3. 功能折扣

功能折扣又称交易折扣、贸易折扣，是指企业根据其中间商在产品销售中所承担的功能、责任和风险的不同，而给予的不同价格折扣，以补偿中间商的有关成本和费用。对中间商的主要考虑因素有：在分销渠道中的地位、对生产企业产品销售的重要性、购买批量、完成的促销功能、承担的风险、服务水平、履行的商业责任，以及产品在分销中所经历的层次和在市场上的最终售价等。目的在于鼓励中间商大批量订货，扩大销售，争取顾客，与生产企业建立长期、稳定、良好的合作关系。一般而言，给予批发商的折扣较大，给予零售商的折扣较少。

4. 季节折扣

季节折扣是指企业为在淡季购买商品的顾客提供的一种价格折扣。由于有些商品的生产是连续的，而其消费却具有明显的季节性，通过提供季节折扣，可以鼓励顾客提早进货或淡季采购，从而有利于企业减轻库存，加速商品流通，迅速收回资金，促进企业均衡生产，充分发挥生产和销售潜力，避免因季节需求变化所带来的市场风险，如商家在夏季对冬季服装进行的打折促销便是季节折扣。

5. 促销折扣

促销折扣是指企业在进行促销活动的过程中给予顾客价格上的优惠。由于促销活动往往是在一定期限内进行，因此，这种折扣一般有时间上的限制。比如日本东京银座"美佳"西服店采用了一种折扣销售方法，颇获成功。具体方法是：先发一条公告，介绍某商品品质性能等一般情况，再宣布打折扣的销售天数及具体日期，最后说明打折方法：第一天打九折，第二天打八折，第三天和四天打七折，第五天和第六天打六折，依此类推，到第十五天和第十六天打一折。这个销售方法的实践结果是：第一天和第二天顾客不多，来者多半是来探听虚实和看热闹的。第三天和第四天，顾客渐渐多起来。第五天和第六天打六折时，顾客像洪水般地拥向柜台争购。以后连日爆满，没到一折售货日期，商品早已售罄。

这是一则成功的促销折扣定价策略。妙在准确地抓住顾客的购物心理，有效地运用折扣售货方法销售。人们当然希望买质量好又便宜的货，最好能买到以二折、一折价格出售的货，但是有谁能保证到你想买时还有货呢？于是出现了头几天顾客犹豫，中间几天抢购，最后几天买不到者惋惜的情景。

四、心理定价策略

心理定价策略是企业针对消费者的不同消费心理，制定相应的商品价格，以满足不同类型消费者需求的策略。常用的心理定价策略一般包括以下几种。

1. 尾数定价策略

尾数定价策略是指企业利用消费者求廉、求实的心理，故意将商品的价格带有尾数，以促使顾客购买商品，这种定价方法多用于中低档商品。心理学家的研究表明，价格尾数的微小差别，能够明显影响消费者的购买行为。如将肥皂的零售价定为 3.9 元而不是 4.1 元。虽然前后仅相差 2 角钱，但会让消费者产生一种前者便宜很多的错觉。有时，价格尾数让消费者觉得真实，如 98.95 元一瓶的葡萄酒，让消费者觉得其价格是经过企业仔细算出来的，给人以货真价实的感觉。有时，尾数的选择完全是出于满足消费者的某种风俗和偏好，如西方国家的消费者对 "13" 忌讳，日本的消费者对 "4" 忌讳。美国、加拿大等国的消费者普遍认为单数比双数少，奇数比偶数显得便宜。

2. 整数定价策略

整数定价策略是指针对消费者的求名、求方便的心理，将商品价格有意定为以 "0" 结尾的整数。在日常生活中，对于难以辨别好坏的商品，消费者往往喜欢以价论质，而将商品的价格定为整数，使商品显得高档，整数定价策略正好迎合了消费者的这种心理。如将一套西服定价为 1000 元，而不是 998 元，尽管实际价格仅相差 2 元钱，给人的感觉却是这套西服上了一个档次，因为它的价格是在 1000 元的范围内，而不是 900 元的范围内。因此，对那些高档名牌商品或消费者不太了解的商品，采用整数定价可以提升商品形象。另外，将价格定为整数还省去了找零的麻烦，提高了商品的结算速度。

3. 声望定价策略

声望定价策略是指根据消费者的求名心理，企业有意将名牌产品的价格制定得比市场中同类商品的价格高。这种定价策略适用于贵重首饰、文物古玩、高档消费品、高级礼品和各种名牌产品。由于名牌商品不但可减轻消费者对商品质量的顾虑，还能满足某些消费者的特殊欲望，如地位、身份、财富、名望和自我形象等，因而消费者往往愿意花高价来购买。

4. 招徕定价策略

招徕定价策略是一种有意将少数商品降价以招徕吸引顾客的定价方式。企业在一定时期将某些商品的价格定得低于市价，一般都能引起消费者的注意，吸引他们前来购物，这是适合消费者 "求廉" 心理的。消费者在选购这些特价商品时，往往还会光顾店内其他价格正常或偏高的商品，这实际上是以少数商品价格的损失来扩大其他商品的销售，可以增加企业的总体利润。

采用这种策略要注意以下几点：商品的降价幅度要大，一般应接近成本或者低于成本。这样，才能引起消费者的注意和兴趣，激起他们的购买动机；降价品的数量要适当，太多商店容易亏损，太少会引起消费者的反感；用于招徕的降价品，应该与低劣、过时商品区别开来。招徕定价的降价品，必须是品种新、质量优的适销产品，而不能是处理品。否则，不仅达不到招徕顾客的目的，反而可能使企业声誉受到影响。

链接

体验营销中的价格策略

在体验营销过程中，消费者在进行购物时表现出来的是等效用交换而非等价值交换，且影响消费者对价格接受的因素与传统营销有很大的区别。所以，在体验营销中，要根据其具体特点制定出有效的价格。具体来说，其价格策略主要可采用以下几种。

价格隐性化策略：即在开展体验营销时，突出价值而淡化价格。无论是购买实体产品还是体验某次活动，在体验营销中，价格已经不再是消费者是否进行购买的可视性障碍，是否物有所值、彻底放松心情才是最为重要的，当消费者对你营销的产品一点也不感兴趣的时候，无论价格多低廉，也不会有购买的冲动。也就是说，体验营销注重的是消费引导而不是价格吸引，因此，以价值来代替价格是一种有效的做法。

在体验营销活动中，价格对消费者的影响作用已退居次要位置，营销者想以价格来吸引消费者的话，效果肯定是有限的，因此，让价格隐性化，既可以突出消费者所追求的价值，还可以消除消费者在刚进入购买阶段时的紧张感，尽可能快地引导其进入购买状态。

"递增式"的定价策略：为了促进更多体验产品的销售，实现更多的利润，在开展体验营销时，营销者可以采用"递增式"的定价策略，即进入体验的第一个阶段价格稍低，随着消费体验的深入和对价格的淡化，而将下一体验阶段的价格定得稍高一点。如一个游乐场所，你可以将门票价格定得很低甚至免票进入，然后将基础娱乐项目价格定得较低，随着消费者被各个娱乐项目激发出来的激情的增加，追求刺激的欲望也会越来越强烈，此时他们几乎不会对价格进行关注，价格稍高一点自然也没什么影响。因为消费者认为体验的乐趣与付出的成本相一致。

溢价策略：需求曲线的一般变动模式是传统的"理性购买"模式，但在体验营销中，"顾客同时受感情和理性的支配，也就是说，顾客因理智和一时冲动而做出选择的概率是同等的"。消费者对价格的认定并不以成本为依据，而会根据自身对所接受产品价值的理解程度来衡量，而且其心理理解的价格往往会超过产品自身成本，所以，在体验营销定价时，如果根据其成本来核定价格既无吸引力，也无法实现企业的营利目的。有专家做过一个实验：在一个既没有价格标签也没有收款员或收银台的茶座，消费者享受完了之后，完全根据自身的感觉，掏钱压在茶杯底下，顾客离开后，才由侍应生收钱，结果发现，虽然也有极个别的消费者不放钱或放很少钱的现象，但绝大部分消费者所理解的价格远比茶座自身定的价格高。这个实验证明：在体验营销中，溢价策略通常是非常有效的。

"弹性"价格策略：在体验营销过程中，一方面，消费者心情是一个很重要的因素，消费者对价格的认定会随心情的变化而不同，在情绪高昂时对价格认定值也较高，在情绪低落时体验自然也就贬值了；另一方面，体验时间不同，消费者对价格的接受程度也不同。为了能让价格作用发挥到极致，保持体验产品价格的动态性，使体验产品价格富有伸缩性是一种有效的做法。实际上，在很多体验产品中，弹性价格策略常常被用到，如一些高档酒店，会根据入住季节的不同推出不同的价格；一些体验项目，营销者会根据消费者情绪变化分别报出不同的价格。

组合价格策略：在体验活动中，价格虽然不是消费者做出购买决策的关键性因素，但在其他条件相同的情况下，毫无疑问，价格较低会促进消费者购买更多的产品或享受更多的服务项目。比如有一组休闲体验，它既包括唱歌、跳舞，也包括品茶、喝咖啡，还包括按摩等其他的服务项目。如果采用单一价格策略，消费者可能只会针对某一产品进行消费，但若是利用组合定价，消费者就可能会选择更多。而实际上，体验营销之所以能吸引消费者，是由于消费者能全面体验服务，他的体验活动往往是一组产品或一组项目，如果采用组合定价策略能够帮助企业实现更多的利润。

(资料来源：《销售与市场》2014.09)

———— 本章小结 ————

企业的价格策略，关系到企业的利润、产品的销售、促销等一系列问题，是市场营销组合的重要内容之一。本章介绍了价格策略的主要内容，企业定价必须考虑影响定价的因素，影响定价的基本因素有产品成本、市场供求状况、国家方针政策、消费者心理和习惯、企业定价目标等。

企业定价还要选择定价的方法，定价的一般方法有：成本导向定价法，包括成本加成定价法、收支平衡定价法、边际贡献定价法；需求导向定价法，包括认知价值定价法、需求差异定价法和需求价格倒推法；竞争导向定价法包括随行就市定价法、密封投标定价法、产品差异定价法。在市场竞争中，企业不仅需要运用定价方法确定产品的基础价格，还要运用定价策略修正、调整产品的基础价格。常用的价格策略有新产品定价策略、产品组合定价策略、折扣定价策略、心理定价策略。

———— 本章习题 ————

一、名词解释

需求价格弹性 成本加成定价法 盈亏平衡定价法 撇脂定价策略 渗透定价策略

二、简答题

(1) 影响定价的因素有哪些？

(2) 定价分为哪些步骤？

(3) 试分析新产品的定价问题。

(4) 什么是心理定价策略？它包括哪些方法？

(5) 企业常用的定价方法有几种？各举一例说明。

三、案例分析题

英德公司的高价策略

英德公司的小家电产品在中国全线推出之时，产品线涵盖厨房小电器（如咖啡壶、面包机）、家居生活电器（如电熨斗）、男士及女士美容（如男用剃须刀、女用脱毛机）等四大系列。其销量逐年递增，市场占有率也十分可观。然而，在之后的几年间，其销量大幅下滑，直至英德公司六个大区没有一个地方指标完成率达标。再看看自己在全国2200个专柜的周围，一年之间，冒出十几个大大小小的竞争品牌，一部分是与自己势均力敌，并且有相似背景的洋品牌；一部分是中国本土新进入零售渠道的国产品牌（其中，有不少原来是洋品牌的OEM工厂，现在以相似的产品、更低的价格来分食零售市场）。

ZT880系列新款榨汁机上市前，产品部门曾说，这是一台功能齐全、外形卡通，适合大多数青年家庭的时尚型榨汁机，性价比优越，大家预想的零售价位是在200~230元之间。它的上市，将直接从价格上压制住主要竞品的4个畅销品种，迅速提升零售市场的销量。更有一些代理商试图通过ZT880来打开礼品市场的缺口，而此前英德礼品市场一直因为价格原因走量极低。地区经理也指望ZT880的上市，会成为完成年度销售指标的一根救命稻草。

可是，ZT880新品的定价通知，却让所有的销售人员大吃一惊——298元，又是一次高位定价！与竞品同类产品相比，性价比没有一点优势。

销售经理达克促使地区经理们想办法提高单店的销售额或去开发陌生市场，可似乎收效甚微，而且区域经理们怨声载道："在重点商场，我们专柜的面积再也不可能想要多大就多大了，因为我们给商家的利润再也不可能像两年前了。""新品的销售也变得越来越难，不三个月，商场就会冒出和我们相似的产品。""普通消费者会发现我们认为明显存在的产品差异吗？不会，他会选择更便宜的，哪怕是10块钱。"

兼管品牌事务的市场总监说："不要指望公司出低价位的产品，我们卖的不是地摊货，相反，我认为，公司整体价格体系还定得偏低，应该高调，这才符合英德品牌本来的面目。""还有，我给你们浇点冷水，先问一声，过去的销售是谁创造的？我告诉你们——就是'英德'这个伟大的品牌，是'英德'的光芒决定了消费者的选择！而现在，竞争白热化了，正是需要展示你们人的力量的时候！"

我们认为，作为英德来说，绝不只是某一个产品的定价的问题这么简单。一个新产品的定价实质上反映的是战略指导的营销策略及营销策略中的产品价格策略问题。否则，英德就会陷入那种"老产品卖不动就开发新产品而新产品又卖不动再去开发新产品"的恶性循环的怪圈中，这也是中国众多中小企业的通病。

（资料来源：《时代商家》2014.06）

思考题

1. 如何看待英德的高价策略？
2. 试思考英德在其他方面应如何做到与高价策略相匹配。

四、实训题

实训项目：学习定价策略。

项目要求：去一家大型超市了解此超市采取了哪几种定价策略？对商品销售起到了什么作用？

第十章　市场竞争战略

1. 理解竞争的概念及竞争者分析的主要步骤。
2. 掌握企业参与市场竞争的 4 种基本战略。
3. 掌握处于不同地位的企业所应采用的不同战略组合。

第一节　市场竞争概述

一、竞争的概念

市场竞争是市场上购销双方为取得有利的购销条件而进行的角逐，包括卖者竞争、买者竞争和买卖双方之间的竞争 3 个方面。从市场营销角度，我们只讲卖者竞争，即市场上的生产经营企业为了取得有利的产销条件而进行的争胜活动。企业在市场营销活动中，为了各自的利益，展开激烈的竞争。企业研究市场竞争的核心问题就在于充分发挥企业的某种优势或独特功能。如果一个企业不能从战略上去分析竞争对手，也就无法寻求自己的战略优势，其结果必然会在市场竞争中遭到失败。

二、市场竞争者分析

为了有效地分析市场竞争者，企业首先要了解自己的主要竞争者，然后分析判断其目标和策略、优势和弱点，以及对竞争者的反应模式等。对市场竞争者的分析，大致可按以下 6 个步骤进行（如图 10-1 所示）。

```
┌──────────────┐      ┌──────────────┐      ┌──────────────┐
│ 确定企业      │ ───▶ │ 确定竞争      │ ───▶ │ 确认竞争      │
│ 的竞争者      │      │ 者的目标      │      │ 者的策略      │
└──────────────┘      └──────────────┘      └──────────────┘
┌──────────────┐      ┌──────────────┐      ┌──────────────┐
│ 估计竞争者    │ ───▶ │ 判断竞争者    │ ───▶ │ 选择策略      │
│ 优势及弱点    │      │ 的反应模式    │      │ 进攻或躲避    │
└──────────────┘      └──────────────┘      └──────────────┘
```

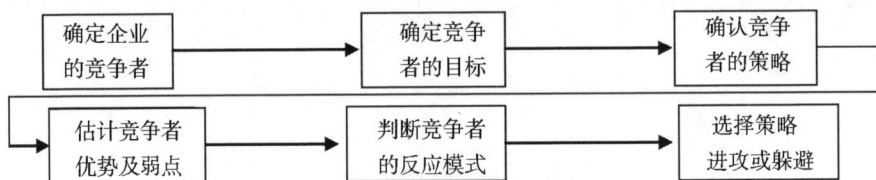

图 10-1　市场竞争者分析步骤

1. 确定企业的竞争者

企业的竞争者一般是指那些与本企业提供类似的产品和服务，并具有相近的目标顾客和相近价格的企业。例如，可口可乐公司把百事可乐作为主要竞争者，宝洁把联合利华作为主要竞争者等。

确定竞争者似乎是一件简单的事，但实际上并不尽然，这里有一个如何确定"竞争者"概念的宽窄问题。在广义上，一个汽车制造企业可以把凡是生产相似或同类产品的汽车制造商都作为自己的竞争者。在更广泛的意义上，还可把所有提供类似功能和服务的企业，比如客车、卡车等制造商都作为竞争者。甚至将范围再拓宽一些，把所有同本企业争夺顾客购买力的企业，都纳入竞争者的范畴。例如，通用汽车公司可把房地产公司作为竞争者，因为顾客若买了房子，可能就没有能力再买汽车。

下面从两个方面探讨如何确定企业的竞争者：一是从行业方面；二是从市场方面。

从行业方面看，提供同一种产品或极为相近并可互相替代的同类产品的企业构成一个行业，如汽车制造业、石油业、医药业、饮料业等。在同一行业中，一种产品价格提高会引起其他替代产品价格的上升。例如，在饮料行业中，咖啡提价会导致顾客去买茶叶或其他饮料，结果使茶叶和其他饮料也会相继涨价。因此，企业要想在本行业处于领先地位，就需要了解本行业的竞争模式，以确定竞争者的范围。

从市场方面来看，企业的竞争者是那些与自己的顾客需要相似，或为相似顾客群服务的企业。例如，从行业方面来看，可口可乐的竞争者可能是百事可乐，但是，从市场方面来看，顾客的需要是饮料，可口可乐的竞争者也可以是果汁、矿泉水、茶水或其他软饮料。从市场方面确定企业的竞争者可以开阔企业的眼界，使企业不光看到现在的竞争者，也看到未来的潜在竞争者，有利于企业制定长期发展规划。

确定企业竞争者的关键是，从行业和市场两个方面综合考虑，分析产品及市场细分的情况。

2. 确定竞争者的目标

确定了企业的竞争者之后，还要进一步搞清不同竞争者在市场上追求的目标是什么，每个竞争者行为的动力是什么。一个假设是，所有竞争者努力追求的都是利润的最大化，并据此来采取行动。但是，各个企业对短期利润或长期利润的侧重不同。有些企业追求的是"满意"的利润而不是"最大"的利润，只要达到既定的利润目标就满意了，即使其他策略能赢得更多的利润也有所不顾。

每个竞争者都有侧重点不同的目标组合，如盈利能力、市场占有率、现金流量、技术领先地位和服务领先地位等。营销管理者要知道每个竞争者的目标组合所侧重的是什么，才能准确估计竞争者可能采取的应变对策。例如，一个以"低成本领先"为目标的竞争者，就会对其他企业在降低成本方面的技术突破十分重视，从而对增加广告预算不太注意。企业还必须注意观察和分析竞争者在各个产品和顾客细分市场方面的目标和可能的行动。如果企业了解竞争者发现了一个新的细分市场，那么这可能是一个营销机会，或者发觉竞争者计划进入目前属于本企业的细分市场，那么就应当提前采取措施。

3. 确认竞争者的策略

如果两个企业采取的策略越相似，它们之间的竞争就越激烈。在同一目标市场上竞争的不同企业，因营销目标、资源和实力不同，各自有不同的竞争地位，因竞争地位的不同又会采取不同的营销战略。因此，美国市场营销学家迈克·波特提出了几种基本的竞争战略。一是成本领先战略，企业努力减少生产及分销成本，使价格低于竞争者的产品价格，成本低可以获得高于竞争对手的平均收益，以便有充足的资金进行促销，从而提高企业知名度。二是差异化战略，企业努力发展差异性大的产品线和营销项目，以成为同行中的领先者。差异化战略是通过创造本企业产品独有特性，使之与其他同类产品有明显差别来占领市场。产品的差异性可以表现在产品的功能、质量、品种、式样、商标、包装、服务等许多方面。三是集中战略，企业集中力量于某几个细分市场，而不是将力量均匀地投入整个市场。它的关键在于能够比竞争对手提供更为有效的产品或服务。四是优势经营战略，它是指通过充分发挥企业的优势在竞争中获胜的战略。企业在竞争中总有自己的优势，但同时也存在着某些不足，优势经营战略就是使企业在营销活动中扬长避短，充分发挥自己的长处，以树立企业的良好形象，掌握市场竞争的主动权。

4. 估计竞争者的优势及弱点

企业需要估计竞争者的优势及弱点，了解竞争者执行各种既定策略的情况，是否达到了预期目标。为此，需收集过去几年中竞争者的有关情报和数据，如销售额、市场占有率、边际利润、投资收益率、现金流量、发展战略等。但这不是一件容易的事，有时要通过间接的方式取得，如通过第二手数据、别人的介绍、别人的经验等。企业可以对中间商和顾客进行调查，如以问卷的形式请顾客给本企业和竞争者的产品在一些重要方面分别打分，通过这些数据可了解竞争者的长处和弱点，还可用来比较自己和竞争者在竞争地位上的优劣。在寻找竞争者弱点时，要注意发现竞争者对市场或策略估计上的错误。例如，有些竞争者以为自己的产品是第一流的，而实际上并非如此。有些错误观念会导致企业制定错误的策略，如错误地认为"顾客偏爱产品线齐全的企业""人员促销是唯一主要的促销方式""顾客认为服务比价格更重要"等。如果发现竞争者的主要经营思想有某种不符合实际的错误观念，企业就可利用这一弱点，出其不意，攻其不备。

5. 判断竞争者的反应模式

竞争者的目标、策略、优势和劣势决定了它对市场竞争的反应，如对降价、强化促销、推出新产品等策略的反应。每个企业都有自己的经营哲学和指导思想，因此，为了估计竞争者的反应及可能采取的行动，企业的营销管理者要了解竞争者的经营思想。

当企业采取某些措施和行动之后，竞争者会有不同的反应。一些竞争者反应不强烈，行动迟缓，其原因可能是认为顾客忠实于自己的产品；也可能注意不够，没有发现对手的新措施；还可能是因缺乏资金无法做出相应的反应。而另一些竞争者会在某些方面迅速做出反应，如针对企业的降价也降低了自己产品的价格，以警告对方的新策略不会成功；但对其他方面如增加广告预算、加强促销活动等却不做任何反应。还有一些竞争者会全面迅速地作出反应。例如，美国 P&G 公司就是一个很强的竞争对手，一旦受到挑战就会立即发起猛烈的全面反攻。因此，同行的企业都避免与其直接交锋。最后，也有一些企业不采取任何行动，而且无法预料他们将会采取什么行动。

在某些行业中，竞争是在较友好平缓的气氛中进行的，但在另一些行业，竞争则十分激烈。企业需要了解主要竞争者的反应模式，以决定自己的适当对策。

6. 选择对策——进攻或躲避

企业在确定了主要竞争者并分析了竞争者的优劣势和反应模式之后，就要制定自己的对策，是发动进攻还是躲避。企业可以根据以下几种情况做出决定。

(1) 竞争者的强弱。多数企业认为应以较弱的竞争者为进攻目标，因为这可以节省时间和资源，事半功倍，但是收获较少。反之，有些企业认为应以较强的竞争者为进攻目标，因为这可以提高自己的竞争能力并且获利较大，而且即使是强者也总会有弱点。

(2) 竞争者与本企业相似程度的大小。多数企业主张与相近似的竞争者展开竞争，但同时又认为应避免摧毁相近似的竞争者，因为那样做很可能反而对自己不利。例如，美国博士伦眼镜公司在20世纪70年代末与其他同样生产隐形眼镜的公司竞争，大获全胜，导致竞争者完全失败而相继将企业卖给了竞争力更强的大公司，结果博士伦公司面对更强大的竞争者，处境更困难。

(3) 竞争者的表现良好还是具有破坏性。有时竞争者的存在对企业是必要的和有益的，具有战略意义。竞争者可能有助于增加市场总需求；可分担市场开发和产品开发的成本，并有助于使新技术合法化；竞争者为吸引力较小的细分市场提供产品，可导致产品差异性的增加；最后，竞争者可增加企业同政府管理者的谈判力量。

第二节　市场竞争战略选择

一、市场竞争战略的选择

市场竞争战略是指企业，为了在竞争中保持或发展自己的实力地位而确定的企业目标以及为达到目标应采取的各种战略的组合。每个企业都要根据自己的目标、资源和环境，先确定自己在市场上的竞争地位，然后根据企业的市场定位来制定合适的竞争战略。一般来说，企业有 3 种可供选择的竞争战略：成本领先战略、差异化战略和集中战略。

1. 成本领先战略

成本领先战略是指在一定的质量条件下，通过采用一系列以成本为中心的管理活动，努力降低产品生产与分销成本，使本企业的产品价格低于竞争者的竞争战略。成本领先战略可以使企业在行业中赢得总成本优势，迅速扩大销售量和提高市场份额。

成本领先战略适用的条件包括：市场需求具有较大的价格弹性；实现产品差别化的途径很少；顾客不太在意品牌间的差别；企业生产具有明显的规模经济效应；竞争者很难以更低的价格提供同样的产品。

2. 差异化战略

差异化战略是指将企业提供的产品或服务差异化，形成一些在全产业范围内具有自身独特性的东西，以满足各个细分市场的目标顾客的差异性需要。成功的差异化战略能够使企业以更高的价格出售产品，并通过产品的差异化特征赢得顾客的长期忠诚。

差异化战略适用的条件包括：有多种产品或服务差异化的途径，而且这些差异化是被某些顾客视为有价值的；消费者对产品的需求是不同的；奉行差异化战略的竞争对手不多。差异化战略的工具包括产品、服务、人员和形象，具体内容如表 10-1 所示。

表 10-1　产品、服务、人员和形象差异化的具体内容

产品差异化	服务差异化	人员差异化	形象差异化
特色	送货	能力	标志
性能	安装	礼貌	标准字
耐用性	用户培训	可信任性	标准色
可靠性	咨询服务	可靠性	事件
可维修性	修理	责任性	媒体
风格	其他	沟通能力	气氛

3. 集中战略

集中战略是指企业把所有的资源和能力集中在一个或少数几个较小的细分市场上，以满足一定顾客的特殊需要，从而建立局部的竞争优势。集中战略适用的条件是企业能比正在更广泛地进行竞争的竞争对手更有效或效率更高地为该子市场服务。

集中战略不是一种独立的竞争战略，也就是说，企业在集中于目标市场的同时，还有决定是倾向于通过产品差异化特征还是低成本特征来建立竞争优势，即要把这种战略与成本领先战略或差异化战略结合起来使用。

二、市场发展战略的选择

市场发展战略，是指企业扩大再生产、开拓市场的经济发展战略，包括密集性发展战略、一体化发展战略和多样化发展战略，如表 10-2 所示。

表 10-2 产品业务发展战略表

密集性发展战略	一体化发展战略	多样化发展战略
市场渗透	后向一体化	同心多样化
市场开发	前向一体化	水平多样化
产品开发	水平一体化	综合多样化

1. 密集性发展战略

密集性发展战略是指在企业现有的业务领域内寻求未来的发展战略。密集性发展战略包括市场渗透战略、市场开发战略和产品开发战略。

（1）市场渗透战略。市场渗透战略是指企业采取更积极的措施在市场上扩大现有产品的销售。适合采用该战略的条件是：企业特定产品或服务在当前市场上还没有饱和；现有用户对产品的使用率还可以显著提高；规模的扩大可带来明显的规模经济或竞争优势。

（2）市场开发战略。市场开发战略是指用企业现有产品去满足和开拓新的市场，以实现销售的增长。适合采用该战略的条件是：可得到新的、盈利前景好的销售渠道；企业在所经营的领域非常成功；存在未开发或未饱和的市场；企业拥有扩大经营所需要的资金与人力资源；企业存在过剩的生产能力。

（3）产品开发战略。产品开发战略是指向现有市场提高新产品或改进型产品，满足现有顾客的潜在需求。适合采用该战略的条件是：企业所在的行业发展迅速；主要竞争对手的产品性价比更高；企业拥有非常强的研发能力；企业拥有成功但处于产品生命周期中成熟期的产品，此时可以吸引老用户购买经过改进的新产品。

2. 一体化发展战略

一体化发展战略是指企业与供应商、销售商实行一定程度的联合，融供应、生产、销售于一体的发展战略。一体化发展战略包括后向一体化、前向一体化和水平一体化战略。

（1）后向一体化战略。后向一体化战略是指企业通过收购或兼并若干原材料供应企业，控制原材料的生产和供应，实行供产联合。适合采用该战略的条件是：企业当前的供应商供货成本高或不可靠或不能满足企业对原材料的需求；供应商数量少，而需求方竞争激烈；企业所在行业发展迅速；企业具备生产原材料所需要的资金和人力资源；产业利润高；企业需要尽快地获取所需资源。

（2）前向一体化战略。前向一体化战略是指企业通过收购或兼并若干商业企业，建立自己的分销系统，实行产销联合。适合采用该战略的条件是：企业现有的销售商成本高、不可靠，或不能满足企业开拓市场的需要；市场上可以利用的合格销售商数量很有限，实现收购或兼并，可使企业获得竞争优势；企业所在的行业快速增长或预计将快速增长；企业具备销售自己产品所需要的资金和人力资源；企业现有的经销商有较高的利润空间。

（3）水平一体化战略。水平一体化战略是指企业通过收购或兼并若干竞争者，把几个生产同类产品的企业合并起来，组合成联合企业或专业化公司，扩大生产经营规模。适合采用该战略的条件是：在法律允许范围内，可以在特定领域获得一定程度的垄断；企业在一个成长的行业中经营；规模的扩大可带来明显的竞争优势；企业具有成功管理更大组织所需的资金与人才；兼并对象是由于缺乏管理经验或特定资源而停滞不前，而非行业不景气引起的。

3. 多样化发展战略

多样化发展战略也称多元化发展、多角化发展战略，是指多方向发展新产品和多个目标市场相结合的发展战略。多样化发展战略包括同心多样化战略、水平多样化战略和综合多样化战略。

（1）同心多样化战略。同心多样化战略是指开发与本企业现有产品线的技术和营销组合具有协同关系的新产品，吸引新的顾客，向外扩大经营范围。适合采用该战略的条件是：企业参与竞争的行业停止增长或增长缓慢；增加新的相关产品将会显著促进现有产品的销售；企业能够以有竞争力的价格提供新的相关产品；新产品的销售波动周期与现有产品的波动周期互补；企业现有产品处于产品生命周期的衰退期；企业拥有强有力的管理队伍。

（2）水平多样化战略。水平多样化战略是指研究生产一种能满足现有顾客需求的，但与企业现有产品的技术关系不大的新产品。适合采用该战略的条件是：通过增加新的不相关的产品，企业从现有产品和服务中的盈利显著增加；企业所在的行业属于高度竞争或停止增长的行业；企业可利用现有的销售渠道向用户销售新产品；新产品的销售波动周期与企业现有产品的波动周期互补。

（3）综合多样化战略。综合多样化战略也称跨行业多样化，是指开发与企业现有技术、产品、市场都毫无关系的新业务、新产品，把业务拓展到其他行业中去。适合采用该战略的条件是：企业的主营业务销售和盈利下降；企业拥有在新的行业经营所需的资金和管理人才；企业有机会收购一个不相关、但有良好投资机会的企业；收购和被收购的企业存在资金上的融合；企业现有产品已经饱和。

第三节　企业市场竞争战略

从企业在市场竞争中的地位划分，企业市场竞争战略可分为市场领导者战略、市场挑战者战略、市场跟随者战略和市场补缺者战略4种类型，各类企业在竞争中应采用不同的战略组合。

一、市场领导者战略

市场领导者战略是指在相关产品的市场上市场占有率最高的企业。一般来说，大多数行业都有一家企业被公认为市场领导者，它在价格调整、新产品开发、配销覆盖和促销力量方面处于主导地位，为同业者所公认。主导者所具有的优势包括：消费者对品牌的忠诚度高、营销渠道的建立及其高效运行、营销经验的迅速积累等。它是市场竞争的导向者，也是其他竞争者挑战、效仿或回避的对象，这些市场领导者的地位是在竞争中自然形成的，但不是固定不变的，如果它没有获得法定的特许权，必然会面临着竞争者的无情挑战。因此，企业必须随时保持高度的警惕并采取适当的措施，否则就很可能丧失领先地位而降到第二、第三甚至更为次要的地位。一般来说，市场领导者为了维护自己的优势，保持自己的领导地位，通常采取以下3种策略。

1. 扩大市场需求总量

当一种产品的市场需求总量扩大时，受益最大的是处于市场领导地位的企业。美国消费者如果增加飞机旅行的数量，受益最大的无疑将是波音公司，因为波音公司是世界最大的民用飞机制造商。一般来说，市场领导者通常从以下3个方面扩大市场需求量。

(1) 发掘产品新的使用者。每一种产品都有吸引新用户的潜力，因为有些顾客对产品还不甚了解，或者因为其价格不合理，或者产品性能还有缺陷等而不想购买这种产品。如香水制造商可设法说服不用香水的妇女使用香水（市场渗透策略）；说服男士使用香水（市场开发策略）；或者向其他国家或地区推销香水（地理扩展策略）。

(2) 开辟产品新用途。可通过发现并推广产品的新用途来扩大市场。杜邦公司的尼龙就是这方面的典范。当尼龙进入产品生命周期的成熟阶段，杜邦公司发现了其新的用途。尼龙首先是用作降落伞的合成纤维；然后是用作女袜的纤维；接着成为男女衬衫的主要原料；再后来又成为汽车轮胎、沙发椅套和地毯的原料。每项新用途都使产品开始了一个新的生命周期。这一切都归功于该公司为发现新用途而不断进行的研究和开发计划。

（3）增加产品的使用量。使原有消费者更多地消费某产品的方法有：一是促使消费者在更多的场合使用该产品；二是增加使用该产品的频率和增加原来消费中的使用量。法国的米其林轮胎公司创造和利用机会刺激轮胎的高置换率就是一个成功的事例。该公司创意舆论界评价法国境内的饭店，评价结果是许多最好的饭店都在法国的南部，这使得身居巴黎的汽车用户考虑周末驱车去法国南部度假。该公司又出版有详细地图的旅游指南，对沿途景物做了生动、详细的介绍，这促使汽车用户行驶更多的里程，导致更多的轮胎置换。

2. 保护市场占有率

被竞争者取而代之的是市场领先者的主要威胁，因此，市场领导者在努力扩大市场需求总量时，必须注意警惕竞争者的挑战，保护自己的现有市场阵地。事实上，行业中的领先者对各自的竞争对手从未放松警惕，可口可乐公司时时提防着百事可乐公司，公司要防备富士公司。

防御策略的目标是要减少受到竞争威胁的可能性，通常可供市场领先者选择的防御策略有以下 6 种。

（1）阵地防御。阵地防御就是在现有阵地周围建立防线，这是一种静态的、消极的防御，是防御的基本形式，但是，不能作为唯一的形式。对于营销者来讲，单纯防守现有的阵地或产品，就会患"营销近视症"。当年，亨利·福特为他的 T 型车的"近视症"付出了沉重的代价，使得年赢利 10 亿美元的福特公司从顶峰跌到濒临破产的边缘。

（2）侧翼防御。侧翼防御是指市场领导者除保卫自己的阵地外，还应建立某些辅助性的基地作为防御阵地，或必要时作为反攻基地。特别要注意保卫自己较弱的侧翼，防止竞争者乘虚而入。例如，20 世纪 70 年代美国的汽车公司就是因为没有注意侧翼防御，遭到日本汽车的进攻，失去了大片阵地。

（3）先发防御。这种更积极的防御策略是在敌方对自己发动进攻之前，先发制人抢先攻击。具体做法是，当竞争者的市场占有率达到一定的高度时，就对它发动攻击；或者是对市场上的所有竞争者全面攻击，使得人人自危。有时，这种以攻为守的策略着重心理作用，并不一定付诸行动。如市场领导者可发生市场信号，迫使竞争者取消攻击。

（4）反攻防御。当市场领导者遭到竞争者降价或促销攻势，或改进产品、市场渗透等进攻时，不能只是被动应战，应主动反攻。领导者可选择迎击对方的正面进攻、迂回攻击对方的侧翼，或发动钳式进攻，切断从其根据地出发的攻击部队等策略。

（5）运动防御。运动防御要求领导者不但要积极防守现有阵地，还要扩展到可作为未来防御和进攻中心的新阵地，它可以使企业在战略上有较多的回旋余地。市场扩展可通过两种方式实现：市场扩大化和市场多角化。

（6）收缩防御。有时，在所有市场阵地上进行全面防御会力不从心，顾此失彼，在这种情况下，最好的行动是实行战略收缩——收缩防御，即放弃某些薄弱的市场，把力量集中用于优势的市场阵地中。

3. 提高市场占有率

市场领导者设法提高市场占有率，也是增加收益、保持领导地位的一个重要途径。

二、市场挑战者战略

行业中名列二、三名次位置的企业向市场领导者和其他竞争者发动进攻，以夺取更大的市场占有率，这时可称他们为市场挑战者。

1. 明确战略目标和挑战对象

战略目标与进攻对象密切相关，针对不同的对象存在不同的目标。

（1）攻击市场领导者。这一战略风险很大，但是潜在的收益可能很高。为取得进攻的成功，挑战者要认真调查研究顾客的需要及其不满之处，这些就是市场领导者的弱点和失误。如美国米勒啤酒之所以获得成功，就是因为该公司瞄准了那些想喝"低度"啤酒的消费者为开发重点，而这一市场在以前却被忽视了。此外，通过产品创新，以更好的产品来夺取市场也是可供选择的策略。例如，施乐公司通过开发出更好的复印技术（用干式复印机代替湿式复印机），成功地从3M公司手中夺去了复印机市场。

（2）攻击与己规模相当者。竞争者对一些与自己势均力敌的企业，可选择其中经营不善而发生危机者作为攻击对象，以夺取他们的市场。

（3）攻击区域性小型企业。对一些地方性小企业中经营不善而发生财务困难者，可作为挑战的攻击对象。

2. 选择进攻策略

在确定了战略目标和进攻对象之后，竞争者要考虑进攻的策略问题。其原则是集中优势兵力于关键的时刻和地方。总的来说，竞争者可选择以下5种战略。

（1）正面进攻。正面进攻就是集中兵力向竞争者的主要市场发动攻击，打击的目标是对手的强项而不是弱点。这样胜负便取决于谁的实力更强，谁的耐力更持久，进攻者必须在产品、广告、价格等主要方面远远领先于竞争者，方有可能成功。

进攻者如果不采取完全正面的进攻策略，也可采取一种变通形式，最常用的方法是针对竞争对手实行削价。通过在研究开发方面大量投资，降低生产成本，从而在低价格上向竞争对手发动进攻，这是持续实行正面进攻策略最可靠的基础之一。日本企业是实践这一策略的典范。

（2）侧翼进攻。侧翼进攻就是集中优势力量攻击竞争者的弱点，有时也可正面佯攻，牵制其防守兵力，再向其侧翼或背面发动猛攻，采取"声东击西"的策略。侧翼进攻可以分为两种。一种是地理性的侧翼进攻，即在全国或全世界寻找竞争者相对薄弱的地区发动攻击。例如，IBM 公司的挑战者就是选择在一些被 IBM 公司忽视的中小城市建立强大的分支机构，获得了顺利的发展。另一种是细分性侧翼进攻，即寻找市场领导企业尚未很好满足的细分市场。例如，德国和日本的汽车生产厂商就是通过发掘一个尚未被美国汽车生产厂商重视的细分市场，即对节油的小型汽车的需要，而获得极大发展。

（3）围堵进攻。围堵进攻是一种全方位、大规模的进攻策略，它在几个战线发动全面攻击，迫使对手在正面、侧翼和后方同时全面防御。进攻者可向市场提供竞争者能供应的一切，甚至比对方还多，使自己提供的产品无法被拒绝。当挑战者拥有优于对手的资源，并确信围堵计划的完成足以打垮对手时，这种策略才能奏效。日本精工表在国际市场上就是采取这种策略。在美国，它提供了约 400 个流行款式、2300 种手表，占据了几乎每个重要钟表商店，通过种类繁多、不断更新的产品和各种吸引消费者的促销手段，精工表取得了很大成功。

（4）迂回进攻。迂回进攻是一种最间接的进攻策略，它避开了对手的现有阵地而迂回进攻。具体方法有 3 种：一是发展无关的产品，实行产品多元化经营；二是以现有产品进入新市场，实现市场多元化；三是通过技术创新和产品开发，以替换现有产品。

（5）游击进攻。游击进攻主要适用于规模较小、力量较弱的企业，目的在于通过向对方不同地区发动小规模的、间断性的攻击来骚扰对方，使之疲于奔命，最终巩固永久性据点。游击进攻可采取多种方法，包括有选择的降价，强烈突袭式的促销行动等。应予指出的是，尽管游击进攻可能比正面围堵或侧翼进攻节省开支，但如果要想打倒对手，光靠游击战不可能达到目的，还需要发动更强大的攻势。

从以上可以看出，市场挑战者的进攻策略是多样的，一个挑战者不可能同时运用所有这些策略，但也很难单靠某一种策略取得成功，通常是设计出一套策略组合，通过整体策略来改善自己的市场地位。

三、市场跟随者战略

市场跟随者是指那些模仿市场领导者的产品、市场营销组合的企业。并非所有在行业中处于第二位的公司都会向市场领导者挑战，这些行业中的企业通常形成一种默契，彼此自觉地不互相争夺客户，不以短期市场占有率为目标，以免引起对手的报复。这种效仿市场领导者为市场提供类似产品的市场跟随战略，使得行业市场占有率相对稳定。具体来说，跟随策略可分为以下 3 类。

（1）紧密跟随。这指跟随者尽可能地在各个细分市场和营销组合领域仿效领导者。这种跟随者有时好像是挑战者，但只要它不从根本上危及市场领导者的地位，就不会发生直接冲突。这些跟随者表现为较强的寄生性，因为它们很少刺激市场，总是依赖市场领导者的市场而生存。

（2）有距离的跟随。这指跟随者在目标市场、产品创新、价格水平和分销渠道等方面都追随领导者，但仍与领导者保持若干差异。这种跟随者易被领导者接受，同时它也可以通过兼并同行业中弱小企业而使自己发展壮大。

（3）有选择的跟随。这指跟随者在某些方面紧随领导者，而在另一方面又自行其是。也就是说，它不是盲目追随，而是择优跟随，在跟随的同时还要发展自己的独创性，但同时避免直接竞争。这类跟随者之中有些可能发展成为挑战者。

此外，还有一种特殊的跟随者在国际市场上十分猖獗，即"冒牌货"。这些产品具有很大的寄生性，它们的存在对许多国际驰名的大公司是一个巨大的威胁，已成为新的国际公害，因此，必须制定对策，以清除和击退这些"跟随者"。

四、市场补缺者战略

几乎每个行业都有些小企业，它们专心致力于市场中被大企业忽略的某些细分市场，在这些小市场上通过专业化经营来获取最大限度的收益。这种有利的市场位置就称为"利基"，而所谓市场利基者，就是指占据这种位置的企业。

1. 理想利基的特征

一般来说，一个理想利基具有以下几个特征。

（1）有足够的市场潜量和购买力。

（2）市场有发展潜力。

（3）对主要竞争者不具有吸引力。

（4）企业具备有效地为这一市场服务所必需的资源和能力。

（5）企业已在顾客中建立起良好的信誉，足以对抗竞争者。

2. 进取利基的策略

那么，一个企业如何取得利基呢？进取利基的主要策略是专业化，公司必须在市场、顾客、产品或渠道等方面实行专业化：按最终用户专业化；按垂直层次专业化；按顾客规模专业化；按特定顾客专业化；按地理区域专业化；按产品或产品线专业化；按客户订单专业化。

市场利基者要承担较大风险，因为利基本身可能会枯竭或受到攻击。因此，在选择市场利基时，营销者通常选择两个或两个以上的利基，以确保企业的生存和发展。不管怎样，只要营销者善于经营，小企业也有机会为顾客服务并赢得利润。

链接

竞争的最高境界是合作

老子在《道德经》中说："以其不争，故天下莫能与之争。"又说，"夫唯不争，故莫能与之争。"意思是说，因为无争，所以没有人能够跟你争。老子的这两句话也说明了一个道理，即竞争的最高境界是无争，是合作。

西方经济学家拜瑞·J. 内勒巴夫和亚当·M. 布兰登勃格合著的《Co-competition》（合作竞争）一书最早出现了"合作竞争"一词。作者在此书中提出了一个全新的营销管理理念，即合作竞争。他们对合作竞争的定义是，当某一企业发现市场机会后，没有能力占有竞争所需要的相应资源和设置有效地进入壁垒，以便实现从初级竞争到垄断竞争的迅速过渡，于是借助他人的力量共同开发市场，通过合作实现"共同致富"。

英国剑桥战略咨询公司总裁詹姆斯·穆尔曾出版了其世界畅销书——《竞争的消灭》，表达了与美国著名企业家们达成的共识，认为当今企业不管是为了扩大原有市场，还是要开拓新的市场，都要注重与其他公司的合作，形成以发展为导向的经营协作群体，以求共享市场，各得其所。

这种以合作求竞争、通过建立伙伴关系而共享资源，从而提高生产力和经济优势的战略在当今已经形成一股不容忽视的趋势。在这一趋势中领先的企业，已经凭借这种合作竞争的伙伴关系带来了丰厚的成果以及竞争优势。

即使在直接竞争的同行业竞争对手之间，合作竞争也得到了认同。现在的商界，合作无处不在，可见，在利益一致的基础上达成合作，组成合作团队，则企业双赢或多赢的结果将是必然的。

目前，越来越多的跨国公司通过组建战略联盟的方式参与全球竞争，并在激烈的竞争中赢得了竞争优势。据美国《财富》杂志报道，世界主要的跨国公司平均拥有上百个战略联盟，仅 IBM 一家公司就与国内外各类企业缔结了 400 多个战略联盟。

相比之下，我国的一些企业依然停留在传统的竞争观念之中，过分注重竞争，忽视合作，将竞争理解为你死我活、势不两立的关系。对竞争的这种片面理解，导致了一些企业之间的过度竞争，甚至在价格、广告及其他促销手段上采用一些不正当的竞争方式。这是由于企业长期受计划经济体制的影响，部门所有、地区分割，导致许多企业盲目追求自成体系，忽视企业之间科学的分工与合作，使社会化大生产的程度难以提高。今天在向市场经济转轨的过程中，企业必须摈弃这种传统的经营方式与竞争模式。

（资料来源：《现代营销》2013.04）

━━━━━ 本章小结 ━━━━━

市场竞争是市场经济的主要特征，要制定有效的市场竞争战略。企业在坚持以顾客为中心的同时，还必须考虑竞争者的状况。企业首先将产业和市场两方面结合起来识别和发现竞争者，在此基础上企业需要收集有关竞争者的目标、策略、优势和弱点、市场反应模式等方面的信息情报，从而确定自己的竞争性定位，选择自己的竞争策略。

━━━━━ 本章习题 ━━━━━

一、名词解释

竞争　成本领先战略　差异化战略　集中战略　市场营销组合　4P′s 理论

二、简答题

(1) 可供企业选择的企业竞争战略和发展战略各有哪些？

(2) 市场挑战企业的进攻战略有哪些？

(3) 市场营销组合有哪些特点？

三、案例分析题

印度涂料厂商大战立邦漆

印度一家生产涂料的小企业在分析了涂料市场前景之后，发现这个市场非常有吸引力。一方面，市场成长速度很快，规模不断扩大，许多企业跃跃欲试；另一方面，当时立邦漆市场份额接近 50%，行业老大地位十分稳固。于是，印度这家涂料厂在周密的计划指导下，向立邦漆发起进攻。

第一，对立邦漆的买主进行分析，发现人们普遍欣赏立邦漆的质量和品牌，但对其价格不尽满意。

第二，统计分析立邦漆的销售状况，结果发现最畅销的产品只有 5 种，其他产品的销量远远低于这 5 种漆。

第三，走访立邦漆现有的代理商和未代理其产品的漆料经销商，了解他们的需要，发现立邦漆种类多，对资金需求大，库存也是一大问题。

第四，走访那些没有买立邦漆的消费者，问他们为什么不买立邦漆。结果发现这些消费者更看中产品的内在质量，对品牌看得不是那么重。

基于上述 4 个方面的因素，这家公司做出了竞争决策：生产与立邦漆同等质量的产品，并通过权威机构和宣传手段使消费者认同其质量；只生产 5 种市场最畅销的产品，生产线管理简单，产量大，品种少，库存小，使总成本下降；价格定位是立邦漆的 2/3，吸引一大批注重实惠的消费者；发起强大的市场攻势，诉求十分明确，如果你要买的产品是我们生产的这 5 种产品中的一种，你没理由买立邦漆；如果你买的产品是我们生产的这 5 种产品以外的一种，请你继续买立邦漆。

如今，这家公司已占领了近 1/3 的涂料市场。

思考题

该印度涂料厂成功占领 1/3 涂料市场的原因有哪些？

四、实训题

实训项目：利用 4P，S 理论设计营销方案。

项目要求：利用 4P，S 理论为当地一家生产日用消费品企业的产品销售做一个营销方案。

参考文献

［1］常桦．迈克尔·波特完全竞争战略［M］．北京：中国纺织出版社，2003.

［2］郭国庆．市场营销学通论［M］．北京：中国人民大学出版社，2007.

［3］纪宝成．市场营销学教程［M］．北京：中国人民大学出版社，2008.

［4］梁素娟，王艳明．科特勒营销思想［M］．北京：企业管理出版社，2010.

［5］赵洪立，杨文启．市场营销技能实训教程［M］．北京：中国广播电视大学出版社，2007.

［6］吕一林．市场营销学［M］．北京：科学出版社，2005.

［7］白文周．市场营销学［M］．长春：吉林大学出版社，2006.

［8］冯金祥，张再谦．市场营销知识［M］．北京：高等教育出版社，2002.

［9］兰苓．市场营销学［M］．北京：中国广播电视大学出版社，2006.

［10］罗绍明．市场营销基础［M］．北京：科学出版社，2010.

［11］李先国．国家职业资格培训教程营销师［M］．北京：中国广播电视大学出版社，2006.